KB165772

풀무의 삶과 배움

풀무의 삶과 배움
풀무에서 배우고 가르친 교사가
기억 따라 느낌대로 쓴 풀무학교 이야기

초판 1쇄 인쇄 2022년 10월 18일
초판 1쇄 발행 2022년 10월 31일

지은이 김현자
펴낸이 김승희
펴낸곳 도서출판 살림터

기획 정광일
편집 송승호·조현주
디자인 유나의숲

인쇄·제본 (주)신화프린팅
종이 (주)명동지류

주소 서울시 양천구 목동동로 293, 2215-1호
전화 02-3141-6553
팩스 02-3141-6555

출판등록 2008년 3월 18일 제313-1990-12호
이메일 gwang80@hanmail.net
블로그 http://blog.naver.com/dkffk1020

ISBN 979-11-5930-239-8(03370)

풀무의 삶과 배움

풀무에서 배우고 가르친 교사가
기억 따라 느낌대로 쓴 풀무학교 이야기

김현자 씀

오래 묵은 숙제를 마친 느낌

책을 읽고 우선 생각난 것은, 내 숙제를 하나 잘 마친 느낌이다. 2012년 풀무학교에서 퇴직하면서 당연한 일처럼 앞으로 해야 할 일로 생각한 것이 세 가지 정도 된다. 첫 번째가 그동안 풀무학교에서 배움을 이룬 수업생(졸업생)들을 한 사람 한 사람을 만나보아야겠다는 것이고, 두 번째는 그동안의 풀무 교육을 정리해 보아야겠다는 것, 그리고 마지막으로 학교 역사에 담긴 인물들을 탐구하며 공부해 보아야겠다는 것이었다.

물론 구체적인 계획은 아니고 막연한 책임감 같은 것이었다. 꽤 오랫동안 학교에서 일한 사람으로서 당연히 가질 만한 생각이었다. 퇴직 후 가장 우선 시도한 일은 수업생들을 만나는 일이었다. 강화도에서 꿈틀리인생학교를 시작한 2016년까지 4년 동안 500여 명의 수업생들을 만났으니, 연로해서 작고하신 초창기 수업생들을 감안하면 반 정도는 만난 셈이다. (퇴직할 때 살펴본 풀무 역대 수업생이 1,056명이었던 것으로 기억된다.) 그리고 이 과정에서 늘 마음속에 품고 있었던 풀무를 학생으로 경험하지 못한 아쉬움이 자꾸 머리를 맴돌았다. 그리고 두 번째 일은 역시 만만한 일이 아니어서 머릿속에서만 늘 맴돌고 있었다. 재직 당시나 퇴직 후 여러 곳에서 풀무교육에 대한 강의를 할 기회가 참 많았다. 그러니 그런 자료들만 모아도 충분할 것 같긴 한데 왠지 선뜻 시작할 수 없었다.

이 책을 읽으면서 무릎을 쳤다. 저자는 내가 풀무에 있었던 전 시간을 함께했다. 1977년 처음 부임했을 때 그는 고2 교실에 앉아 있었다. 2년 후 군 복무를 위해 학교를 떠날 때 그는 창업(졸업)을 하고 대학에 진학했다. 내가 1983년 말 군 복무를 마치고(당시 공군 장교의 복무기간은 4년이었다.) 복직하자 바로 그는 대학을 마치고 교사 동료로서 함께 풀무로 돌아왔다. 그런 그가 올해 정년퇴직을 했다. 내가 2012년에 퇴직했으니 꼭 10년 후, 고등학교 2학년 학생으로 처음 만난 그가 정년퇴직을 한 것이다. 나보다 1년 먼저 와서 10년 늦게 학교를 떠나게 되었으니, 11년이라는 긴 시간을 나보다 오래 머문 것이다. 무엇보다 그에게 부러운 것은 학생으로, 그리고 교사로 살아온 경험이 있다는 것이다. 그러니 이 일에 정말 적합한 이가 내 마음속에 막연히 갖고 있던 두 번째 숙제를 해결해 준 것이다.

이 책의 목차를 살펴보면 그저 학교 교육과정을 나열한 것으로 보인다. 용어를 다소 다르게 사용하는 경우가 있긴 하지만 요즘은 대부분의 학교에서 이미 진행하고 있음직한 일들이고, 전체를 읽어보지 않아도 어느 정도는 내용을 짐작할 수 있을 듯하다. 실제로 저자도 이 글을 단순한 자료집 정도로 정리하려 했다고 했다. 과연 그럴까? 풀무학교의 역사가 올해로 64년이다. 이 책에는 지난 64년의 역사가 차근차근 담겨 있다. 이 책은 자료집이나 설명서가 아니다. 지난 64년의 풀무역사이자 문화다. 목차 하나하나가 시작되고 진행되면서 공동체의 각 주체들이 어떻게 고민하고 진행해 왔는지를 이야기한다. 어느 날 만들어진 교육과정이 아니라 64년을 살아오면서 시대마다 많은 고민과 토론을 통해 시작했고, 변화를 도모하며 그렇게 진행되어 온 것이다. 요즈음 대부분 학교에서 이미 진행되고 있음직하다고 했는데, 과장이 좀 지나치다고 할 수 있겠지만 초창기 풀무에서 시작된 많은 일이 우리 사회에서 일반화되기까지는 무척 긴 시간이 필요했다. 60년대 초에 협동조합을 시작했고, 70년대에 들어서면서 에너지 문제를 논의하고, 70년대 중반에 유기농업을 시작한다. 대부분의 이런 일이 반사회적인 행동처럼 치부되던 때였다. 오늘날 당연하게 여기는 많은 일이 당시에는 시작하는 것만으로도 많은 저항에 부딪히며 때론 학교에 대한 위기로 여겨지기도 했다. 그런 점에서 이 책을 통해 우리나라 교육의 흐름을 다시, 새롭게 살펴볼 기회를 주고 있다고 생각한다면 지나친 걸까?

저자는 이런 역사적 과정들을 그 특유의 감수성과 편안한 문체로 차분히 이야기한다. 어려운 시간, 어려운 과정을 담담하게 이야기하고 때로는 진행 과정에서 다소 부정적으로 작용했던 상황들까지 소환해서 소상하게, 그러면서도 평안한 마음으로 당시를 그려볼 수 있게 도와준다. 학교에 있는 동안 그의 글을 읽을 기회가 참 많았다. 물론 그는 국어국문학을 전공했으니 기본적으로 글 쓰는 것과 관계 깊은 사람이라고 보아야겠다. 그런데 그의 글은 화려하지 않지만 예쁜 글로, 읽는 사람을 집중시키는 힘이 있었다. 어렵고 거칠 수밖에 없는 내용도 그의 글로 만나면 침착하게 내용을 음미하면서 스스로를 다독일 수 있었다. 이 책을 읽으면서 다시 한번 그런 경험을 했다. 그 오랜 시간 동안 사안 사안을 다루며 논의하던 과정의 많은 논쟁, 에피소드 등을 어쩌면 저렇게 잊지도 않고 표현했을까? 그 논의 자리에서 내가 품었던 많은 생각과 고민을 그도 하고 있었거나 기억해 내어서 마치 당시 그 자리에 있는 것 같은, 그래서 갑자기 풀무가 그리워지는 경험을 했다.

　진정성을 지니는 것은 참으로 쉽지 않은 일이다. 어느 날 갑자기 교육과정을 도입한다 해서 쉽게 그 목표를 달성할 수 있는 것이 아니다. 지도하고 방법을 알려 주는 것으로도 부족하다. 모든 구성원이 왜 이런 과정을 만들어야 하는지, 그 목적을 달성하기 위해서는 어떤 논의 과정을 거쳐야 하는지 함께 고민하고 그 과정에서 누구도 소외되지 않고 참여할 때라야 비로소 그 의미를 찾을 수 있는 것이다. 내가 거듭 이야기하고자 하는, 학생으로서 풀무의 경험은 그래서 중요하다. 학생들이 오롯이 학교와 자기 삶의 주인으로 살아가는 경험을 이곳에서 자신도 모르게 익혀가고 그렇게 성장하는 모습을 보아와서다. 이 책의 중요한 특성은 바로 그런 진정성을 지니고 살아가는 학교생활을 엿볼 수 있는 점이다. 풀무학교는 다섯 개 바퀴로 움직인다고 한다. 학생, 학부모, 수업생(졸업생), 교사, 그리고 이사회다. 또 하나 더, 지역이 있다. 이 다양한 구성원들이 어떻게 서로의 생각을 존중해 가며 조율해 가는지, 그런 것을 이 책에서 자연스럽게 만날 수 있을 것이다. 많은 이들, 특히 교육을 고민하는 교사들이 이 책을 만나서 학교 현장에서의 노력에 힘을 얻을 수 있으면 좋겠다.

마지막으로 오랫동안 풀무에서 수고한 저자가 평안한 시간을 가지면 좋겠고, 퇴직 후 부상으로 어려운 가운데서도 이런 어려운 작업을 해낸 것에 고마움을 전한다.

2022년 4월
정승관
(전 풀무농업고등기술학교 교장, 전 꿈틀리인생학교 교장)

살아 꿈틀대는 이야기

김현자 선생님이 책을 냈다고? 그렇게 말수도 적고 빙그레 웃기만 하는 분인데 무슨 이야기를 썼을까? 37년 동안 풀무학교에서 아이들과 지낸 시시콜콜한 이야기가 많긴 많을 거야. 이러면서 두툼한 글을 펼쳐보니 아, 이거 간단하게 볼 글이 아니네. 한 꼭지 한 꼭지마다 소제목만 봐도 모두 풀무학교를 떠받치는 묵직한 기둥들이네. 역시 꼼꼼한 성격대로 꼭지마다 정성스럽게 살피고 다듬은 흔적이 뚝뚝 묻어난다. 풀무학교의 진중한 교육 이야기부터 생기발랄한 아이들의 끼까지 다 들어있다. 지금 여기서 살아 꿈틀대는, 더도 덜도 아닌, 날것 그대로 세상에 내놓은 풀무학교의 속살 이야기다. 지나온 사실을 객관적이고 구체적으로 정리한 글은 아니라며 '그냥 떠나기 뭣해 기억 따라 느낌대로' 아는 만큼 썼다고 했다. 또 수업할 때 글쓰기를 힘들어하는 아이들에게 '그럴 것 없다, 그냥 네 느낌을 소중히 여기고 너를 믿어라.' 했던 말을 거꾸로 자신에게 되돌리며 부담 덜고 풀무 돌아보기를 했다니까, 두루두루 글쓴이나 읽는 이나 편한 마음으로 풀무 이야기를 만나면 되지 않을까?

풀무학교, 말만 들어도 가슴 설레던 때가 있었다. 1984년이었나, 숨 막히는 공교육에 실망하고 헤매던 중학교 교사 친구 두 명과 풀무학교에 한번 가보기로 했다. 거기 가면 숨통이 좀 뚫리려나? 홍순명 선생님은 우릴 따뜻하게 맞아주었고, 풀무학교 이야기를 들으며 학교 곳곳을 둘러보았다. 작은 시골 학교지만 그곳은 큰 뜻을 품은 사람 사는 마을이었고, 마음 다해 일하는 삶터였다. 꿈과 희망을 일구며 꿈틀대고 있었다. '일만 하면 소, 공부만 하면 도깨비'라는 말을 인상 깊게 들었다. 학교 지원자가 아주 적다는 말에 우리는 각자 자기 아이들이 크면 꼭 여기로 보내자고 다짐했다. 십수 년이 지나 정말 뜻대로 우리는 각자 딸, 아들 딸, 아들 아들, 해서 5명을 이 학교에 보냈고, 풀무 학부모로 다시 만났다.

김 선생님은 '지나온 시간과 삶은 무엇이었나?' 아쉬움과 책임감이 들어 풀무생활을 정리해야겠다고 했다. 삶과 마음을 바친 교사 생활을 되짚어보는 글인 셈이다. 일 년 내내 밀려드는 일들마다 치열하게 해결해갔다. 어디 정해진 틀이 있는 것도 아니고 새로 만들어 가는 과정들이니 교육에 대한 철저한 생각, 믿음, 헌신으로 풀어낸 거다. 물론 바탕은 아이들 사랑이었을 거다. 풀무 1년 살이를 읽다 보니 마치 내가 학교에 입학한 것처럼 생생하다. 숨 가쁘게 살아가는 아이들과 교사들, 서로 간의 끝없는 자기 확인, 성실한 삶, 믿음이 있었다. 간절한 바람과 그것을 이루기 위한 기도는 풀무 교사들의 공통된 삶 그 자체였다. 학부모와 만났을 때도 교사이면서 학교 엄마로서 아이들에 대해 할 말이 많았을 텐데 주로 학부모의 말을 귀담아들은 건, 아이들을 더 알아야 제대로 만날 수 있었기에 그랬으리라. 어찌 우주보다 크고 너른 아이들 세계를 간단히 단정해 말할 수 있겠는가? 교사와 부모의 진정 어린 아이사랑은 분명히 공통

분모였다. 궁금했던 학교생활의 속살 이야기를 조곤조곤 풀어 들려주니 난 조금씩 조금씩 글 속으로 빠져들었다.

"…저는 왜 풀무가 좋을까요? 풀무는 잘 다듬어진 공동체도 아니고 잘난 사람들이 있는 곳도 아니에요. 풀무는 힘들기도 해요. 근데 저는 그렇게 부족하고 울퉁불퉁해서 풀무가 좋아요. 부족한 사람들이 모여서 좀 더 잘 살려고 노력하는 풀무가 좋아요. …힘듦을 기꺼이 감수하는 법을 배우는 풀무가, 나의 편함보다 불편함을 느끼며 무엇인가를 배우는, 배울 수 있음을 느끼는 풀무가 좋아요…"

1학년 아이가 한 말이다. 풀무 1년 지내고 이런 빛나는 생각을 하다니, 오히려 선생같이 내 마음을 뒤흔든다. 약삭빠른 현실 세상의 이치가 여기에 끼어들 수 있는가? 이제껏 알았던 기존 질서에 의문을 갖게 되었고, 좀 더디더라도 모두가 안 가려는 좁은 길, 그러나 그 길이 옳다고 여기기에 기꺼이 가겠다는 소박하고 진실된 마음이 대견스러워 눈물겹다. 맑고 깨끗한 마음을 일깨워주는 풀무학교의 힘은 그래서 귀한 것이다. 스스로 올곧게 살길을 찾아가게 하는 교육, 마음 씨앗이 되어 '더불어 사는 평민'으로 무럭무럭 자랄 것이다.

'풀무 글마루'는 김 선생님의 국어교실이면서, 아이들이 책을 벗 삼아 세상을 새로이 발견하고 자기 삶을 들여다보는 곳이다. 책장 앞에 가만히 앉아 있어도 좋다는 말은 백번 맞다. 눈 가는 데 손이 가고, 마음 가는 대로 행동하게 되니 자연스레 책과 친해지게 된다. 예전에 학부모회에서 아이들에게 보여주고 싶은 책을 모은 적이 있어 나도 몇십 권 낸 적이 있다. 선배, 학부모들의 손때가 묻은 책을 아이들이 벗 삼으니 오롯이 정신도 그대로 이어가는 거겠지. 책 속에 파

묻혀 지내며 자기만의 고요한 시간을 갖는다면 생각은 자꾸 자랄 거고, 창업 후에는 그때 그 시절을 사무치게 그리워할 거다. 내게도 고등학교 시절, 6만 권 책으로 둘러싸인 개가식 학교 도서관에 앉아 책 보던 시절이 문득 그리울 때가 있다.

'저녁 모임'은 아주 특별한 시간이다. 고만고만한 아이들인 것 같지만 자기만의 지성과 감성을 지녔기에, 나름의 자기 세계를 다양하게 펼쳐 보인다. 부족한 대로 간단하게라도 자기를 표현하고 드러내는 일은 얼마나 신비롭고 놀라운 일인가. 일단 해내고 나면 하늘을 날 것 같은 성취감을 느낄 것이다.

선생님들에게 먼저 시범 보이라는 아이들 말에, 선뜻 김 선생님은 '추억을 따라가 본 젊은 나'를 발표한다. 사진 석 장에 담긴 사연을 담담히 말하는데 내용 하나하나가 참 따뜻하다. 생활관 앞 솔숲 이야기는 영화 장면처럼 스르르 돌아간다. 평소 선생님들이 밥을 해서 아이들을 먹였다니, 소풍 갈 때 솥단지 들고 가서 밥해 먹고 왔다니, 지금으로서는 상상도 할 수 없는 일이다. 끈끈하고 인정 넘치는, 자연스러운 밥상 공동체였다. 그러나 그때 아름다웠던 일들이 지금 다시 반복되는 건 싫다고, 다시 돌아가고 싶지 않다고 솔직하게 말한다. 아련한 추억거리에는 눈물, 고난, 힘겨움, 아픔 따위가 그대로 범벅되어 있기에 그럴 거다. 지금은 이대로 평화로이 쉬고 싶다는 김 선생님, 아침부터 밤늦게까지 일에 묻혀 지냈으니 어디 즐거울 겨를이 있었겠는가.

글로 보는 풀무학교인 《풀무》지 발간은 김 선생님의 주요한 업무였다. 풀무 나날의 역사, 아이들의 삶, 숨결을 느낄 수 있는 분야다. 구성원들의 목소리가 빠짐없이 담기도록 배려한 건 중요한 대목이다. 풀무학교의 빛나는 정신을 유지하되, 숨 가쁘게 달라지는 교육 환경과 다양한 아이들의 목소리를 담으며 어찌 대응하고 끌어안을

지, 궁리하고 풀어갈 길을 찾는 것이니 참 힘든 작업이었을 거다. '우리 말 우리 글'을 갈고 닦아내는 일도 어찌 간단하겠는가. 말글을 통해 정신을 드러내는 것이니, 일본말법과 서양말법을 골라냈단다. 그래서 읽기에 아주 편하고 좋다.

풀무학교 이야기를 풀어낸 선생님의 글은 예사롭지 않고 묵직하게 말을 걸고 있다. 그래서 모든 풀무 식구들이 꼭 읽었으면 좋겠다. '지금 나는 풀무정신으로 어떻게 살아가고 있는가?', '낮은 생활, 높은 정신을 실현하고 있는가?' 스스로 질문도 해보자. 1958년 풀무학교가 전인교육을 외치며 들었던 깃발은 지금도 힘차게 펄럭인다.

"김현자 선생님, 고맙습니다."

2022년 4월
황금성
(전 풀무학부모회장, 전 한국글쓰기교육연구회장)

그냥 떠나기 멋해
기억 따라 느낌대로 썼습니다

거의 평생을 한곳에서 붙박이처럼 살다 떠나왔습니다.

그렇게 집에 들어앉게 되며 뜻밖에도 팔목을 심하게 다쳤습니다. 어스름 새벽 산책길, 눈 살짝 덮인 얼음판에 나동그라지며 팔목이 부러진 것입니다. 의사는 큰 병원에서 수술해야 하는 더 큰 어려움이 생길 뻔했다며, 액땜 한번 제대로 했다고 생각하라 했습니다. 물론 그렇게 생각할 일은 많기만 했고요. 머리나 다리가 아닌 게, 오른팔이 아닌 게 얼마나 다행인가 하면서요.

그렇게 손발이 묶여 지내다 보니 생각만 무성해지더군요. 학교라는 의무를 벗으면 일단 산으로 들로 쏘다녀보리라 했는데, 코로나19 상황도 있는 터에 이렇게 원천 봉쇄되고 나니 스스로에게 뭔가 자주 묻게 되었습니다. 지나온 시간과 삶은 무엇이었나, 사람들이 많이 바뀌어 거의 새 출발 하듯 새 학기를 시작한 떠나온 풀무 생각도 자꾸 스며들었습니다.

2월 19일은 학교에서 새 식구 예비교육을 하는 날이었는데, 그날 아침 문득 이런 학교 일정들이 언제 시작되었고, 오늘날까지 왜 이렇게 이어가고 있는지 모르는 사람이 훨씬 많겠다는 생각이 들었습니다. 그래서 '아, 써야겠구나' 했습니다. 사실 학교에 있는 동안 일목요연하게 정리된 자료가 없어 필요하다고 생각하면서도 하지 못했던 아쉬움, 책임감 비슷한 마음이 있기도 했습니다. 그래서 나쁘다고 생각하는 게 누구에게는 좋은 것일 수도, 어려운 것이 약일 수도 있겠다는 생각으로 마음을 일으켜보았습니다.

그렇다고 사실을 객관적·구체적으로 기술하는 역사 정리를 할 수는 없었습니다. 그렇게 쓸 역량은 아예 부족합니다. '기억에 따라 느낌대로' 쓴, 이를테면 에세이식 역사라고 할 수 있을까 생각했습니다. 큰 위안을 삼은 것은 슈테판 츠바이크의 말입니다. 그는 『어제의 세계』라는 책을 기억에 따라 쓰면서 "우리의 기억이라는 것이, 어떤 것은 그냥 우연히 보유하고 다른 것은 단지 우연히 상실하는, 그런 것이라고 보지는 않는다. 우리의 기억은 오히려 의식하면서 정리하고, 쓸데없는 것을 현명하게 줄이는 힘이다"라고 했습니다. 물론 내 상황과는 비교 불가한 일이어서 빗대기조차 머뭇거려지지만, 사람은 무엇을 기억하고 무엇을 잊는 것일까, 기억은 할 만하니까 하지 않을까, 그런 생각으로 앞뒤 잘 맞지 않는 제 기억은 그것 그대로 뜻이 있겠다고 무모하게 생각했습니다.

용기를 내어 두 부분으로 나누어 학교교육의 주요 줄기가 된다는 의미에서 '고갱이 1, 2'로 표현해보았습니다. '고갱이 1'은 풀무 1년살이를 한눈에 볼 수 있는 자료가 되면 좋겠다는 희망으로 2월부터 12월까지 시기별로 풀무에서 하는 주요 행사를 적었고, '고갱이 2'는 아침예배와 동아리활동, 문화시간과 전교회의 같은 일상생활 속에서 의식·무의식적으로 지켜서 하는 일들을 정리했습니다. 좀더 꼼꼼하게 챙겨서 정리하지 못한 것도 있고 내용이 부실한 것도 있습니다. 나중의 보완은 어떻게든 필요하리라 생각합니다. 그리고 마지막에는 풀무 생활을 마무리하는 소회를 적어 보았습니다.

글을 쓰며 항목에 따라 당시 안내문이나 자료 혹은 그때 학생들이나 내가 쓴 글들을 덧붙여 좀 더 현실감 있는 이해를 돕고자 했습니다. 이때 학생들 이름은 밝히지 않고 쓴 날짜만 적었습니다. 때로는 그즈음《풀무》지에 실린 글도 있습니다. 글 쓴 학생들에게는 마음에 걸리지만 좋은 마음으로 기록 보완에 참여했다고 생각해 주리라 믿고, 너른 양해 바랍니다.

'고갱이 1'은 달에 따른 순서대로, '고갱이 2'는 가나다순으로 엮었습니다.

쓰는 일은 마음처럼 잘 되지 않았습니다. 공연한 일을 벌였나 탓하면서 이게 무슨 도움이 될 수 있을까 많이도 끌탕했습니다. 그럴 때마다 나를 위한 정리요, 기록이다, 그걸 해보라고 이렇게 붙잡힌 건 아닌지 혼자 위로하며 힘을 내어 잘 쓰지 못하는 글을 쓴다고 꾸역꾸역 애써 보았습니다.

그러면서 끊임없이 파고드는 어려움은 눈치 보기, 자기검열 같은 것이었습니다. 풀무가 지나온 역사만 해도 얼마인데, 역사 이전 사상의 뿌리까지, 거기에 얽힌 사람들은 또 얼마나 많은지, 그 수많은 얼굴과 목소리들이 그게 맞느냐고 따지고, 생각도 참 희한하게 한다고, 국어 선생 했다며 글이 그게 뭐냐고… 꾸짖고 비난하는 것 같았습니다. 학교에서 글쓰기와 관련해 학생들이 이런 어려움을 호소할 때, '그럴 것 없다, 그냥 네 느낌을 소중히 여기고 너를 믿어라' 했던 말을 제게 되돌리며 세상에 이런 풀무 돌아보기도 하나쯤 괜찮지 않을까, 억지힘을 내어보았습니다. 앞으로 학교에 대한 자세한 기록, 역사 연구 같은 다양한 기술이 나오게 되길 기대합니다.

글 쓰느라 지난 시간을 돌아보며 저 자신의 삶에 많은 회의도 들었습니다. 그러면서 그저 살아온 그대로, 못난 모습 그대로, 가벼움과 물질과 겉모습과 소유를 중시하는 세상에 대한 저 나름의 저항이었고, 때마다, 일마다는 흐르는 대로 살지 않으려는 걱정과 고뇌의 연속이었다는 생각에 이르렀습니다. 그게 풀무라고도 생각했습니다. 떠나와 돌아보니 그런 데 스민 의미가 조금 더 크게 보였습니다.

글 쓰는 동안은 잠자면서까지도 온통 그 생각에만 사로잡혔습니다. 스스로 걸어 들어가 갇혀 사는 듯한 시간이었습니다. 낱말 뜻, 문장 쓰기가 거듭거듭 새로웠고, 그럴수록 더 어려워지는 경험도 했습니다. 얼기설기 엉터리지만 이런 기억, 이런 가치를 새길 수 있어 새삼스럽고, 참 고마운 시간이었습니다.

앞서도 말했듯 풀무는 커다린 나무입니다. 뿌리부터 하늘로 치솟으며 넓게 퍼진 가지를 다 알 수도 없고, 안다 한들 제 인식 안의 일일 뿐입니다. 학생으로 교사로 경험해 온 한 사람이라는 가지에 깃든 가냘픈 말소리 정도로 읽어주시면 고맙겠습니다. 풀무학교 선생님들이 어린 학생들 질문을 만나며 스스로 답할 거리로 삼는다면 더없이 보람 있을 듯합니다. 나아가 정신을 기준 삼되 '지금 여기'를 힘나고 새롭게 할 열린 토론, 공감, 새로운 시도가 꾸준히 이어지면 더 좋겠습니다.

풀무학교는 참 좋은 학교라고 생각합니다. 개인과 전체, 독립과 더불어 살기, 책임과 권리의 관계를 삶에서 배울 수 있기 때문입니다. 나 하나가 모두와 이어져 있다는 것을 경험으로 알아갈 기회가 많습니다. 바른 사람 되는 것이 그 어떤 것보다 먼저라는 것을 모든 교육과정에서 강조하고 있어서 더 그렇습니다.

이 유례없는 코로나 상황은 그동안 사람들이 어떻게 살아왔나 되묻고 있습니다. 더욱 새롭게, 모든 생명과 더불어 살아가는 가치가 정말 소중하다고 말하고 있습니다. 그 과정이 어느 것 하나 쉽지 않기에 그런 삶은 더더욱 귀합니다. 한 사람 한 사람이 진리에 비추어 깨달아가며, 자유로이 제몫을 다하며 살아가길 바랍니다. 풀무를 그런 학교 공동체로 꾸려나가길, 그리고 진실한 교육을 꿈꾸는 다양한 사람들이 같은 마음으로 풀무를 함께 다듬어주기를 밖에서 기도하겠습니다.

2022년 3월 이른 봄

김현자

고갱이 2
일상에서 자연스럽게

어떻게 말해야 하나, 풀무학교

풀무학교를 무엇이라고, 어떻게 말해야 할까?

뿌리 깊은 큰 나무나 큰 숲으로 비유하면 언뜻 그 모습이 떠오를 수 있지만, 뿌리부터 맨 끝 가지까지, 혹은 숲을 이룬 요소 하나하나 모양은 물론 그들이 살아가는 원리를 설명하려 하면 난감하기만 하다.

그래서 들은 것을, 살며 생각한 것을, 그 속에 들어앉아 앞과 옆과 아래를 살피며 본 대로, 느껴지는 대로 풀무학교를 말해보려 한다.

풀무학교 설립자

풀무학교의 개교기념일은 1958년 4월 23일이다. 그러니까 이날 충남 홍성군 홍동면 풀무골에서 지금의 풀무학교는 문을 연다. 학교 문을 열기까지는 오랜 논의와 준비가 있었고, 직·간접으로 협력, 후원하신 분들도 많았다. 작은 학교를 시작한 것이지만 작은 일이 아닌, 교육사적 의미가 큰 일이 되었다. 그러나 역사 기록으로, 늘 들은 대로 설립자는 이찬갑(1904-1974), 주옥로 (1919-2001) 선생 두 분이다.

설립자 밝맑 이찬갑 선생

민족정신의 요람으로 알려진 오산학교와 관련이 깊은 이찬갑 선생은 평북 정주 출신으로, 교육과 협동조합 중심의 지역공동체를 준비하며 구상하고 실천하신 분이다. 홍동 출신인 주옥로 선생은 교육, 농촌, 조합운동에 관심이 많았다. 신학을 공부한 신앙인으로, 무교회신앙과 이찬갑 선생을 만나며 인생의 방향이 바뀐 분이다. 두 분은 무교회 성서모임에서 만나 농민 자녀를 가르치는 학교를 세우자고 의기투합하여 결국 풀무학교를 시작하셨다. 이렇게 우연 같지만 우연이 아닌 오랜 준비와 기다림, 끊임없이 이상을 추구하며 진실하게 살아오신 삶의 결과가 풀무학교인 셈이다. 큰 눈으로 보아

설립자 샛별 주옥로 선생

하나님의 뜻이었고, 이 땅에 풀무학교가 있어야 할 이유였다.

이찬갑, 주옥로 선생은 학교를 시작할 때 '우리 사이에는 교장도 사환도 없다, 예수님만 교주로 그의 정신을 따르자'고 하며 지금까지 학교의 큰 특색이 되는 무두무미(無頭無尾)의 정신을 실천하셨고, 두 분의 특성에 맞게 역할을 하시며 지금의 풀무가 있게 하셨다.

이런 시작을 이어받아 지금의 학교 체제와 기틀을 마련하신 홍순명 선생은 또 한 분, 제3의 설립자로 최태사 선생을 꼽으신다. 최태사 선생은 오산학교 출신으로 서울에서 '일심의원'을 운영하는 의사였는데, 경제적으로 어려운 시절 이사장으로서 학교에 재정을 보태

고 교사와 행정실의 정신적 버팀목 역할을 하신 분이다. 홍순명 선생은 "이찬갑 선생은 개교 정신과 바른 신앙을 주셨고, 주옥로 선생은 학교의 터전 마련과 신앙심에 기초한 학교 운영을 자리잡게 하셨으며, 최태사 선생은 한없는 사랑과 베풂으로 재정적 후원과 함께 정신적 버팀목으로 풀무를 지켜주셨다. 세 분 모두 학교 개교와 역사에 각기 다른 개성과 역할을 하셔서 오늘에 이르게 되었으니 '다양성의 일치로 더불어 사는 정신을 배우는' 풀무교육 정신에 적합하다"고 하셨다. 나는 여기에 제4의 설립자로 홍순명 선생님을 올리고 싶다. 앞의 세 분이 기틀을 마련해 주신 터전에 오늘날의 풀무가 자리 잡을 수 있는 기본적인 교육 내용과 교육과정 체제를 실질적으로 갖추어 주셨기 때문이다.

풀무학교는 개교 이래 줄곧 성경에 근거를 둔 인생관과 학문, 그리고 실제 생활 능력, 예술적 감성을 갖춘 사람을 기르려 애써 온 작은 배움터다. 처음에는 중학교 과정인 풀무고등공민학교로 시작했고, 1963년 고등학교 과정인 풀무농업고등기술학교로 연장하여 오늘에 이른다. 2001년에는 마을과 연대를 강화하고 환경과 생태 중심의 농업인을 기르기 위해 2년제 전공과정 생태농업과를 개설, 운영하고 있다.

1958년 학교를 시작하신 이찬갑, 주옥로 선생은 간판과 출세와 돈이 세상의 전부라고 믿는 세상에 대하여 "오직 세상을 살리는 것은 정신"이라고 외쳤고, 사람의 인격은 우주보다 귀하고 그 가능성은 무한하다며 세상의 통념을 전면적으로 바꾸는 교육을 과감히 시작했다. 이찬갑 선생의 '새날의 표어', 주옥로 선생의 '풀무학원의 특질'은 학교 설립의 정신을 축약하여 알 수 있게 한다. 또한 최태사 선생은 평화와 사랑을 일생 실천하신 삶 그 자체로 풀무 정신을 구현하셨다. 홍순명 선생은 끊임없는 연구와 폭넓은 시야로 바른 교육이 나아갈 길을 궁구하고 실천하셨다. 이런 교육 정신은 개교 훨씬 전부터 역사 속에서 깊고 너른 근원을 찾으며 싹터왔다고 생각한다. 풍전등화 같은 민족을 구하려는 독립정신, 그 정신의 근원인 성경과 학문, 현실에 바탕을 둔 구체적인 실천과 노력을 역경 속에서도 놓지 않고 이어온 길이 그렇게 증언하는 듯하다.

개교 64년이 되는 풀무학교는 교육목표에 밝혔듯 '하나님과 이웃과 세계와 자연과 더불어 사는 정직하고 쓸모 있는 평민을 기르는' 교육에 힘써 왔다. 두 분의 설립 정신과 교육목표에 담긴 이 가치는 여전히 진행형이고, 학교 안팎 곳곳에서 누구나 지켜내고 실행하는 보편의 일로 그 가치가 구현된다면 세상은 좀 달라지지 않을까 생각한다. 풀무학교를 대안학교로 아는 사람들이 있는데, 위에 말한 것처럼 풀무학교는 대안이 아닌 교육의 정상화로 가는 길이길 바라며, 작고 외롭게 교육 본연이 가야 할 길을 실천하려 애써 왔다고 생각한다.

학생관 옆 새김돌.
새날의 표어 일부를 담았다.

이찬갑 선생의 개교기념 말씀, 생전에『성서조선』등 여러 책에 쓰신 글, 돌아가신 뒤 동지와 제자들이 쓴 추모글을 모아 펴낸 문집 『산 믿음의 새 생활』첫 글은 '새날의 표어'다. 이 글에서 해방을 맞은 선생의 벅찬 다짐과 각오를 읽는다. 이 글에 담긴 정신을 풀무가 꾸준히 추구해 가야 할 태도라 생각해서 학교 교정 여러 곳에 비문으로도 새겨 놓았다.

새날의 표어

헤쳐감의 표징인 부지런히 일하며
찾아감의 표징인 부지런히 공부함
－이로 우리 삶의 터전을 삼음

해 뜰 때 문을 열고 해 질 때 집에 들며
언제든 참과 옳음 무어든 밝고 맑게
－이로 우리 삶의 규범을 삼음

이 수난의 상징인 조선에 뛰어들며
또 조선의 상징인 농촌을 둘러 메임
－이로 우리 삶의 의무를 삼음

참됨의 새 인간에 이 겨레가 깨나며
영원의 새 나라에 이 겨레가 살아감
－이로 우리 삶의 이상을 삼음

〈1945년 해방되던 해에〉

1970년대 홍순명 선생이 국어 교과서로 엮어 가르치시던 종교, 철학, 역사, 사회 모두를 아우르는 내용의『교양국어』가 있다. 1학년 때 배우는『교양국어 1』에 주옥로 선생의 '풀무학원의 특질'이라는 글이 있는데, 이 글의 서두로 풀무학교의 방향을 생각해 본다.

풀무학원의 특질

'성서의 진리 위에 학원'을 세우고자 백 년 앞을 바라보고, 하나님 한 분만을 신종하는 건전한 인간교육에 힘써, 예수의 말씀대로 '건축자의 버린 돌이 모퉁이의 머릿돌'이 되기를 기원합니다.

1. 교육과 믿음을 바탕으로 위대한 평민상, 그리고 민족의 이상향을 형성하고자 합니다.
2. 믿음과 교육의 이상을 같이 하는 교사들과 수업생, 뜻을 같이 하는 동지들이 모여 가족 같은 학원공동체를 이룩하고자 합니다.
3. 진리에 의한 인격도야와 학문의 기초 닦기, 그리고 독립할 생활 능력을 기르는 전인교육을 하고자 합니다.
4. 농공병진과 민주주의의 요람이 되는 자치적 지역사회의 모체가 되는 각종 협동조합과 이웃과 지역을 돕는 드라크마회 등으로 지역공동체의 내실을 기하고자 합니다.
5. 동북아시아, 특히 동양 삼형제국, 나아가 세계의 평화와 교류에 이바지하고자 합니다.

풀무학교 역사

1958년 개교한 풀무학교의 역사적 뿌리는 깊다. 지상의 나무는 가지와 잎사귀 품의 크기만큼 지하에도 줄기와 뿌리가 벋는다는데, 풀무학교 역사도 그렇다고 볼 수 있다.

이찬갑 선생은 오산학교를 세우신 남강 이승훈 선생의 조카 손자다. 그는 오산학교를 다녔고, 평생을 오산학교 정신의 영향으로 사셨다. 앞서도 말했듯 오산학교는 민족정신의 요람으로, 시대와 민족의 염원을 담은 학교라는 역사적 평가를 받는다.

이 학교는 도산 안창호 선생과 이승훈 선생의 만남에서 태어났다. 이찬갑 선생은 혈연으로도, 정신적으로도 오산학교의 영향을 듬뿍 받은 셈이다. 이승훈 선생은 1907년 암울한 민족의 현실로 어려움을 겪던 중 용동에서 평양에 갔다가 민중이 자각해야 한다는 도산 안창호의 연설을 듣고 깊이 감동받아 뜻을 같이하기로 결심하게 된다. 용동에 돌아와서는 봉건적 교육을 하던 서당을 개편하여 신식교육을 위한 강명의숙을 세우고, 이어 교육과 실업을 통해 실력양성을 하여 독립을 이루려는 비밀결사인 신민회 조직에도 참여한다. 같은 해 중등교육기관으로 오산학교를 열어 수신·역사·지리·산수·법제·경제·체조 같은 신식 교과를 가르쳤으며 학생들은 모두 기숙사에서 생활하게 했다.

1970년대 홍순명 선생이
편집 사용한 풀무학교
교양국어Ⅰ·Ⅱ·Ⅲ

풀무학교 설립과 흡사한 면이 있어 흥미롭고, 역사적 격동기를 거치며 여러 모양으로 미완인 오산학교 정신이 이곳 풀무골에서 이어진다고 해도 틀린 말은 아니라는 연구가 많다. 그런 점에서 풀무학교의 정신적 기원은 오산학교가 출발한 '농촌에 이상촌을 만들어 독립의 기초를 놓자'는 정신에서 찾을 수 있다. 여기서 교육은 정신적 기반인 기독교, 민족, 농촌, 공동체가 하나로 연결되는 일관된 실천이어야 했고, 이는 오늘날 학교와 마을을 일원화하려는 풀무교육과도 이어 볼 수 있는 지점이다.

풀무학교 역사의 기원은 덴마크 교육의 정신에서 받은 영향도 크다. 이찬갑 선생은 덴마크의 교육과 기독교 정신이 덴마크의 농업을 부흥시켰고, 상식이 통하는 평민의 나라로 변화시켜 덴마크 민족을 살렸다고 늘 강조하셨다. 그리고 무교회 정신을 실천한 김교신, 함석헌 선생 같은 분들도 풀무학교가 태어나게 한 정신적 배경이다. 두 분은 오산학교 동창이다. 두 분을 따르던 이찬갑 선생은 김교신 선생의 『성서조선』 기고자 겸 독자였고, '성서조선사건'으로 함께 옥고를 치르기도 했다. 주옥로 선생은 함석헌 선생 집회에 갔고, 이찬갑, 주옥로 선생의 만남도 무교회 성서집회를 통하여 이루어졌다. 풀무학교 시작부터 오늘에 이르는 역사 속 과정에 진실한 애정으로 지원하신 노평구 선생도 무교회 정신으로 학교가 자리 잡는 데 큰 역할을 하셨다고 들었다. 노평구 선생은 수십 년간 독립전도자로 《성서연구》라는 잡지를 내신 분이다.

풀무학교 교사실에는 1959년 풀무의 성서집회 때 모였던 무교회 분들의 역사적인 사진이 걸려 있다. 사진 속 함석헌, 류달영, 송두용, 이찬갑, 주옥로 선생이 모두 교육과 기독교와 농촌을 중시했고, 고스란히 풀무학교가 태어나 오늘까지 걸어오는 데 정신적 지지가 되어주신 것 같아 숭엄한 마음으로 바라보게 된다. 2019년에는 학생

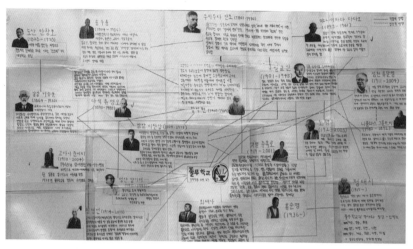

학생들이 학교의 역사를 공부하면서 그린 풀무 인물 계보도

들이 개교기념 공동학습으로 학교 정신이 이어져 온 인물들의 관계를 공부하고 그림으로 인물계보를 표현하기도 했다.

이렇게 겉으로 드러나는 64년 역사를 지탱하는 아래쪽, 그보다 더 긴 뿌리와 잔가지들의 역사적 원기가 어리고 서려 오늘을 이루고 있다는 생각을 놓지 않아야 풀무교육의 길을 잃지 않을 듯싶다.

풀무골, 학교 이름 '풀무'

학교가 자리한 홍동면 팔괘리 송정마을에 호미, 낫, 괭이 같은 농기구를 만드는 대장간이 있었던 것으로 전해진다. 대장간에서 불을 피우는 데 필수적인 기구가 바람을 일으키는 풀무다. 그러니까 풀무골은 녹슨 쇠를 불에 달궈 두들기고 다듬어 쓸모 있는 연장을 만들던 대장간 터였고, 설립자 이찬갑, 주옥로 선생은 이 마을에 학교를 세우면서 이름을 풀무학교라고 지었다. 학교 이름을 '신생(新生)'으로

지을까 하다가 우리말인 풀무로 했다는 사연이 "풀무학교를 열며"라는 개교기념사에 나온다. 젊은이들이 몸과 마음을 갈고닦아 인격을 형성하고 참인간이 되는 교육 바람을 일으키려는 교육 이상과 철학이 맞아떨어진 이름이라고 판단한 것이다.

게다가 교육의 상징적인 의미, 기독교 사상에 기반을 둔 인격도야와도 관련이 깊다. 관련 성서 구절도 많다. 이사야서 48장 10절에 "보라. 내가 너를 연단하였으나 은처럼 하지 아니하고 너를 고난의 풀무에서 택하였노라"고 하였으며, 잠언 17장 3절 "도가니는 은을 풀무는 금을 연단하거니와 하나님은 마음을 연단하시느니라." 또 27장 21절 "도가니로 은을, 풀무로 금, 칭찬으로 사람을 시련하시느니라."라는 구절을 들 수 있다.

지금은 기업이 된 풀무원의 처음은 유기농업을 실천하는 공동체 농장이었다. 농장을 시작하신 원경선 선생이 풀무의 뜻이 좋아 학교의 동의를 받아 농장 이름으로 풀무원이라 쓰며 그 계기로 풀무학교 이사로 인연을 맺고 '풀무'가 지닌 의미와 정신을 실천하려 했다고 한다. 지금도 많은 사람이 풀무학교를 풀무원학교라고 하거나 중학교에서 진로지도 할 때 '두부 만들러 가느냐'는 식으로 빈정거리듯 말한다고 하여 안타깝다. 풀무는 녹슨 쇠를 불에 달구어 두들기고 다듬어 쓸모 있는 연장을 만드는, 학교교육의 대명사가 되어도 좋을 이름이다.

이처럼 풀무라는 이름이 지니는 상징성 또한 풀무 교육이 바라고 나아가야 할 가치로서 의미가 크다. 학교를 떠난 뒤에도 풀무의 이름대로 끊임없이 공부하며, 한 사람 한 사람이 스스로 우주보다 귀한 인격적 존재임을 깨달아 일상생활에서 쓸모 있는 존재로 바르게 서도록 풀무질하며 힘차게 살아가야 하리라 생각한다.

풀무학교 사상과 교훈

풀무학교가 지향하는 방향, 한마디로 교훈은 '더불어 사는 평민'
이다. 개교할 때부터 써온 '위대한 평민'이라는 교훈이 1980년대 후
반 '더불어 사는 평민'으로 바뀌었다. 더불어 살 수 있는 사람이면 위
대하다고 할 수 있으니, 표현이 달라 그렇지 지향점은 같다고 볼 수
있다. 물론 그 말만 들으면 엄청 다른 말로 이해할 수도 있다. 학생
으로 교사로 살면서 나는 그렇다고 느꼈다. 그런데 어떤 사람들은
말이 바뀐 것을 가지고 교훈이 바뀌었다고, 학교의 정체성이 바뀌었
다고 불만스러워 하기도 했다. 좋은 게 좋은 것이라고, 검은 것 흰 것
아무렇게나 뒤섞어 사는 게 더불어 사는 것이냐는 문제 제기를 들은
적도 있다.

어쨌든 천지 사이에 자리하는 사람으로서 하늘과 땅, 보이거나 보
이지 않거나 존재하는 이 땅의 다른 사람들뿐만 아니라 자연 안의
수많은 다른 생명과 함께 살아간다는 생각으로 그들과 함께할 능력
을 기르는 일, 이것이 더불어 사는 일이고, 그건 이 시대가 요구하는
위대한 일일 수 있기에 서로 같은 말일 수 있다. 또 '평민이 시민인가
서민인가' 하는 논란도 있다지만 사회의 보통 사람, 그냥 평범한 사
람 자체를 뜻하는 것이라고 나는 이해한다. 하나의 인격체로서 끊임
없이 자각하고 깨어 살려는 의지를 본질로 해야 하고, 그런 상태로
자기와 다른 사람의 가치를 자각하고 존중하면서 자기실현과 사회
기여에 힘써야 하는 게 사람이 걸어갈 길이다. 작은 일에 충실한 게
큰일이며 작은 이에게 한 것이 하나님 대접이라는 역설적인 가르침
앞에서 더불어 사는 일이야말로 위대한 일이 아닐 수 없다.

일찍이 설립자 두 분은 이를 사회 대다수를 차지하는 기본층으로
보았고, 이런 기본층의 '깨어난 평민'이 사회의 저력이자 향상의 희

풀무의 교훈 '위대한 평민'을 새긴 바윗돌. 지금은 '더불어 사는 평민'으로 바뀌었다.

망이라고 하셨다. 우주 생명공동체 구성원의 한 사람인 그 평민은 그에 맞는 몫을 다하도록 양육되어야 한다. 풀무에서 사는 일은 알게 모르게 '나는 전체이고 전체는 나 자신'이라는 가치를 온몸으로 터득하는 일이다. 모르는 새 모든 교육과정은 이런 방향으로 짜여 있다고 생각한다.

이 사상은 거슬러 오르면 평민 예수와 이어지고, 예수 정신을 따르려 가르치고 배우는 우리 학교에서 어떤 삶의 모습을 말하는지 상상할 수 있다. 역사 속에서 추구하고 좇아야 할 보편의 가치가 모두 이런 정신에 닿아 있다는 사실은 진실이고 큰 위로다.

이런 평민의 정신은 민주주의와도 이어진다. 풀무학교는 성경 중심의 기독교 정신을 바탕으로 전교생이 생활관 생활을 하며 공동체 정신을 배워간다. 누구나 맡은 자리에서 자기 구실을 해야 제대로 굴러가는 작은 사회라고 할 수 있다. 학교의 크고 작은 일은 교사, 학생, 학부모와 필요한 경우 수업생(졸업생), 이사회, 지역과도 협의하여 '함께 만들어 가는' 학교를 지향한다. 또 전인교육 차원에서 인문과 실습의 적절한 조화, 예술적 소양과 감성을 기르는 동아리 활동 같은 다양한 교육과정을 운영한다. 실습 분야에서는 먹을거리의 자급자족을 목표로 노작교육 의미 이상의 농사일을 경험하고 있다.

이런 교육과정 실현을 위해 필요에 따라 구성원들이 협의하며 실천하는 과정에서 여러 가지 특징이라 할 만한 의미 있는 일들이 쌓여왔고, 또한 새롭게 시도해 간다. 모두가 평등한 주인으로 살아가는 작은 학교이기에 가능한 것이 대부분이다. 잦은 회의, 직접 체험 등 세상 기준으로 보면 비효율투성이이기도 하다. 그런가 하면 학생들과 지내는 현장에는 바람 잘 날이 없다. 너무도 당연한 일이지만 맘껏 자유로운 유토피아인 줄 알았던 학생들은 삶의 현장에서 힘들다고 아우성을 친다. 그러면서 조금씩 삶에 깃든 이치와 진실을 깨달아가는 것 같다. 자유와 책임, 배려와 존중, 독립과 더불어 살기의 관계를 '나'를 발견하며 알아가는 것을 느낀다. 그래서 일상생활을 통한 교육, 경험을 중시하는 생활교육은 말처럼 간단치 않지만 그 당위와 의미는 지대하다.

또한 풀무학교는 면 단위 농촌지역에 자리한 학교로, 지역의 교육 환경에서 학교와 지역은 하나가 되어야 하고, 지역이 곧 학교이길 바라며, 지역과 더불어 사는 사회 실현을 위해 힘쓰려고 한다. 그 구체적인 실천을 위한 다양한 체험을 시도하며 노력한다. 그러면서 독립학원의 교훈이기도 한 '배워야 할 것은 자연, 읽어야 할 것은 성서, 해야 할 것은 일'이라든지, 이찬갑 선생이 자주 인용하셨다는 '일만 하면 소, 공부만 하면 도깨비(일소공도)'라는 말을 가끔 듣고 말하기도 한다. 이는 참된 인간으로 나아갈 바를 진지하게 생각하신 분들이 깊은 성찰 끝에 하신 말씀으로, 학교 사상과 연관해 자주 성찰해 보아야 한다. 정신의 힘, 실천의 동력으로 각 개인에게 다가갈 수 있길 바라며 말이다.

이 길에서 반드시 알아야 할 것은, 이 모든 일이 사람 힘만으로 되는 게 아니라는 사실이다. 그런 정신을 어렴풋이라도 하나님을 기억하며 예배하는 시간에, 사립학교이지만 설립자 개인을 우상화하지 않고, 설립 정신을 존중하면서 진리를 추구하는 태도에서 함께 배우고 깨달아간다고 생각한다. 하나님 경외, 자연과 사람에 대한 사랑이 자연스럽게 학교 사상의 토대이기 때문이다.

풀무학교 인사

풀무학교는 때마다 '밝았습니다, 맑았습니다, 고요합니다'라고 인사한다. 날씨 상태를 나누는 것 이상의 뜻이 깊은 말이다. '밝고 맑고 고요하다'는 사실을 선언하듯 정중하게 상대방에게 인사할 수 있는 인격을 길러내야 하리라는 엄중함을 느끼며, 날마다 명상하듯 인사하자고 학생들과 나눈 일이 있다. 생각할수록 쉽지 않은 높은 이상이다. 그러나 캄캄한 어둠을 벗는 밝음, 칙칙함을 씻는 맑음, 시끄러움을 가라앉히는 고요, 이런 사람이 되는 것을 목표로 가까운 일상부터 충실히 하자는 것, 그런 지향이 있어 귀하다.

홍순명 선생이 쓰셨다는 "풀무 인사" 글이 고요한집 올라가는 계단 위 벽에 쓰여 있다. 43회 때 여학생 생활관 대표인 여학생장이 생각하며 살아갈 환경 조성을 위해 벽에 페인트 칠을 하고 써 놓은 것으로 기억한다.

풀무 인사

'밝았습니다'
닭 소리에 샛별 지자 종다리 떴다.

새 하늘에 밝음이 퍼져갑니다.
다시 안 올 이 하루를 평생처럼 살자
문을 열고 희망에 차 서로 반기며
새날의 아침 인사 '밝았습니다'

생활관 '고요한 집'에 오르는 계단 벽의
"풀무 인사"

'밝았습니다'
높고 푸른 하늘의 햇빛을 받아
땅 위의 풀과 나무 힘을 얻지요.
먹구름에 날 흐려도 그 하늘 믿고
대지에 씨 뿌리고 땀 흘리면서
오늘 낮도 즐겁게 '밝았습니다'

'고요합니다'
하늘 은혜 맘의 평화 잘 보낸 하루
장엄한 서녘 노을 얼굴에 받으며
오는 날 새 하루를 의심치 않고
발걸음 가벼이 집을 향한 저녁 길
감사에 찬 저녁 인사 '고요합니다'

'풀무'로 산다는 것

풀무를 다녔기에 세속적 성공을 못 한다는 말을 가끔 듣는다. 돈
과 명예, 권력을 추구하며 그것을 갖춘 것을 성공으로 여기는 세상
에서 풀무에서 배운 정신으로 살기는 매우 어려울 수 있다. 그런 세
상의 생각을 거슬러 가기란 고되고, 쉽지 않은 결단과 결심이 필요

하니 말이다. 그러나 그 길은 궁극적으로 서로를 살리고 생명으로 이어지는 진실을 품고 있다. 그리고 시간이 지나면 보람으로 여기는 것을 보기도 했다. 그래서 젊은 날 이런 씨앗을 마음 밭에 내리는 일은 더없이 소중하다고 생각한다.

주옥로 선생은 행사 때 말씀 머리에 늘 '건축자가 버린 돌이 집 모퉁이의 머릿돌이 되었나니, 이는 여호와에게서 비롯되었다. 이 일은 우리 눈에는 참 놀랍다'(시편 118:22-23)라는 구절을 읽으셨다. 삶을 통찰한 멋진 은유로 새롭게 다가오는 말씀이다.

이찬갑 선생은 개교식 자리에서 '사람은 다 같음도 사실이지만 천차만별의 개성을 가짐도 사실이니, 그 각자의 개성이 제각기 눈 뜨며 자라나 형성되도록 해야 합니다. … 궁극에 가서는 특수와 미약이 어디 있겠습니까?'라는 말씀으로 보편적 인간애와 평등을 천명하셨다. 누구나 부지런히 공부하고 일하며 생활의 기본인 일상생활을 충실히 할 이유다.

앞서 말했듯 풀무학교를 말하기는 참 쉽지 않다. 특히 내가 겪지 못한 보이지 않는 정신적 연원은 너무도 어려웠다. 그 부분은 《풀무》지 222호에 실린 홍순명 선생님 글을 참고했다.

누가 어디서 어떻게 보느냐에 따라 모습이 조금씩 다를 풀무학교, 적어도 보편과 상식을 기준으로 한 사람 한 사람을 소중히 여기며 변화를 추구하는 방향으로 가려는 길에 있다고 믿는다. 그런 풀무여서 참 고맙다!

풀무학교 발자취

1958년 4월 23일	풀무학교 개교(비인가 3년제 중학 과정)
1963년 3월 9일	농업고등기술학교 연장 개교(비인가 3년제 고등학교 과정)
1964년 8월 1일	일본 마사이케 징 선생 방문으로 독립학원과 교류 시작
1975년 1월 23일	일본 애농회 고다니 준이치 회장 방문으로 유기농업 시작
1979년 2월 15일	1971년 설립된 공립 홍동중 영향으로 신입생이 줄어 풀무고 등공민학교 폐지
1983년 2월 28일	고등학교 학력 인정 학교 지정
1994년 3월 1일	후원회 전국 모금으로 생활관 건축, 전교생 생활관 생활 시작
2001년 3월 28일	2년제 환경농업과 전공과정 개교
2005년 10월 29일	교직원과 학부모회 도움으로 전통 한옥 생활관 '밝은집' 준공
2010년 3월 2일	특수학급(나눔반) 증설
2010년 7월 14일	도서실 재구조화, 본관 교실 바닥과 냉난방 시설 설비
2015년 12월 14일	학생관, 생활관 연결 복도 설치
2017년 12월 30일	축사 신축
2021년 12월 31일	식당과 강당 체육관 준공
2022년 1월 22일	57회 창업식(26명) (총 수업생 1,257명)

▶▶▶ 풀무농업고등기술학교는 초·중등교육법 제54조와 초·중등교육법시행령 제92조를 적용받는 사립 고등기술학교다. 남녀공학 농업계열 특성화고등학교에 준하여 교육과정을 운영하는 학교이며 전교생 3학급(학급당 25명)을 전국단위로 모집한다. 2001년에 2년제 생태농업 전공과(專攻科)를 개설하여 함께 운영하고 있고, 전교생이 생활관에서 생활하는 생활관 학교다. 1990년대 이후 많은 대안학교 설립 과정에 영향을 주었으며, 마을 협동조합, 유기농업, 지역 언론 활성화 등 마을공동체 활동에 영향을 주었고, 국제교류를 통한 연대활동에도 앞장서 왔다.

풀무학교의 의미

내가 평생 몸담아 온 풀무학교는 어떤 곳이었나, 어떤 곳이어야 하나, 나 나름의 당위와 자존감을 위해서라도 정리해야 할 것 같다. 말처럼 사는 일은 거의 없고, 보기에 따라 천태만상인 게 삶이지만 적어도 이런 걸 기대어 살았노라, 그런 것 같다고 말하고 싶은 건 있다. 매듭을 지어야 할 때니 말이다.

풀무학교에서 지향하는 것들은 왜, 어떻게 지속적이어야 하고 유의미한 일이 되어야 할까? 세대는 달라지고 모든 것은 변하지만 그 달라짐과 변화는 변화하지 않을 무엇, 기준이나 지향점 같은 것이 있어 지속할 뜻을 얻는다. 시공을 넘어 크게 달라지지 않는 사람 자체에 대한 이해와 존중 위에서 사람을 대하는 것이 교육일 터이고, 그런 지속성이 무엇보다 중요하기에 그렇다. 언뜻언뜻 근원을 돌아보며 풀무의 특수함(?)이 교육 보편의 일, 대안이 아닌 정상(正常)의 길이길 늘 바라며 살았다. 그러나 수십 년이 지났어도 그 간극은 아득한 느낌이다.

풀무학교가 꼭 필요한 곳이면 먼 뒷날까지도 이 땅에 살아남을 것이다. 풀무에서 추구하는 가치로, 풀무에서 배운 사람들로 주변이 좋은 방향으로 바뀌어 가고, 사회가 조금이라도 나아질 수 있다면 말이다. 또한 풀무를 둥지로 살다 떠난 사람들은 풀무를 마음의 고향으로 여겨 이름만 들어도 가슴이 뛰고, 지켜가야 할 가치를 만나는 반가움으로 위로받는 곳이면 좋겠다.

내가 지금 여기를 어떻게 살아가는가, 과정에 충실하며 의미와 재미를 충실히 하는 데 그 실마리가 있을 것이다.

하나하나 내 말로 정리하기보다 오랜 시간 풀무학교의 교육목표로 학교를 알리는 자료에 있는 내용을 덧붙인다.

풀무학교 교육목표 10가지

풀무는 성서에 바탕을 둔 깊이 있는 인생관과 학문과 실제 능력에서 균형 잡힌 인격으로 하나님과 이웃, 지역과 세계, 자연과 모든 생명과 함께 '더불어 사는 평민'(교훈)을 기르고자 한다.

(1) 성서 위에 학원
풀무는 성서의 진리 위에 세워진 학교로, 학생이 재학 중 성서를 배우고 그리스도를 만나는 것을 바른 인격교육의 바탕으로 믿는다. 이런 정신의 구체화를 바라며 학교생활을 아침 예배로 시작하고 성서 과목을 둔다.

(2) 기본층의 평민
풀무에서 지향하는 인간상은 한국의 혼과 서민의 순수함이 결합된 인간이다. 이는 선비와 서민의 좋은 점을 결합한 평민이다. 평민은 자기와 남의 가치를 자각, 존중하면서 주어진 자기실현과 사회 기여에 힘쓰는 이로 사회 대다수를 차지한다. 이런 기본층의 '깨어난 평민'이 사회의 저력이자 향상의 희망이다.

(3) 머리, 가슴, 손의 조화

지식중심 교육을 지양하고 머리(학문), 가슴(신앙), 손(노작)을 고루 발전시켜 인문·직업교육의 극단적 2원성을 극복한다. 전인교육 차원에서 인문교과 외에 유기농업, 컴퓨터, 가공, 기계, 목공 등을 가르치고, 노작으로 생명을 가꾸고 생태를 생각하게 한다. 이런 과정에서 강건한 심신을 기르고 나아가 직업의 기초를 놓으며 지식의 추상화를 막고 실천력을 키운다.

(4) 작은 학교

한 사람 한 사람을 소중히 여기고, 다양한 소질과 능력이 피어나 스스로 배울 수 있게 돕고, 그들이 창조적 힘을 발휘하며 생활 속에서 인격적 만남을 할 수 있도록 학교 규모를 작게 한다.

(5) 모든 학생 생활관 생활

공동생활 속에서 자기 일을 스스로 하는 가운데 서로 협력하며 사는 생활습관을 기르며, 여러 활동을 통해 창업 후 살아갈 인생의 기본자세를 배우고 훈련한다. 모든 학생 생활관 생활을 중심으로 학교는 예배하고, 배우며, 생산하고 생활하는 하나의 공동체를 목표로 한다.

(6) 머리도 꼬리도 없다(무두무미)

교직원과 학생은 예수를 교주로 하여 각기 자기 역할을 하면서 유기적 공동체를 이루는 일원이며 동료로서 학교 일을 민주적으로 협의, 결정한다. 아울러 교사회, 학우회, 이사회, 학부모회, 수업생회가 자기 자리에서 서로 보완하여 함께 학교를 만들어간다.

(7) 밝은 학교생활

학교에서 정한 10가지 약속을 바탕으로 학생들이 검소하고 고상한 가치를 추구하도록 한다. 책, 음악, 영상매체 등 학생문화 환경을 충분히 마련하며 개별지도, 묵학(黙學) 시간 활용과 교실 안팎에서의 공동학습, 자치활동을 장려하여 학교생활을 밝고 뜻있게 한다.

(8) 더불어 사는 지역과 학교

학교가 마을이고, 마을이 학교라는 가치로 지역과 함께 더불어 사는 사회 실현에 협력한다. 앞으로 국가 중추의 중앙관리는 생태, 경제, 자치, 문화 등 협동적 공동체에 바탕을 둔 지역사회로 분산되어야 하고, 학교는 그 지역사회에서 배우고 자라야 한다.

(9) 국제이해

지구촌 시대에 편견, 오해, 무지를 없애고, 평화로운 동북아시아 건설을 위해 중국어와 일어를 선택하여 배우고 일본의 자매학교와 교류한다. 재학 중 일본이나 중국으로 교류 학습을 다녀오기를 권장하며 동북아의 중간 역할을 감당할 성실한 시민을 기른다.

(10) 사학의 책임

어느 나라든 사학이 학업이나 생활교육에 열심이고, 사회에도 책임이 있다. 풀무는 작은 학교로서 사학의 자율적인 정신을 살려 사람을 기르는 교육과 학교의 바른 모습을 꾸준히 추구하려고 한다.

풀무학교 본관(왼쪽)과 학생관

한 해 한 번 하는 일

봄 여름 가을 겨울 4계절은 둥글게 원으로 돌며 세월을 쌓는다.

풀무의 한해도 철마다 달마다 디딤돌 놓으며 동그랗게 돌아간다.

그렇게 세 번을 돌아 풀무 수업생으로 학교를 나온다.

학교의 시작은 입학부터지만

일찍이 지난가을 풀무 입학의 씨앗을 심고

싹 트고 꽃피며 열매 맺기까지

비 오고 바람 불고, 기다리고 한숨 쉬고, 춤추고 노래한다.

멀리 보아 동그란 한 해는 하루도 같은 날이 아니고

같지만 자리마다 다른 것 되어 다가오기도 하는

하나지만 여럿, 여럿 같지만 하나인

풀무의 한해살이.

예비교육
밝은 쪽으로 가도록 돕는 일

풀무학교에서는 해마다 2월 20일 앞뒤로 새 학년도 새 식구가 되는 사람들과 함께 예비교육을 한다. 지난해 전형을 거친 학생들이 입학하기 전 학교생활을 좀 더 이해하며, 되도록 순조롭게 적응할 수 있게 돕고자 20년 넘게 해 온 행사다. 이는 학생뿐 아니라 학교 구성원으로서 하나의 바퀴 구실을 하는 부모님도 포함하기에 교육 내용은 물론 용어까지 신입생이라는 의미 이상의 '새 식구'라고 쓰며 진행한다. 그래서 부모님 두 분 모두가 어려우면 한 분이라도 꼭 참석하도록 안내한다. 흔히 풀무 '가족'이라 하지만 우리식 표현으로 '식구'가 더 적절하고, 일반적으로 '오티', '오리엔테이션'이라 하는 것도 굳이 '예비교육'이라고 강조한다. 학교에서 쓰는 여러 말들이 개교 이래 특별한 의미를 두고 존중해 온 우리말 쓰기에 있는 것과 맥을 같이 한다고 볼 수 있다.

전교생 생활관 생활로 학교생활을 시작하기 전에 시간을 들여 집중적으로 학교 교육의 의미와 내용을 설명하고 제대로 알리는 일이 필요하다고 의견을 모았다. 처음 오는 사람들이 학교에 대해 더 많이 이해하고 관심이 생기면 좋겠다는 의견에 따라 실제 생활에 도움이 되리라는 생각으로 시작했다. 학생은 물론 부모님의 이해와 협력도 필수적인 학교이기에 하루뿐이지만 생활관 생활을 통해 자녀의 학교생활을 구체적으로 체험해보게 하려는 뜻도 있었다. 그래서 2월 셋째 주쯤 주중에 1박 2일로 진행해 왔는데, 최근엔 부모님들 요청으로 주말을 이용한다. 구제역과 코로나-19로 실시하지 못한 적이 한 번씩 있지만, 예비교육을 하지 못하고 들어온 학생들의 학교생활에 대한 어려움이 여러 모습으로 드러났기에 힘들더라도 어떻게든 진행하기로 했다. 그래서 코로나-19 초기였던 2020년에만 예비교육을 열지 못했고, 2021년에는 강의는 온라인으로 했으며, 숙박과 식사는 하지 못하고, 예비교육 내용을 줄여서 낮동안 하루 일정으로 실시하였다.

보통 첫날은 예배로 시작하여 특강, 서로 인사, 소개, 학교 둘러보기, 놀이시간, 부모님 시간으로 일정이 짜여 있다. 풀무는 기독교 정신을 바탕에 둔 학교로서 거의 모든 행사를 예배식으로 진행한다. 다음날은 교무부, 학생부, 행정실에서 교육과정과 생활지도, 생활관 생활, 실습시간 운영, 공납금 등 실제적인 내용 안내로 프로그램을 운영한다. 크게 이런 틀을 유지하는 선에서 시간을 배정하고 담당자를 정하여 당시 여건에 맞추어 진행한다.

행사를 계획하고 진행하는 것은 교무부지만 모든 일이 그렇듯 전 교직원과 협의, 협력으로 이루어지는 것은 말할 것도 없다. 행사 당일 재학생들의 빛나는 활약(?)은 학교의 큰 특성이자 자랑이다. 함께 지내야 할 새내기에 대한 관심 폭발, 좋은 언니이고 싶은 열망까지 품은 설레는 마음으로 청소, 주차, 차 당번 등 귀찮은 일을 기꺼이 맡아 즐겁게 한다. 가히 아름다운 협력, 선(善)이 이루어지는 모습이다. (*'언니'는 자신보다 나이가 많은 형제를 통틀어 이르는 순우리말. 풀무학교가 설립되던 1950년대 말까지 시골에서는 흔히 쓰이던 말이며, 개교 당시부터 쓰던 것이 지금까지 남아 풀무학교에서는 지금도 남녀 가리지 않고 선배 학년 구성원을 언니라고 부른다.)

거의 모든 일을 역할에 따라 적절히 나눈다. 예배 말씀은 학교장이 준비한다. 돌아보니 그동안 교장이 누구였는지 알 수 있기도 해 새삼 흥미롭다. 홍순명, 이진영, 정승관, 오홍섭, 양도길, 이분들 임기 동안 진행해 온 행사이고, 앞으로도 이렇게 이어갈 것이다.

특강은 새 식구들에게 학교 설립 정신을 설명하고, 풀무학교가 우리나라 교육사적으로 어떤 의미가 있는지를 배우고 생각하는 시간이다. 새로 온 식구들이 동참한 교육활동의 의미와 갖추어야 할 태도를 잘 알고 그에 따라 자긍심을 갖고 충실하게 살아갈 것을 강조하는 것이 주요 내용이다. 그동안 특강해 주신 분들은 그런 연구를 해온 학자, 학부모, 전 교장들이다. 이찬갑 선생을 처음으로 연구한 백승종 선생을 비롯해 고병헌, 황금성, 홍순명, 정승관, 수업생으로 평민교육사상을 연구한 정해진 선생이 참여했다. 부모님을 비롯해 강의를 들은 사람들 반응이 좋고, 예비교육에는 딱 그분이 적절하다는 평가에 따라 여러 번 모시기도 했다. 강의를 마치고 나면 대부분 조금은 특별한 학교를 선택한 것에 안도하고 만족해서 그런지 강당 분위기가 한결 따뜻해지는 느낌을 받는다.

이어서 참석한 사람 모두 인사하며 자기소개를 한다. 이 시간은 작은 학교로서 한솥밥 먹는 사람 모두 이름을 불러줄 수 있고, 가능하면 날마다 대화를 나눌 수 있어야 한다는 학교 정신, 교육철학에 대한 동의가 전제되어 있다. 학교의 중요한 정체성인 작은 학교를 지향하기 때문이기도 하다.

이 시간에는 먼저 학교에서 살고 있는 사람들이 인사를 하고, 이어 새로 온 사람들이 자기소개를 한다. 교직원들 먼저, 부서별로 무엇을 가르치는지부터 새 식구를 맞이하는 느낌과 하고 싶은 말을 하고, 참석한 재학생들도 모두 나와 인사한다.

다음에는 새 식구들을 소개한다. 자료집에 출석번호대로 정리한 순서에 따라 참석한 식구 모두 나와 인사말을 한다. 처음이어서 떨리기도 하고 부끄럽기도 하여 그렇겠지만 대개 부모님은 길게, 학생은 짧게 누구라는 정도, 잘 부탁한다는 말로 마친다. 이때 많이 하는 말이 경쟁률 높은 풀무에 합격해 기뻤다는 것이다. 그때마다 합격, 불합격이라는 말의 부적절함을 지적해 언급한다. 무슨 말인가 의아할지 몰라도 큰 뜻으로 보아 필요한 곳이어서 선택되었다고 생각하자, 이런 교육을 바라며 왔으니 그에 걸맞게 살아야 한다는 생각을 하면 좋겠다는 당부다. 쓸데없는 선민의식이나 우월감 같은 것은 학교 정신과 다른 것이기에 맞지 않는 태도라고 굳이 콕 짚어 말하지만, 새내기들은 입학하고도 풀무에 합격해서 매우 기쁘다는 말을 꽤 오래들 쓴다.

이런 긴 인사 시간을 거치면 한껏 더 친해진 것 같고, 진짜 식구처럼 편안해지기까지 한다. 그런가 하면 이런 식의 소개와 인사가 과하다, 심지어는 특별한 종교집단 같아 불편하다고 표현한 식구도 있다. 그러나 나중엔 이곳에서 하는 일련의 과정에서 진심을 보고 오히려 더 열심히 참여하는 경우를 보면서, 무엇이든 진실하게 임하는 것이 중요하다는 것을 다시 돌아보게 된다.

저녁에는 재학생과 새내기가 친해지는 놀이시간을 보낸다. 놀이시간은 재학생들이 계획을 세워 진행하다가 청소년과 놀이문화연구소의 도움을 받으며 정착되었다. 2001년 새내기로 온 한 학생의 아버지가 놀이 관련 활동을 하신다는 것을 알게 되어 연락드린 뒤로 우리 학생들이 청소년과 놀이문화연구소 캠프장에 가서 참여하기도 하며 교류가 이어지고 있다. 재야 한글학자이자 '영원한 YMCA 맨' 오리 전택부 선생의 손녀가 그 학생이다. 캠프 활동을 교육적으로 연구하시는 그 부친의 정신과 풀무 정신이 같다는 깊은 공감에 기반을 둔 교류다. 놀면서 배우는 더불어 사는 정신을 인상 깊게 받아들이는 학생들이 많아 나중에 그곳의 봉사활동에 참여하고, 몇몇은 진로로 이어가기도 했다.

학생들이 노는 그 시간에 부모님들은 새내기 담임과 학생부 선생님을 만나 생활지도 원칙이며 어른들의 마음가짐, 학교와 협력할 구체적인 내용을 나눈다. 이때 학부모회 임원들이 참석해 풀무학교를 굴리는 학부모 바퀴의 목적과 역할을 설명한다. 학년 대표도 정하고 실질적인 질의응답도 이때 이루어진다.

다음날 안내는 부서별로 하는데, 대개는 졸며 듣는다. 그래도 필요하다. 같은 것도 한 번 듣는 것과 두 번 듣는 건 다르다. 입학 후에는 거의 내용을 기억하지 못하지만 그래도 안 하는 것과는 큰 차이가 있음을 느낀다.

안내를 마치면 입학할 때 준비물과 마음 자세 등을 구체적으로 알리고, 예비교육의 전반적인 내용에 대해 참석자들의 평가를 받는다. 이때 나온 내용 가운데 학교에서 미처 생각하지 못한 것 한두 가지라도 다음 해 계획에 반영한다. 이렇게 하나씩 쌓아와 '협력하여 공동선을 이루는' 모습으로 오늘에 이른 것이다. 학생들 평가에는 '자유로운 학교인 줄 알았더니 일상이 퍽 고되겠다'는 걱정이 많고, 부모님들은 '내가 다니고 싶은 학교다, 친절한 설명과 준비가 고마웠다'고 많이들 말씀하신다. 모두 진심이라고 생각한다.

이어 게시부 학생들이 만든 게시물을 떼어 양쪽에서 맞붙잡고 기념사진을 찍는 것으로 마무리한다. 점심밥까지 먹는데, 잔반 없이 먹는 게 아직은 어렵고 어색하지만 그 또한 학교에 오면 일상이 되어야 할 경험으로 유용한 일이다.

이런 교육과정을 계획하고 진행하고 나면 기대와 염려를 함께 안고 다시 한 해가 시작되는 것을 실감한다. 때로는 갈 길이 아득하게도 여겨진다. 예비교육은 오리엔테이션을 푼 말로, 오리엔테이션은 해가 뜨는 곳이란 뜻에서 온 말이다. 방향을 모르는 깜깜한 때 해 뜨는 곳만큼 구체적 희망을 줄 수 있는 곳이 또 있을까? 그런 희망으로 지향해 가야 할 새 방향으로 향하게 하는 안내, 정성껏 차곡차곡 준비하고 진행하는 데서부터 새 식구들에 대한 풀무교육은 시작되었다고 생각한다.

예비교육을 한다는 안내는 학기말 신입생 과제를 보낼 때, 구체적인 안내문은 행사 1주일 전 각 가정에 우편으로 통지한다.

코로나 이전인 2006년 안내문과 계획, 코로나 때인 2021년 계획표, 행사 뒤 평가를 위한 질문 문항을 넛붙인다. 예비교육의 앞뒤 모습을 그려볼 자료가 되면 좋겠다.

신입생과 학부모님께

긴 겨울에 이어 춥지만 봄이 오고 있는 것을 느끼는 때, 올해 학교에 들어오게 될 신입생과 가족 모두 평안하신지요?

신입생들은 이제 중학교 생활을 완전히 마무리(졸업)하는 때입니다. 학생들에겐 겨울방학에 이어 입학까지 또 휴식(?)의 시간이 주어집니다. 풀무에서 내준 과제를 비롯하여 나름대로 학과 공부를 하며 유익하게 시간을 보내고 있으리라고 생각합니다.

알려드린 대로 오는 23일(목), 24일(금) 이틀 동안 신입생과 학부모님을 위한 예비교육이 학교에서 있습니다.

예비교육은 학교의 설립 정신을 비롯하여 교육과정, 하루 일과, 생활관 생활, 실습시간 운영 등 학교생활 전반에 관한 사항을 자세하게 안내하는 시간입니다. 곧 시작하는 학교생활을 위한 실질적인 준비 기간이오니, 학생은 물론 부모님 중 한 분은 반드시 참석하시기 바랍니다.

학생들은 앞으로 자기가 살 생활관에서 지내게 되고, 부모님들을 위한 숙소는 따로 마련되어 있습니다.

일정표를 참고하시고 시간을 지켜 주시기 바랍니다. 일정표에 있는 준비물을 가져오시되, 입학 뒤 생활관에서 쓸 이불 등 살림살이는 미리 가져오셔도 됩니다.

신입생 과제는 입학식 때 제출합니다.

2006년 2월 11일

새 식구 예비교육 일정

1. 때: 2006년 2월 23일(목)부터 24일(금)까지(1박 2일)
2. 곳: 풀무농업고등기술학교
3. 비용: 1인당 15,000원(1박 3식)
4. 준비물: 세면도구, 성경·찬송가, 필기도구, 춥지 않게 입을 옷(학교가 추워요),
   이불 등

날짜	시간	행사내용	장소	담당부서
23일 (목)	14:00	접수	강당 입구	이경희 선생님, 학생
	14:30-15:00	여는 예배	강당	정승관 선생님
	15:00-16:00	특강(설립정신으로 보는 한국 역사 속 풀무학교)	강당	백승종 선생님
	16:10-17:20	서로 알기(소개)	강당	신입생 가족, 선생님, 학우회
	17:30-18:00	학교 돌아보기	학교 둘레	최상업 선생님
	18:00-19:00	저녁식사	식당	김경숙 선생님, 식당
	19:00-19:20	노래 부르기	강당	다 함께
	19:30-20:10	생활관	강당	생활관
	20:20-22:30	만나서 반가워요	강당	전국재 전 학부모
	20:30-21:00	담임, 학생부와 함께	강당	신입생 학부모, 담임, 학생부
	21:00-22:30	학부모 임원 인사, 학부모 간담회	도서실	학부모 임원, 신입생 학부모
	23:00 ~	잠자리로	생활관	학생장 안내
24일 (금)	06:30	일어나기, 방 정리	생활관	모두
	07:00-07:30	아침 예배	강당	학우회장
	08:00-09:00	아침 식사	식당	김경숙 선생님, 식당
	09:00-09:30	교무부	강당	교무부
	09:40-10:10	학생부	강당	학생부
	10:10-10:30	다 함께 노래	강당	다 함께
	10:40-11:20	실습 관리, 행정업무 안내	강당	실업부, 행정실
	11:30-12:10	학교생활 슬라이드 보기	강당	박현미 선생님
	12:20-12:50	질의응답, 소감 쓰기, 알림	강당	교무
	13:00	사진 촬영 점심 식사 뒤 집으로	강당 옆	모두

※ 2021년 새 식구 예비교육 일정표

날짜	시간	내용	장소/도구	담당
19일 (금)	저녁 7:00-8:30	특강 -풀무학교와 평민교육	온라인(줌)	정해진 선생님(33회 수업생)
20일 (토)	오후 12:30	접수	강당 뒤쪽	조한영 선생님, 학생
	1:00~1:20	여는 예배	강당	학교장
	1:20~2:40	서로 알기(소개)	강당	신입생가족, 선생님, 학우회, 학생장단
	2:50~4:20	부서별 학교안내	강당	교무부, 학생부, 생활관, 실업부, 행정실
	4:20~4:30	사진으로 보는 학교생활	강당	교무부
	4:30~5:00	담임, 학생부와 함께	도서실	신입생학부모, 담임, 학생부, 학부모회
	5:00~5:30	학우회와 함께 학교 둘러보기	강당 생활관	신입생, 학우회, 학생장단

<예비교육 평가 문항>

예비교육을 마치고

1. 예비교육에 대한 의견 (특강, 인사, 각부 소개 등의 내용과 식사·숙소 등 준비, 일정, 기간 등)

2. 예비교육을 통해서 알게 된 학교 교육 방침, 교육 내용에 대한 의견

 (바람직한 것, 고쳐졌으면 하는 것, 보완할 것)

3. 예비교육을 통해 해결되지 못한 궁금한 점

4. 그 밖의 의견, 참가 소감 등을 기록해 주시기 바랍니다.

※ 필요에 따라 이름을 밝혀도 좋고 그렇지 않으셔도 됩니다. 좋은 의견 내 주셔서 다음 해 예비교육에도 참고가 되고, 학생들에게 도움을 줄 수 있도록 도와주시기 바랍니다. (뒤쪽을 사용하셔도 됩니다.)

새 학년도 시작을 앞둔 2월에 새 식구가 된 새내기와 그 부모님을 위한 학교생활을 안내하는 예비교육을 한다. 보통 1박 2일로 진행하는 행사를 마치고, 강당에 붙였던 현판을 맞잡고 야외무대에서 기념사진을 찍는다.

개학과 입학
비로소 학교로, 학교의 새해 시작

　겨울잠에 든 듯 긴 방학을 보내고 개학하면 학교생활을 어떻게 할 수 있을까 염려하지만 3월이 가까워지면 '자연인'으로서, '학교사람'으로서 몸이 벌써 알아챈다. 해 길이에 반응하는 몸으로, 새 학년도 시작에 준비된 몸으로 맞추어가고 있는 것을 느껴서다.

　3월 2일이 토·일요일이 아닌 한 1일 저녁에 재학생들은 학교로 들어온다. 2일에 새 학년이 되는 개학을 하기 때문이다. 정상 등교해서 하루 일과를 시작하고, 달라진 교실에서 새 담임 선생님을 만난다. 어떻게 생겨난 풍습인지 몰라도 한때는 담임 선생님이 누군지 헷갈리게 하려는 듯 선생님들이 교실 두 곳을 돌다 들어가기도 하고, 장난으로 들어갔다 나오기도 했다. 그런 사이로 학생들은 박장대소하기도 하는데, 몇몇은 '뭐야? 유치하게…'이런 생각을 나타내기도 했다. 그런 일도 있었고, 아무리 생각해도 그렇게 하는 이유를 모르겠기에 최근엔 협의하여 강당에 모였을 때 담임을 발표한다.

　풀무학교에서는 모든 선생님이 담임 역할을 한다고 할 수 있고, 지나치게 담임 중심으로 기우는 방향을 지양한다. 그래도 담임 선생님은 학부모 연결, 진로지도 등 매우 중요한 역할을 하고, 학생들과 직접적 교류가 많기에 모두 관심이 많다. 보통 학기말 평가를 하며 종합적인 협의를 거쳐 담임을 정한다. 일상에서 '우리 반 선생님', '우리 반 최고' 등의 표현을 쓰지 않는 분위기가 형성되어 있다. 전교생 단위로 활동하는 일이 많고, 개개인 누구나 똑같이 중요하다는 인식이 전제되어 있기에 자제해야 하는 말이어서 그럴 것이다.

반장 같은 학급 일꾼은 2학기 말에 다 정했으니 이날 새 선생님을 만나 1년 운영 방향과 계획을 나누고, 모둠을 짜기도 하고, 교과서를 받는 것으로 교실에서의 첫날을 보낸다. 이런 일은 2, 3학년에 해당하는 일이고, 비어 있는 1학년 자리엔 새내기가 온다. 이 시작이 드디어 예비교육을 하며 기대와 두려움으로 기다려온 입학식이다. 그전에는 당연한 듯 재학생보다 하루 늦게 2일 오후에 준비하여 3일 오전에, 휴일과 연결되면 4일이나 5일에도 입학식을 했다. 그러다 교직원 협의를 거쳐 2016년부터는 2일 오후 2시에 입학식을 한다. 그러다 보니 참석하는 사람도 한결 여유가 있고, 수업일수도 전 학년 모두 같아 좋고, 학교 일정 진행에도 편리한 점이 많다. 평일이어서 부모 도움을 받기 곤란하면 짐은 택배로 보내고 혼자 오기도 하고, 부모님 도움으로 짐을 싣고 쉬는 날인 1일에 들어오는 일도 가끔 있다.

아, 이런 중에도 코로나-19라는 변수로 2020년도엔 6월 3일에 부모님이 참석할 수 없는 상황에서 입학식을 치른 역사도 있다!

전교생의 축하와 격려 속에 입학식 역시 예배로 진행한다. 1년 동안 앉을 자리가 되는 의자에 언니들이 이름표를 붙여두고 신입생이 오는 대로 안내도 하고…, 그렇게 친절할 수가 없다. 1년 중 언니들이 가장 친절한 날일지도 모른다. 게시부에서는 '입학을 축하합니다' 또는 '00회 입학식' 등 걸개 게시물을 만들어 붙이고, 현관 게시판에도 새내기 모두의 이름을 예쁜 그림과 함께 장식도 하고, 희망과 기대 넘치는 봄 햇살처럼 밝게 설레는 모습을 드러낸다.

입학식에서는 새내기 모두 일어서서 '열 가지 약속'을 소리 내어 약속하는 다짐 의식을 한다. 이어 선생님들 대표로 학교장이, 이사회를 대표하여 이사장이, 학우회 대표로 학우회장이, 생활관을 대표해 학생장이 환영사를 하고, 학부모회장도 참석해 축하하는 말씀을 나눠주신다.

이어서 예비교육 때 알린 대로 입학생 모두 한 사람씩 앞에 나가서 앞으로 학교생활을 이러이러하게 하겠다는 생각을 말한다. 생각해 온 것을 말로 하기도 하고, 써 온 것을 읽기도 하는데, 준비가 잘 안 되었으면 인사와 소개 정도만 하기도 한다. 10여 년 이어 온 이 시간은 말하는 사람, 듣는 사람 모두에게 자신을, 학교를, 교육을 어떻게 생각하는지 돌아보는 기회가 된다. 표현하는 것과 속에 가둬만 두는 것은 퍽 다른 일이다. 이 시간은 녹화 영상으로 남기고, 이 학생들이 창업할 때 함께 보며 성장과 변화를 가늠해 보는 자료로 삼는다.

입학식을 마치면 2, 3학년이 오전에 한 것처럼 교실에 가서 담임 선생님을 만나 안내를 받고, 교과서를 받는다. 합격자 신분으로 입학 전에 받았던 과제물도 제출한다. 여러 번 알리고 설명도 했지만 부모 떠나 낯선 곳에 혼자 남게 된 날이어서 어리둥절하고 공간도 시간도 헷갈리기만 한 채 생활관 생활을 시작한다. 방 언니들은 자신이 언니들에게 받고 겪은 것과 비슷한 내용으로 준비해 맞이하고, 가끔은 놀림 편지를 쓰거나 '몰카'라는 장난을 치기도 한다. 첫날인데 왜 그런 것을 해야 하는지, 그 의미가 무엇인지, 뜻하지 않게 상처를 받는 사람은 없는지, 냉철한 평가를 해야 하리라 생각한다. 인습은 버리고 지금 이곳을 사는 사람들이 힘 나게 하는 의젓한 문화가 형성되면 좋겠다.

입학생 하나하나를 맞이해 '작은 우주'라 하신 주옥로 선생 말씀을 생각하며 이런 시 구절이 저절로 떠오르는 날이기도 하다.

사람이 온다는 건 실은 어마어마한 일이다

그는
그의 과거와
현재와
그리고
그의 미래와 함께 오기 때문이다

한 사람의 일생이 오기 때문이다

정현종, 「방문객」 중

실로 엄청난 일이 일어난 셈이다. 한 해 신입생 정원이 30명이던 때가 있었고, 지금은 25명 안팎이지만, 풀무골에 25개 정도의 우주가 들어왔다는 것은 보통 일이 아니다. 가끔 부딪치기도 하지만 그때마다 바로 자리 잡도록 협의하며 해마다 순조로운 운행, 자연스러운 흐름으로 이어가기를 염원한다.

이렇게 진행하는 입학식의 형식과 내용은 해를 거듭함에 따라 필요에 따른 여러 협의를 하며 때마다 최선을 지향해 왔다. 조금씩 개선하고 보완하면서 지금에 이른 것이며, 새내기들이 선서처럼 다짐하는 '열 가지 약속 다짐'과, 구제역으로 예비교육을 하지 못한 학년의 입학식 날 했던 내 생각을 덧붙인다.

열 가지 약속 다짐

만물이 새로 돋아나는 이 봄에 귀한 정신으로 뜻깊은 풀무골에 세워진 풀무농업 고등기술학교에 입학하게 된 것을 기쁘게 생각합니다.

저희는 이미 지난 2월 00일, 00일에 있었던 예비교육을 통하여 선생님과 언니들을 만났고, 학교의 설립 정신을 비롯하여 학교생활의 방향에 대한 안내를 받았습니다. 풀무학원은 신앙과 학문과 노동을 중요하게 생각하며, 전인교육에 힘쓰는 학교라는 것을 분명히 알 수 있었습니다.

00회 신입생으로 입학하는 저희는 풀무학원의 이러한 설립 정신을 늘 마음에 담고 학교생활을 충실하게 할 것을 다짐합니다. 생활관 생활을 비롯하여 하루하루 생활에 최선을 다하며, 창업할 때까지 선생님과 선배 언니들을 본받고 따라서 더불어 사는 평민이 되도록 힘쓰겠습니다.

그러기 위해서는 저희가 이미 부모님과 함께 학교와 서명으로 약속한 학교의 정신이 담긴 다음 열 가지 약속을 꼭 지킬 것을 하나님과 여러 선생님, 부모님, 그리고 언니들 앞에서 약속하고, 엄숙히 다짐합니다.

1. 성서를 열심히 배우겠습니다.
2. 열심히 공부하며 일도 소중히 여기겠습니다.
3. 남의 의견을 존중하며 정직하겠습니다.
4. 감사와 사과를 분명히 표현하겠습니다.
5. 맡은 책임을 다하겠습니다.
6. 흡연과 음주를 하지 않겠습니다.
7. 이유 없이 결석, 결강을 하지 않겠습니다.
8. 좋은 독서와 예술을 즐기는 취미를 기르겠습니다.
9. 특정한 사람과 일대일 교제를 하지 않겠습니다.
10. 어디서나 필요한 사람이 되도록 늘 준비하겠습니다.

00년 3월 2일

00회 신입생 000 등 (각자 자기 이름)

49회 입학식을 마치고

10시부터 입학식, 멀리서 오는 사람들이 늦어 15분여 늦게 시작했다.

구제역 때문에 예비교육을 하지 못하고 바로 갖는 입학식이어서 서약 문구도 많이 고쳐야 했고, 입학의 다짐도 식장에서 하지 않으니 뭔가 허전하다. 무엇보다 새로 온 아이들이 낯설어 이제부터 새롭게 지내야 한다는 게 부담스럽기까지 하다.

의식을 진행할 때 식과 관련하여 자주 돌아다니고 중간에 뭘 나눠주고(오늘은 교가) 그러는 일은 뭔가 정성이 덜 들어간 것 같아 아쉽다. 그리고 말, 언어가 정확하게 쓰이지 않는 만큼 정신도 약해지는 것 아닌가 싶은 생각도 들었다.

이찬갑 선생님은 제 나라 말과 역사를 그리 중시하며 학교를 열었다는데 어느새 우리도 언론처럼, 세상처럼 무심해져 가는 것 같은 생각이 자주 든다. 쉬는 시간을 '가지고', 사진 보는 시간을 '가지고'를 비롯하여 인사하는 사람 모두 '잘 부탁한다'는 일본식 인사가 아무렇지도 않은 게 되어있으니….

뭐든 그저 하는 게 문제가 아니라 '제대로', 정확하게' 되는 게 지금 우리 학교 과제라는 생각도 겁 없이 자꾸 드는데, 풀 길을 모르는 채 세월이 간다.

예비교육이 없었기 때문에 입학식에서 선생님들 인사와 소개를 했다. 여러 사람 앞에서 인사하는 것이 벌써 몇 번째인데, 나 또한 떨리고 긴장하는 바람에 하고 싶은 말을 제대로 하지 못한 것 같아 아쉽다. 사실 오래 고민하고 생각도 많이 해서 할 말이 많았는데….

나 스스로 반복하는 일이 아님을 다짐하며, 새로운 사람, 새로운 일로 여겨야겠다는 생각, 내 내부에서 새로 힘을 내야 한다는 결심을 많이 했건만, 그런 표현도 잘하지 못했거니와 그런 마음을 품는 건 왜 그리 어려운 일인지, 그런 것을 보면 말이 문제는 아닌 게 확실하다.

풀무로 옮겨 심어진 이 학생들, 완전한 변혁의 삶이 시작된 걸 축하한다고 했다.

그건 확실히 그렇다. 세상을 보는 관점을 바꿀 수 있는 일생일대의 만남이 될 수도 있는 시작을 오늘 한 것이므로…. 어렵고 힘든 건 당연할 수도 있을 그런 의미를 금방 알긴 어렵겠지만 객관적으로 보아 이들에게 오늘은 그런 날이다. 그런 얘길 못했다는 게 조금 아쉽지만 살면서 나누면 될 일이다. 우주 29개, 사실 두려운 일이로 되 이렇게 살 수 있으니 이보다 멋진 일도 없잖은가 싶다. 그런 긍정적인 생각 쪽으로 마음을 많이 써야겠다.

이어서 올해 담임을 하게 된 3학년 학생들에게 앞으로 살아갈 학교 생활 안내를 하며, 생활기록부 참고를 위해 신상에 관한 설문을 했다. 대부분 정성껏 써 주었다. 거기 담긴 마음들이 그렇게 간절할 수가 없다.

어깨가 무겁고 부담스럽지만 고마운 일이기도 하다. 역시 좋은 쪽 생각을 많이 해야겠다.

(2011. 3. 3.)

입학식에선 새내기들이 학교생활의 지침이 되는 '10가지 약속'을 다짐한다. 새내기들이 모두 일어서고 출석번호 1번 학생이 학교장 앞에서 한 가지씩 약속 내용을 읽을 때 함께 읽으며 모두에게 약속하는 의식이다. 제59회 입학식 모습(2021. 3. 2.)

코로나19로 3월에 입학식을 하지 못한 학생들은 6월에야 약식 입학식을 하고 학교생활을 시작했다. 게시부에서 현관에 꾸민 게시물. 환영하는 마음이 색다른 느낌이다.

풀무 하나되기
새내기를 환영하며 모두가 흥겹게

'하나되기'는 예전에 쓰던 단합대회라는 말을 바꾼 말이다. 내가 이해하기에 '풀무 하나되기'는 새내기 환영을 기회로 풀무 학생들이 한마음이 되어 보자는 뜻으로 쓰기 시작한 말 같다. 이 말의 예전 이름은 '신입생 환영회'였다. 이런 이름으로 동생들을 식구로 환영하며 언니 동생 어우러져 한바탕 웃다 보면 부쩍 가까워져 말 그대로 '한 식구'가 된 느낌이 든다. 서로의 다양한 재능에 놀라기도 하고, 겉모습이 다가 아니라는 것도 느끼며 앞으로 어떻게 펼쳐갈지 기대도 해 보는 즐거운 시간이다.

처음부터 그렇진 않았다. 전교생이 함께 지내는 생활관에 새 식구로 신입생들이 왔으니 말이 환영이지 신입생들의 '신고식'과도 같은 군대문화의 흔적이 역력했다. 신입생은 누구나 노래나 춤 또는 무엇이든 이른바 '예능'을 보여줘야 했다. 그런 게 너무 강압적이라고 부모님에게까지 알려져 같이 염려도 했는데, 그런 걸 그다지 좋아하지 않는 사람들에겐 고역이었다. 억지로 하다 보니 잘하지 못하는 것에 대한 수치심을 느껴 생활 자체를 힘들어하기도 했다. 이런 문제를 공유하고 평가하며, 그 뒤로는 혼자 하기보다 두셋이 같이

하거나 방 식구끼리 하는 식으로 바뀌어 왔다. 해를 거듭할수록 새내기들에게 시키기만 하던 방언니들이 먼저 발표하고(망가진다고들 표현!), 이어서 동생들이 덜 민망해하며 나서기 시작했다. 이즈음엔 층별, 채별로, 또는 몇 방이 연합해 같이 발표하는 분위기이고, 굳이 하기 어려워하는 사람은 하지 않고 지나가기도 한다. 큰 변화다! 언니들이 사이사이 참여하여 동생들의 부담을 더는 건 물론이다.

이 행사는 대체로 3월 셋째 또는 넷째 주 금요일 저녁 시간에 생활관 문화모듬이 주관하여 진행한다. 생문(생활관 문화모듬을 줄여 쓰는 말)에서 날짜와 시간을 알리고 발표할 내용 신청을 받고, 사회자를 정하고, 행사 당일 자리 배치, 간식 나누기와 뒷정리까지 아주 자연스럽게 진행한다. 학생들 발표를 마치고는 전교생이 둥그렇게 서서 돌아가며 포크댄스를 하게 지도하는 것까지 어느새 전통이 되었다.

학생들이 발표하는 것들은 거의 대중문화 따라하기다. 노래를 가장 많이 하는 것 같고, 걸그룹 춤 따라하기에도 관심이 많아 보인다. 노래하고 춤출 땐 남학생들이 여성의 머리나 옷차림을 하는 일이 많다. 개그 콘서트 형식으로 학교나 생활관 생활을 풍자하는 상황극도 하고, 드라마나 영화의 한 장면을 따서 우리 생활을 담아보기도 한다. 이즈음엔 사진극, 영상물을 많이 활용하는 편이다. 특히 3학년들이 학교생활, 특히 생활지도하는 선생님들을 연기하며 상황극을 하면 극에 담긴 해학과 풍자로 웃음바다가 되고, 서로 이해의 폭이 넓어지는 효과도 있다. 일대일 교제, 밤에 송풍 마을 무단외출 등 예민한 주제일수록 많이 웃고 공감하는 것 같아 흥미롭다.

아무튼, 노래든 뭐든 같이 하는 사람들이 같이 입을 옷을 정하고 저렇게 발표하기까지 방에서 얼마나 배꼽 잡고 웃었을까, 나는 그 준비과정의 뒤쪽을 생각하며 혼자 감동한다. 무대 위에서 잘하고 못하고는 크게 문제가 아니다. 그동안 충분히 하나되어 깔깔거렸을 그

것에 더 의미를 두고, 방언니들이 그렇게 추슬러 가면 좋은 한 학기를 보낼 에너지가 되리라는 생각도 해본다. 대중문화 따라하기 일색인 내용도 그들이 보고 겪어 온 것의 반영으로 어쩔 수 없는 면이 있지만 전체의 방향성 안에서 고민해 볼 일이다.

예전엔 풀무 하나되기이므로 새로 오신 교직원들도 비켜 가지 못하고 무대에 올랐다. 학생들의 환호 속에서 기타연주와 노래, 깜짝 댄스를 한 분들도 있다. 몇 해 전 교장으로 부임한 양도길 선생도 열창을 했는데, 그새 지나간 역사가 되었다. 선생님들은 이런 자리를 통해 학생 이해의 지평을 넓히고, 더 많이 이해하며 학생들을 만날 수 있게 되는 것 같다.

어느샌가 부모님들도 이 행사에 관심을 갖기 시작하여, 지역에 사는 분들만 참석하시더니 코로나 이전엔 아주 멀리서도 신입생 부모님들이 다녀가셨다. 대중문화 흉내 내기 위주이고, 뭔가 부족한 듯한 행사 내용이 민망하여 먼 길 오신 게 죄송하다며 인사하면 멀리 보낸 자녀를 이렇게라도 보는 게 큰 기쁨인 양 즐거워하셨다.

학부모회에서는 컵 과일을 간식으로 준비해서 함께 자리도 지켜주셨다. 관객이 되어 주시는 것도 좋은데 사랑 담긴 먹을 것까지 제공하신 것을 아는 학생들은 이런 기회에 한층 더 착해지는 것 같다.

사람은 함께 살면서 필요에 따라 밥 먹는 것 이상의 무엇인가를 하며 사는 존재다. 생활관의 문화행사도 그런 자연발생적 성격이 짙다.

일정한 행사로 자리 잡은 이런 일들의 처음을 돌아보며 형식과 내용을 충실하게 할 과제가 남아 있다. 그냥 하던 것이니 해치우듯 할 게 아니라 지난해 것을 냉철하게 평가해서 지금을 사는 사람들에게 도움이 될 문화로 만들어 가야 한다. 예능의 범위도 넓혀 다양한 내용이 시도되면 좋겠다.

책을 통한 공부를 넘어서 개성을 발견할 기회가 되고, 발표 과정을 거치며 자신감을 얻는 일 또한 중요하다. 개개인의 그런 소양이 쌓여 문화가 되고, 좋은 전통으로 쌓여 가면서 그 집단의 분위기를 형성하기 때문이다.

무엇이든 제대로 하기엔 많이 애쓰며 정성이 들어가야 하고, 내용은 그에 비례하는 진실을 담고 있다. 새내기를 환영하며 언니 동생이 한마음 된 그 여운으로 살아갈 앞날이 다정하게 이어지길 소망한다.

새내기를 환영하며 풀무식구 모두 흥겹게 즐기는 '풀무 하나되기'의 한 장면. 입학한 지 한 달이 가기 전에 서로 익숙해지며 이해도 새롭게 하는 생활관 문화행사로. 신입생뿐 아니라 거의 모든 학생이 방별, 생활관 채별(밝은 집, 맑은 집, 고요한 집), 층별 참여 형식으로 진행한다.

풀무 가꿈날
학교 둘레를 자연스럽게 가꾸는 날

풀무는 대체로 자연스럽다. 사람도 건물도 교실도 '가꾸는' 것을 잘하지 못하는 편이다. 그렇게 느끼며 살았다. 거의 저절로 된 그대로이다 보니 촌스럽기까지 하다. 학교, 생활관 건물도 필요에 따라 형편 되는 대로 지어 일관된 특징도 없고, 살기 편하지도 않다. 정원이나 둘레 나무도 가지치기하며 멋스럽게 가꾸기보다 필요에 따라 최소한의 손길을 보태며 지낸다고 생각한다.

대강 이런 인상으로 한 달여를 살다가 봄이 되면 한바탕 소란을 겪는다. 예전에는 식목일인 4월 5일을 앞뒤로, 기온 변화가 온 이즈음에는 조금 더 이르게 이른바 '식목행사'라는 걸 한다. 식목일, 말그대로 나무 심는 날이다. 정부가 수립되며 산림녹화를 위해 해마다 나무를 심도록 정한 날로, 전에는 법정 공휴일이기도 했다.

학교에서 식목일 즈음 하는 이날 행사는 베어내거나 뽑아내고, 옮겨심고, 가지치기를 하면서 나무를 심기보다 전체적인 관리와 균형을 위해 정리하고 가꾸는 일을 주로 한다. 물론 나무나 꽃을 심기도 한다. 뒤 운동장을 조성하며 맑은집, 밝은집 같은 생활관을 짓고서는 건물 앞뒤로 어린나무를 심었는데, 언제 그랬는가 싶게 우뚝 자랐다. 운동장 둘레의 은행나무, 히어리, 밝은집 울타리가 된 스트로브 잣나무 같은 것들이 대표적이다. 정원, 본관 앞 화단에 꽃을 심기도 한다. 학생들이 '오샘 동산'이라 부르던 고요한집 뒤쪽 산의 야생화 가꾸기도 빼놓을 수 없는 일이다. 이미 거기 주인이던 원추리며 참취 말고도 새로 심은 복수초, 노루귀, 산마늘, 얼레지 등등 보일 듯 말 듯 알아보기 힘든 어린 꽃들이 피어 있다. 이런 꽃들과 새싹 위로 뻗치는 가시덩굴을 베어내어 햇볕이 잘 들게 해 주어야 했다.

수업 없이 하루 종일 하는 이 행사는 실업부에서 계획하고 주관한다. 해야 할 일을 미리 파악해서 구역을 정하고 1, 2, 3학년이 고루 들어가도록 전교생을 여남은 모둠으로 짜서 선생님들도 적절히 배치한다. 모둠에 따라 나무를 베거나 가지 치는 일만 하거나 도랑을 치고 꽃을 심는다. 그러다 보니, '나무 심는다더니 심기는커녕 베어내기만 한다'는 불만이 생기고, 괴롭다고 하는 사람도 있었다. 행사 후 학급일지엔 '식목행사인데 나무는 안 심고 베기만 해 어려웠지만 깨끗해진 모습이 되어 기분이 좋았다'는 식의 소감을 주로 쓴다.

아무려나, 밭 둘레에 덩굴진 것들을 걷어내야 한 해 농사 시작을 할 수 있는가 하면, 무성하게 번은 아까시나무 가지를 베거나 뽑아내어야 그 아래 목적한 꽃들이 살아날 수 있다. 이런 과정은 귀찮고 힘든 일이지만, 학교 구성원으로 살아가려면, 또 자연과 어우러져 살아가는 사람으로서 마땅히 해야 할 일이다. 그래서 학생들 공모를 거쳐 이 행사 이름을 '풀무 가꿈날'로 하였다. 봄을 맞이하며 뻗어갈 꽃과 나무의 숨통을 틔워주며 한결 가지런해진 자연환경 속에서 살아가자는 뜻이 살아 있는 이름을 얻은 셈이다.

다른 행사와 마찬가지로 긴 역사를 거치며 이날도 참 여러 일을 해 왔다. 최근엔 온전히 학교 중심으로 정원, 학교 들머리, 뒤운동장, 생활관 주변, 축사 둘레의 환경을 가꾼다. 그 전엔 3학년들이 고구마 농사를 짓고 단풍나무를 심은 갓골의 밭일을 하며, 전공부 아래쪽 밭에 판매를 위해 묘목을 심는 등, 학교 밖에 있는 학교 밭 가꾸는 일의 비중도 컸다.

그런가 하면 내가 학생일 때는 지금 축사 아래쪽 산에 나무를 심고 캐고 가지 치는 작업을 하느라 많이 부산스러웠던 기억이 있다. 그런 걸 보면 이 행사는 꽤 역사가 오랜 듯싶다. 언제부터인지 확인할 수는 없지만 학교를 시작하면서 거의 모든 일을 학생들과 더불어 우리 일로 가꿔 왔으니, 초창기부터 줄곧 계속 해왔으리라 추측해 본다. 그중 식목행사는 다른 무엇보다 중요한 일이었겠구나 생각한다.

이날을 맞이하는 학생들은 3월 한 달 새로운 환경에 적응하느라 힘들었던 터에 공부 안 하고 밖에서 보낸다니 그것만으로도 신난다. 언니 동생의 다른 모습을 보는 날이기도 해 설레고, 점심 전에 간식 먹는 것도 큰 기대다. 전엔 주로 떡과 효소였는데, 이즈음엔 떡도 먹지만 빵일 때도 많고, 평촌 요구르트나 사과즙 따위를 먹는다. 효소를 먹으려면 주전자에 컵을 준비해야 해서 번거로운데 개별로 먹고 치우는 요즘은 얼마나 간편한지 모른다. 그 대신 비닐, 플라스틱 쓰레기를 내놓게 된 건 새로운 과제가 되었다.

우리 때는 학교에서 모두 밥을 먹는 체제가 아니었기에 선생님에 따라 바깥에 솥붙이를 걸고 국수(라면이 아니고!)를 끓여 먹은 일도 있다. 언제나 먹는 일은 즐겁고 활기 있게 하는 것 같다. 목소리들이 커지고 무엇이든 가능한 양 자신 있어 하던 젊은 활동력들은 지금 우리에게도 모양은 다르지만 그대로 이어진다고 생각한다.

이날은 점심밥도 평소보다 푸짐하게 나오고, 그래서인지 오후 일은 한결 가볍게 해낸다. 삽이며 낫을 다루는 솜씨도 생겼고, 선생님들도 되도록 일찍 마칠 수 있게 배려한다. 일을 마치며 연장을 제자리에 정리하며 끝까지 책임을 다하게 하는 건 당연하지만 가끔 놓치기도 해 나중에 선생님들의 걱정을 듣기도 한다. 대부분 힘들어 죽겠다고들 하지만 몸 두고 사는 집 주변 환경을 내 손으로 가꾸었다는 보람도 느끼고, 모르는 새 애정도 싹틔워 가는 것 같다.

흔히 사람은 환경의 산물이라고 한다. 한 사람의 인격이란 자신이 태어나고 자란 주변 환경의 영향을 크게 받는 게 사실이다. 풀무학교에 다니며 학생들은 하늘이 보이고 노을이 아름다운 걸 알았다고들 한다. 전에도 똑같은 하늘 아래 살았는데 그땐 왜 안 그랬을까하기도 한다. 처음엔 불편하기만 했던 언덕바지를 올라야 하는 생활관 건물도 자연스러워서 좋다고도 한다.

물론 이렇게 자연을 돌보는 게 풀무 가꿈날 하루만 하는 건 아니다. 본관 앞 화단에 자란 풀을 매고, 야외무대며 생활관 뜰에 나는 풀은 자주 뽑거나 벤다.

자연물 모두를 평등하게 보는 누군가는 예쁜 풀을 왜 뽑느냐고, 왜 꽃을 차별하느냐고 따지고 들기도 한다. 농작물 가꾸는 것을 포함해 이런 일들에서 가꾸려는 목적이 뜻하지 않은 일들로 얼마나 쉽게 망가지는지를 배우는 은유가 되기도 하니, 이런 기회에 그런 얘기를 나눠보는 것도 좋겠다.

사람마다 생각이 다르고 견해도 다르겠지만 봄맞이를 실질적으로 하는 이런 행사는 각자 마음에 관심과 사랑의 씨앗을 내려, 인식하지 못하는 사이에 자연의 소중함을 알게 하리라 생각한다. 나아가 자연 안에서 인간의 자리가 어디인지 생각하며 보는 눈이 넓어지고 지혜로워지겠구나 하는 기대도 한다. 나무, 꽃, 거기 깃들어 사는 새들, 길가의 돌멩이까지 '나'를 살게 하는 고마운 환경이어서다.

지금껏 해온 대로 마음과 애씀으로 가꾼 풀무의 자연환경이 '스스로 그러한' 자연 그대로 풀무 사람들을 그윽하게 품어주리라 믿는다.

고맙다, 자연!

4월 5일 식목일 앞뒤로 학교 둘레 자연환경을 정리하는 '식목행사'를 해오다가 '나무를 심기보다 캐내고 잘라내는 일이 더 많아 어울리지 않는 말'이라는 학생들 의견을 반영하여 '풀무가꿈날'로 바꾸었다. 완연한 봄을 능동적으로 가꾸며 맞이하는 즐거운 모습이다.

꽃길 걷기
아름다운 벚꽃길 따라 설레는 시간

학생무리가 꽃길을 걷는다. 언젠가부터 '꽃길만 걸어라'라고 인사하는 세상에서 꽃길을 걷는 학생들이 있다. 이들이 걷는 꽃길은 '순탄하고 순조로운 삶'이 아닌 진짜 꽃길, 벚꽃이 쭉 피어 있는 길이다. 그 길을 따라 해 질 무렵 비스듬히 비치는 햇빛을 받으며 재잘재잘 가볍게들 걷는다.

춥고 칙칙한 겨울이 물러가는 것처럼 4월은 마침내 온 봄과 함께 마음이 일렁이기도 하는 때다. 때마침 맞이하는 '꽃길 걷기'는 학년마다 다른 마음으로 맞이하는 듯하다. 3월 한 달 모든 학년이 여러 모양으로 제자리에서 자리 잡느라 애써 온 터여서 잠시 마음을 내려놓고 펼 수 있어 기대도 하며 나선다. 쳐다만 보던 언니와 이야기도 나눌 수 있어 설레기도 한다. 그런 만큼 서로 조심할 것도 많거니와, 나와 모둠, 학년, 학교, 자연까지 모든 관계가 보이지 않게 연결되어 살고 있다는 것을 새롭게 느끼는 시간이 되기도 한다.

벚꽃 피는 4월 중순 무렵 홍동 냇가 3km 구간에 피었거나 피어나는 벚꽃길을 따라 걷는 '꽃길 걷기'는 생활관 문화행사로 진행한다. 생활문화(생문) 모둠에서 목적, 과정, 정리까지 차곡차곡 준비한다.

사전답사를 하고, 오가는 길 주의할 것 안내는 물론 전등, 호루라기 등 밤에 돌아오는 데 필요할 법한 것들도 빠짐없이 챙긴다. 모둠을 짜서 걷도록 지도하고, 오가는 길 간격이 뜨지 않도록 독려하며 거드는 것도 생문 모둠 몫이다. 같이 걷다 보면 이리 뛰고 저리 뛰며 맡아 하는 일을 기꺼워하는 모습이어서 저절로 흥겹고 미덥다. 목적지에서 진행하는 학년별 모임 장소 정하기, 적정시간 챙기기, 혹은 간식이라도 먹으면 그 뒤처리까지도 놓쳐서는 안 된다.

행사 뒤엔 구성원들의 평가를 기록에 남기고, 다음 해 행사에 반영한다. 자연스러운 전통으로 자리 잡은 듯싶다.

평가를 바탕으로, 현실적인 여건을 반영하여 시간, 간식 같은 구체적인 항목은 해마다 조금씩 바꾸어 조정하며 진행한다. 간식을 목적지에서 먹거나 돌아와 먹거나 하는 불가피한 변화는 코로나 상황에서 눈에 띄는 점이다.

그런가 하면, '꽃길 걷기'는 이름만큼이나 큰 변화를 겪어 왔다.

생각나는 대로 기원을 거슬러 올라본다. 전교생 생활관 생활을 하기 전 학교생활의 주요 내용을 계획, 운영하시던 정승관 선생 주도로 두 주 또는 한 달 정도 합숙 훈련이 있었다. 본관 교실에서도 하고 교육관에서도 했다. 당시 선생님들의 간절한 염원은 학생들이 모두 함께 지내며 일상생활 속에서 가르치고 배우는 생활교육을 하는 것이었다. 건물이 없으니 일단 그 시초처럼 그런 계획을 세워 밤 시간을 함께하는 프로그램을 운영하던 중 '야간훈련'이라는 게 있었다. 꽃이 있든 없든 밤에 함께 걷고 뛰며 체력도 기르고 정신 훈련을 하려는 취지였던 듯하다. 당시는 학교든 사회든 군대 문화가 자연스럽게 스며 있던 터여서였는지 대부분 만족스럽게 참여했고, 교육적 효과도 있다고 판단하며 뒤를 이어 해온 게 '밤길 걷기'였다.

생활관 생활을 하게 되며 벚꽃 피는 밤에 모두 함께 걷는, 말 그대로 걷는 훈련에 방점이 있는 행사로 시작했다. 당시 목적지는 화신저수지 방둑까지였고, 학교에서 저녁밥을 먹고 해 질 무렵 출발해 깜깜한 밤에 돌아왔다. 갈 때는 벚꽃길로, 올 때는 마을을 통과하는 다른 길을 경험하게 했다. 그러다가 그 아름다운 벚꽃을 볼 수 없는 아쉬움을 해소하며, 어둡지 않은 시간이어서 길 둘레 마을과 길섶의 작은 풀꽃도 보는 자연 관찰까지 하면 좋겠다는 의견이 나오고, 실행 가능성을 살펴서 협의해 바꾸었다. 지금의 '꽃길 걷기'로 바뀐 연유다.

처음엔 주먹밥, 김밥 등 밖에서 먹을 수 있도록 저녁을 준비해 가져가서 저수지 물결을 보며 학년별로 간단하게 저녁을 먹었다. 아무리 간단하게 한다 해도 사전 준비도, 다녀와서 정리하는 것도 여간 번거로운 일이 아니어서 나중에는 좀 이른 저녁을 먹고 출발했다. 지금까지 그렇다.

목적지도 바꾸었다. 저수지까지 좀 멀기도 하거니와 너른 물 말고는 둘레 환경이 문제가 많았다. 축사가 많은 지역이어서 악취가 가장 괴로웠고, 화장실도 없는 등의 어려움을 해소하기가 어려웠다. 그래서 결정한 것이 이즈음 가고 있는 문당리 환경교육관 아래, 지금 빵을 만드는 초록이둥지 마당이다. 학교에서 사과, 떡 등의 간식을 준비해 가져가서 학년별로 나누어 먹었다. 그러던 중 학부모회에서 이 행사에 도움을 주고 싶다며 가까이 사는 분들이 문당리 현장에 오셔서 어묵국, 떡볶이 같은 먹을거리를 직접 만들어 주셨다. 두어 해 그렇게 하다가 오는 길에 송풍에서 식당을 운영하시는 학부모회 회장님 식당에서 먹고 오기도 했다. 지금은 학교에서 준비해 간단히 먹고 마무리한다. 이래저래 무슨 일이든 먹는 게 참 중요한 문제로구나, 새삼스럽게 여겨진다.

처음에는 갔다 오는 것 자체가 목적이다시피 했다. 소리 몇 번 지르고 노래 두어 곡 부르는 정도로 지나다가 학년별 모이는 시간을 주었다. 30분 정도의 길지 않은 시간에 흥을 돋우는 놀이를 하거나 함께 노래 부르거나 춤을 추기도 했다. 요즘은 가기 전에 기타와 악보도 준비하고, 놀이지도 담당을 정해 학급 성격대로 준비한 만큼 놀다 온다. 뭔가 허전하고 중구난방이라며 불만을 표하거나 회의적인 목소리들을 내기도 한다. 사전 협의에서는 조용히 이야기 나누다 오기로 했는데, 다른 학년이 흥겹게 놀면 비교되는 것 같아 얘기도 잘 나누지 못하고 어정쩡하게 보내고 만다.

그럼에도 큰 무리 없이 잘 지나왔고, 생문 모둠 사람들 중심으로 순조로이 진행해 가고 있다. 왜 거기까지 가는지, 가서는 무엇을 할지 등을 미리 충분히 합의하고, 현장에서 밀도 있게 시간을 쓸 방안을 논의하며, 생문 모둠 사람들 외에도 담임, 사감 등 직간접으로 관련된 사람들은 좀더 적극적이고 섬세하게 지도할 수 있으면 더 좋겠다.

우리가 걷는 아름다운 벚꽃길은 원래 거기 있었을까? 냇물을 끼고 양쪽으로 즐비하게 늘어선 벚나무는 청장년쯤으로 자라 튼실하게 굵어지고 꽃도 푸짐하게 피어, 만개하면 꽃 터널을 지나는 듯한 장관이 펼쳐진다. 이뿐 아니라 꽃 피는 처음부터 만개할 때, 꽃비로 흩날릴 때, 버찌가 익어갈 때, 단풍 들 때 등 사시사철 그 나름의 아름다움을 빛내고 있다.

2020년 홍동면 보도자료에 의하면, 1993년부터 면민과 출향인이 1천여만 원의 기금을 모아 벚나무를 심기 시작했고, 1995년 풀무신협에서 '꽃길 조성위원회'를 꾸려 운월리에서 화신리까지 냇가 길에 심으면서 지금의 벚꽃길이 조성되었다.

여기서 주목해 볼 것이 풀무신용협동조합이다. 이 풀무신협은 1960년대 말 풀무학교에서 주옥로 선생과 정규채 수업생(고등부 2회)

이 주도적으로 창립한 뜻깊은 신용협동조합이다. 정규채 수업생은 농촌지역 서민 금고 역할을 하는 풀무신협에 평생 헌신하며 신협의 특색사업으로 홍동천변 벚꽃길 가꾸기에 전력을 기울였다. 지금은 고인이 되었지만 벚나무 1,600여 그루가 남아, 그분을 기억하는 사람들은 한 사람의 선구적인 생각이 가져온 변화에 감동하며 벚나무 이상의 감회에 젖기도 한다.

이즈음 홍동 벚꽃길은 홍동의 명소로 소문나 있어 지나치게 많은 사람이 몰려올까 봐 걱정된다. 자연이 소비되기만 하고 훼손되는 게 아닐까 우려도 된다. 자연 그대로 아름답게 지켜가는 것에 모두가 더 관심을 둘 일이다. 학생들은 까마득하게 생각할 듯한 2회 선배 언니의 뜻과 의지를 떠올리며, 모든 일의 시작과 처음을 알아보려는 겸손한 마음을 품으면 좋겠다.

'꽃길 걷기'가 하룻저녁 행사로 그치듯, 학교생활은 물론 인생에서도 꽃은 잠시다. 꽃을 피우기까지 앞뒤로 이어지는 덤덤한 시간이 대부분이다. 이 무덤덤한 일상 속에서 깊이 뿌리 내려 생명의 물 길어 올릴 힘을 키워갈 인내와 노력을 소망한다.

아무리 그래도, 벚꽃은 참 애잔하게 아름답다!

생활관 문화행사인 '꽃길 걷기'는 행사를 담당하는 생활문화모둠 구성원들의 안내에 따라 모둠을 짜서 오가는 길을 함께한다. 모둠별로 기념사진을 찍으며 즐거워하는 모습이다.

홍동 냇둑을 따라 조성된 벚꽃길에서 '꽃길 걷기'를 한다. 원래는 밤길걷기였는데 꽃을 보며 걷는 '꽃길 걷기'로 이름이 바뀌었다. 화신리 저수지 둑에서 문당리 초록이둥지 마당으로 목적지도 바뀌었고, 간식과 놀이도 협의하며 조금씩 변화해 간다.

개교기념일
학교 생일잔치 하며 뜻 새기는 날

풀무의 개교기념일은 휴일이 아니다. 입학하면서부터 학생들은 다른 학교와 다른 게 많다고 느끼는데, 개교기념일도 그중 하나다. 물론 학교 안 가는 휴일을 더 좋아하겠지만 이날은 학교에 와야 해도 특별한 시간을 보내게 되니 그 또한 좋아하고, 자부심까지 생겨 이래저래 뜻깊다.

풀무의 개교일은 1958년 4월 23일이다. 이날이 오기까지 연원은 깊고도 넓으며, 과정에 따르는 구체적인 준비와 어려움은 제대로 알지도 못하거니와, 여기서는 다 말하기도 어렵다. 듣거나 책으로 안 사실은 오랜 준비를 거쳐 이찬갑, 주옥로 선생 두 분이 설립하셨다는 것, 개교한 날 18명이 입학했고, 모두 열의에 넘쳤고, 그 자리는 매우 초라했다는 것이다. 오히려 그런 자리에서 학교가 나아갈 방향에 대한 시사점을 찾고, 아주 높고 귀했던 교육목표를 더욱 분명히 했다는 것을 알 수 있다. 무엇보다 두 분의 인간관은 교육 현장에서 언제든 바탕에 두어야 할 것이다. 농촌을 뿌리로 민족과 세계가 나아갈 이상을 분명히 하신 것 또한 현재진행형이 되어야 할 점이다. 이런 인식은 당시 그분들의 '현실 직시'에서 비롯되었는데, 지금 생각해도 그분들의 통찰력이 놀랍다. 문제 해결은 제대로 정확하게 보는 데서 시작되기 때문이다. 이 모든 것의 중심엔 그리스도 예수의 사랑이 있어야 한다는 것 또한 학교의 큰 특징이 된다.

학생일 때 개교기념일은 지금 풀무제와 비슷한 내용의 행사를 한 셈이다. 기념 예배 때 손님으로 오신 분들의 아주 긴 말씀을 듣고, 학급별로 준비한 것을 발표했다. 그중에는 학급 합창도 있었다. 내가 고등부 학생 때 참여했던 세 가지 일이 기억나는데, 〈마지막 잎새〉를 각색한 연극의 단역으로 출연한 일, 당시 출간되어 화제였던 〈꽃들에게 희망을〉을 괘도 그림으로 친구와 둘이 보여주며 낭독한 일, '한중일 농업이 나아갈 길'이라는 주제로 세 나라 대표가 참석한 포럼 형식의 토론에 참여한 일이다. 이런 식의 발표는 꽤 오래 이어지다가 1984년부터 '풀무제'라고 이름 지어 전시와 학생발표를 종합하는 형식으로 수렴되었다. 학생들이 입학한 지 얼마 안 되어 친해지기도 버거운데 발표를 준비한다는 게 무리라는 의견이 있었고, 그런 논의를 바탕으로 지금의 '풀무제'가 시작된 것 같다. 그 뒤로는 개교기념 예배와 특강을 중심으로 설립 정신을 새겨보는 생일잔치 날이었던 건 확실하다.

개교기념일에 손님으로 오셔서 말씀해 주신 분들의 면면을 다 기억하지 못하는 게 아쉽고 안타깝다. 후원회장이셨다는 성산(聖山) 장기려 선생을 포함하여 학교를 응원하고 격려하시는 대단한 분들이 많았던 것 같다. 그중에서 어려운 시절 이사장으로, 또 한 분의 학교 설립자라는 수식어로 설명하는 최태사 선생을 잊을 수 없다. 그분과 뜻을 같이 하시는 오영환 선생을 비롯해 수업생이면서 이사로, 이사장으로 함께해주신 이운학 선생 등 여러 분이 오셨다. 이날이면 학교 밖에서 이렇게 많은 분이 마음과 뜻을 모아 주셔서 내가 풀무에서 살아가는구나 생각하지 않을 수 없었다.

최태사, 오영환 선생 말씀은 이미 유명해졌을 정도로 많은 사람이 기억한다. 특히 오영환 선생은 "서울대 학생이 지나가면 머리 좋은 사람이 간다, 풀무 학생이 지나가면 진실한 사람이 가는구나, 이 정도로 진실은 풀무의 상징이 되어야 한다."라며 진실, 정직, 양심의 사람이 되라고 역설하셨다. 최태사 선생은 오실 때마다 기숙사를 먼저 들러 식당 엄마를 찾아 격려하셨는데, 이는 사람을 어떻게 사랑할 것인지를 보여주신 훌륭한 사례로 기억한다. (*풀무에서는 식당에서 조리하는 분들을 '엄마'라고 부른다.)

개교 40주년 때는 그동안의 문화시간 특강 중 다시 읽으면 좋을 글들 중심으로 문집을 엮었고, 50주년에는 학교 안팎의 교직원, 학부모, 수업생, 전문가 등으로 구성된 기념추진위원회를 꾸려 〈다시 새날이 그리워〉라는 50주년 표제어에 맞는 역사책 등 세 권을 펴냈으며, 큰 행사를 추진하기도 했다. 행사는 토론회, 특강, 문화 영역으로 나누어 3일 동안 진행했다. 당시 지은 지 얼마 안 된 밝은집 마당에서 달밤에 문화계의 저명한 인사들을 모시고 했던 시 낭송, 노래, 해금연주 같은 문화행사는 그 자체로 큰 잔치마당이었다. 60주년 엔 학우회 주관으로 다양한 직업군의 역대 선배들을 초청하여 강당에서 전교생과 둘러앉아 진로, 직업을 중심으로 묻고 답하는 형식의 대화 마당을 마련했다. 이 밖에도 긴 세월 뜻깊은 일이 많았지만 자세히 기억해 밝히지 못해 아쉽고 죄송하다.

개교기념일마다 학교를 귀히 여기는 수업생들 방문도 끊이지 않았다. 그런가 하면 당시는 다른 학교들에서 졸업생들 체육대회가 성행하던 터여서 풀무수업생회에서도 이날을 기념하며 그런 성격의 모임을 추진하고자 다양한 시도를 했다. 그 과정에서 학교와 수업생 나름의 여러 어려움이 있었다. 그런 중에도 수업생회 주최로 뒤운동장에 천막을 치고 음식을 나누며, 수업생 가객들이 노래 공연을 한 건 그림처럼 남는다. 개교기념일마다 생일잔치엔 떡이 있어야 한다며 농사지은 쌀로 떡을 해 오다가 나중엔 아들까지 대를 이어 떡 보시를 하는 수업생도 잊지 못할 역사 중 하나다. 이렇게 다양한 모양으로 쉼 없이 애정을 보내주신 마음들 덕에 오늘 우리가 살고 있음은 확실하다고 믿는다.

학우회가 개교기념행사에 깊이 스며든 것도 전교생 생활관 생활 이후의 일이고, 해가 가며 하나씩 보완해 왔다고 생각한다. 처음에는 기념 예배와 특강 다음에 자체적으로 운동을 하며 쉬다가 학교 생일인데 뭐라도 해보자 논의하여 학교 생일 축하 글을 써서 게시하고, 생일 축하 노래를 부르며 지나기도 했다. 저녁 시간에 학교 정신이나 생활 관련 퀴즈대회 비슷한 것을 추진한 해도 있다. 그러다가 2006년 즈음부터 개교기념 공동학습을 기획해 공부하며 오늘에 이른다. 하지 못한 해도 있지만 대부분 학교 이해가 덜 된 신입생 교육에도 필요하다고 생각하며 진행해 왔다.

대개 설립정신, 교육목표, 학교 설립에 참여하신 여러 선생님에 관한 공부를 했고, 어느 해는 학교 정신의 근간이 되는 무교회, 평민교육, 농촌문제 등을 다룬 단행본을 골라 전교생이 함께 읽으며 나누기도 했다. 2017년에는 전교생이 '풀무에 몸 둔 모든 사람이 풀무를 어떻게 알고 사는지' 등 질문을 만들어 묻고 답하는 '풀무를 듣다'를 진행, 모둠별로 발표하며 나누기도 했다. 2020년은 코로나로 개교기념행사를 하지 못한 유일한 해가 되었다. 2021년에는 풀무에서 추구하는 정신과 가치에 대해 공부하여 기념 예배 뒤 상황극을 공연하고 영상물을 보는 것으로 그 의미를 나누었다.

개개인이 생일을 중시하며 이 땅에 온 뜻을 새기듯, 풀무가 태어난 연유를 생각하며 생일인 개교기념일을 기억하고 기념하는 건 소홀히 할 수 없는 일이다. 어디로 가야 하는지는 온 곳이 어딘지 아는 것에서 찾아야 하고, 일상을 사느라 잊어버리기 쉬운 우리 보통 사람들은 생일을 맞아 첫 뜻을 새기며 앞날의 삶을 새롭게 해야 하기 때문이다.

4월 23일, 풀무에 젖줄을 댄 사람들은 학교를 떠나서도 각자가 만물이 파릇파릇 생기 얻는 좋은 계절에 풀무골에 문을 연 학교를 떠올리고, 인생의 고비마다 따르는 '풀무질'을 생각하며 어떻게 살 것인지 생각하는 날로 기념하면 좋겠다. 학생 하나하나를 가리켜 '민족의 짐을 지고 가는 작은 그리스도들'이라고 쓰신 이찬갑 선생의 글귀에 비추어 나는 지금 무슨 짐을 지고 어떤 존재로 살아가는지도 이날은 조용히 자문해 볼 일이다.

2017년 개교 59주년 공동학습으로 학우회가 주관해 진행한 '풀무를 듣다'를 덧붙여 공동학습 과정과 의미를 나눈다.

풀무를 듣다 – 개교 59주년 기념 공동학습

해마다 학생들은 개교기념을 계기로 학교와 관련 있는 것들을 주제로 정해 공부하며 설립정신을 되새긴다.

2017년, 개교 59주년을 맞이하는 올해는 풀무 식구 다수의 찬성을 얻은 '풀무를 듣다'로 주제가 정해졌다. 공부를 추진하는 학우회에서는 몸담고 사는 사람들 모두에게 풀무는 무엇인가 들어보기로 했다면서 선생님들에게는 '선생님들 이야기를 들려주세요!'라고 듣고 싶어 하는 항목을 정리해 주었다.

필수 질문

◎ 나에게 풀무는 _____ 이다. (이유와 함께 적어 주세요.)

◎ 앞으로 풀무학교, 학생들에게 바라는 점, 나아갔으면 하는 방향

선택 6개

● 예전의 풀무와 지금 풀무의 차이는?(어떻게 변해 왔나요? 언제의 풀무를 가장 사랑하시나요?)

● 가장 중요하다고 생각하는, 학생들에게 가르치고 싶은 풀무의 정신, 가치는?

● 풀무에 오시게 된 계기, 과정

● 잊을 수 없는 학생, 경험이 있다면?(인상 깊은, 재미있는 일 등)

● 선생님이 생각하시는 교육이란? 교육의 힘을 느끼신 경험

● 풀무에서 지내며 바뀐 점은?

● '10가지 약속' 등 학교에서 지켜야 한다고 말하는 것들에 대해 어떻게 생각하시나요?

● 풀무의 이상과 나의 삶은 동행하고 있나?

● 힘든 일이 있었다면? 어떻게 극복하시나요?

● 풀무에서 좋아하시는 순간, 선생님이 사랑하시는 풀무의 모습은?

그 밖에

– 학생들이 부러웠던 순간

– 학생들이 예뻐 보이는 때

– 아, 이 학교에 잘 왔다 생각한 순간

– 학생들이 창업하고 사회에서 어떤 역할을 했으면 하나?

이번 주에는 전교생을 10명씩 8모둠으로 나누고, 선생님들도 적절히 배정하여 모두가 써온 글로 생각을 나누었거나 나누는 시간을 보내고 있다.

지난 화요일에 내가 속한 모둠에서 학생들과 위 질문을 중심으로 이야기를 나누었다. 일상의 만남과 달리 속 얘기를 끄집어낸다는 게 뭔가 쑥스럽고, 민망하고, 쉽지 않았다. 생각해 보면 그동안 이런 성격의 내 얘긴 좀처럼 하지 않고 살아온 것 같다. '우리 땐 말이야', '옛날엔 이랬는데' 하는 말들이 지금 사는 사람들에겐 은근 스트레스가 될 수도 있어서 그랬나 생각해 보는데, 은연중 내가 배운 선생님의 모습이 그러해서 영향을 받은 것 같기도 하다.

어쨌든 이번엔 모두가 참여하는데 더 뺄 수도 없고, 긴 세월을 어디에 맞추고 말할 수 있을까, 게다가 도무지 희미하기만 한 기억은 많이 아쉽기도 하다.

질문을 보면 학생들의 관심의 지점을 어느 정도 느낄 수 있고, 소중한 학교를 소중히 알고 지켜가고 싶다는 바람도 담겨 있는 것 같다. 질문에 답하듯 쓰면 간단하겠지만 '글'을 요구하는 학생들 바람을 따라가며 '그냥 지금을 살며 느끼고 있는 대로의 나'를 살펴보리라 수용하니, 이 또한 학생들이 준 고마운 기회라는 생각이다.

학교에 온 지 몇 해인지, 그걸 세고 싶진 않지만 55회 입학생이 들어온 올해로 미루어보면 한 세대를 훨씬 넘는 시간을 여기서 보내고 있다는 사실을 조용히 돌아보게 된다. 해거름이 되며 하루가 기울면 여러 이유, 여러 모양으로 남루해진 몸에 잠깐 우울해하다가도 날마다 갈 곳이 있고 올 곳이 있다는 것은 얼마나 고마운 일인가 생각하는 날들을 살고 있는 요즘이다. 더구나 가난했고, 잘난 것 하나 없기에 겉보다 속을 생각하고 보이지 않는 쪽에 조금이라도 관심을 기울일 수 있었다는 생각도 조심스레 해본다.

나를 '살게 해 준' 사람들과 학교 덕에 학교를 다니며 나도 어려운 사람들과 함께

하는 풀무학교 선생이 되고 싶다…, 그런 생각을 많이 했지만 그건 뜨겁듯 두려운 일이기도 했다. 지금 그렇게 살지 않고 나중에 여건이 좋아질 때 돈 벌어 봉사활동 하듯이 하겠다는 건 진실하지 않다는 식의 생각을 학교에서 자연스럽게 배우며 나 스스로를 챙겼던 것도 같다.

그나저나 내가 보낸 풀무의 학창 시절은 여러 여건을 핑계로 열심히 공부하지 않았고, 많이 힘들어하고, 갈등하며, 불안정하게 지나갔다. 그러면서도 인생의 목표는 돈 버는 것과는 다른 무엇, 도시가 아닌 곳, 일어나 문 열면 흙을 밟을 수 있고, 눈을 들면 나무와 풀들이 보이는 데서 찾아야 한다는 생각만큼은 분명했던 것 같다. 제대로 읽은 책은 없지만 책은 꼭 읽으며 살아야 한다는 생각도 놓지 않았던 듯하다.

그렇게 시간이 지난 뒤 무작정 학교로 왔다. 잘 안다고 생각한 곳에서 모르는 것 투성이로 좌충우돌 삶에 부딪히며 깨지고 배워간 시절을 보냈다. 당시 유행하던 무슨 무슨 아카데미니 하던 테이프 강의를 들으며 세상을 보는 눈을 뜨기도 했고, 학교 바깥 선생님들 모임에서 책을 읽으며 교육에 새로운 열정을 품고 새기기도 했다. 그러면서 읽고 배우고 생각하며 살아야 한다는 걸 절실히 느꼈고, 지금까지 학생들을 만나며 가르치고 배우면서 함께 성장한다는 교학상장(敎學相長)의 이치를 터득해 가는 것도 참 고마운 일이라 생각했다. 세상에 여러 일이 있지만 배운 대로, 고민한 대로 '백년지계(百年之計)'인 교육의 현장에서 사람을 만나고 있다는 것은 얼마나 좋은 일일까 생각할 때가 많다. 아울러 김교신 선생의 《성서조선》 창간사에 있듯 지금 깨닫지 못하는 것을 한 세기 후에 깨달아 안다 한들 대수인가 하며 지금도 날마다 깨달아가야 하리라 맘먹는다. 모름지기 선생이란 온고지신(溫故知新)할 수 있어야 한다는 것을 새기며.

학생들이 물었다. '교육이란 무엇인가?', '교육의 힘을 느낀 경험은 무엇인가?' 나는 서슴없이 '사람의 변화, 전보다 좋은 쪽으로 달라지는 것, 새로워지는 것'이라고 대답했다. 어제의 행동보다 오늘 나은 모습을 보면 '사람 됐다' 하듯 그렇게 날마다 거듭나고 싶은 마음, 스스로 그런 깨달음을 얻어 실천하게 하는 게 진짜 교육 아닐까 생각하며, 어떤 형태로든 한 사람의 그런 변화에 위로받으며 힘을 내보려 했던 일을 생각했다. '줄탁동시(啐啄同時)'라는 말을 자주 생각한다. 병아리가 알에서 나오기 위해서는 새끼와 어미 닭이 안팎에서 서로 최선을 다해 쪼아야 하듯 선생은 그런 최선의 조력을, 학생은 스스로의 힘으로 깨는 최선의 노력을 기울여야 하나의 '병아리'로 세상에 나온 제 몫을 다하며 살아갈 수 있는 것, 그런 게 교육이 아닌가 싶어서다.

학교를 생각하며 배운 건 숲속에선 숲의 모양을 잘 볼 수 없다는 것, 숲속 나무 둘레로는 나무와 더불어 살아가는 생명붙이들의 치열함이 펼쳐진다는 사실, 그래서 숲은 멀리서 바라보아야 아름답다는 것이다. 풀무 식구들이라 할 수 있는 숲속 나무들을 건강하게 지탱해 주는 것이 10가지 약속, 즉 풀무학교의 지향점이라는 것도 나중에야 알았다. 어느 학교 졸업생 말에 희생, 헌신 같은 종교적 가치가 들어간 말을 아침저녁으로 듣다 보니 그걸 위해 헌신하는 삶을 살게 되더라고, 그게 참 그럴듯하며 말이 된다는 생각이다. 그것을 배울 당시에는 제대로 실행도 하지 못하고 밀어내고 싶기도 하지만, 모르는 새 내 판단 기준이 되고 노력하는 시작점이 된다는 건 무척 중요한 일이다. 성경, 농사, 공동체, 생명, 평화, 생태, 소박함, 정의, 자연 같은 말을 자연스럽게 소중히 여기게 되었으니 말이다.

마지막으로 예전과 지금의 풀무를 어떻게 볼 것인가로 마무리해야겠다. 예전이라는 말이 지니는 범위가 매우 넓어 그 인식에 상당한 오류가 있겠지만 불안정과 안정, 불편과 편리, 빈곤과 풍요가 먼저 떠오른다. 그건 좋고 나쁘고의 문제가 아니고 과정과 관점이 문제일 듯하다. 나른한 오후의 고요한 학교는 학생과 수업이 얼마나 안정되었나, 구석구석에서 맡은 것들을 자연스럽게 감당해 내기에 전체가 굴러간다는 것을 실감 나게 하며, 교실마다 판판한 바닥에 냉난방 시설은 난로 피우는 연기로 눈물 빼던 시절을 품고 있다는 것을 조용히 말해준다. 학생들은 3년을 사니 그게 다인 줄 알지만, 그 삶은 지난 시간의 역사를 품은 공간에서 지난 시간의 뜻과 지향점이 이어지는 지점에 서 있다는 것을 볼 수 있어야겠다. 보이지 않는 것을 볼 줄 아는 눈을 뜨며 끊임없이 '사람의 자리'를 물으며 가는 겸손함, 이 땅에 태어난 나를 포함하여 당연한 건 아무것도 없다는 것을 아는 고마움이 있으면 좋겠다.

내가 학생일 때는 잘 몰랐던 '밝고 맑고 고요한' 것의 진짜 의미를 새기며 날마다 명상하듯 그렇게 인사하면서 사는 것이야말로 중요한 일이고, 지금 할 일이라는 생각이다. 나를 둘러싼 모든 것이 하염없이 고맙다!

(2017. 4. 14.)

4월 23일은 풀무학교 개교기념일. 학교 설립 정신을 새롭게 돌아
보는 날이다. 1976년, 예전 모습의 학교 건물 앞에서 손님들과 전
교생이 찍은 기념사진이어서 뜻깊다.

제59회 개교기념일 공동학습 안내 게시판.

생활관 학교 체제로 바뀌며 학생들이 학교 생일을 기념하고 설립
정신도 공부하는 다양한 시도를 하다가 전교생이 주제를 정해 공
동학습하는 형태로 정착되었다. 학우회 주관으로 전교생 의견을
수렴하여 주제를 정하면 전교생이 공부하고 싶은 주제를 선택해
참여하고 기념식에서 요약, 발표한다. 설립자 주옥로 선생을 공부
하는 모둠 모습.

어버이날 행사
부모님도 함께 성장하는 학교, 어버이와 함께

풀무의 5월은 부모님과 함께 온다. 그러잖아도 아름다운 계절이 기뻐하는 학생들 기운 받아 더욱 빛나 보인다. 새 학년을 시작하고 부모님이 공식적으로 학교에 오시는 날, 그동안 살아온 모습을 보여 드릴 생각에 학생들 마음은 하늘로 솟아오르는 듯하다. 특히 1학년 부모님들은 자녀를 보내놓고 염려와 걱정으로 두어 달을 보내다가, 드디어 자녀들이 무슨 생각을 하며 어떻게 살아가는지 실감할 기회를 기대와 설렘으로 맞이하신다.

'어버이날 행사'는 전교생 생활관 생활을 궁금해하시며 걱정하실 부모님 마음에 응답하는 성격의 행사로 시작했다. '어버이 은혜에 감사하고, 효 사상의 미덕을 함양하기 위해 법정기념일로 지정된' 이 날을 앞뒤로 금요일이나 토요일로 행사 날을 정해 부모님을 학교로 모신다. 일정을 마치면 학생들은 부모님과 함께 집에 가서 하루나 이틀 재량휴업을 보낸다. 이 기간에 그동안의 노고를 달래고 다시 힘을 내어 학교로 돌아온다.

이 행사는 학생부 계획으로 학우회와 함께 주관해 진행한다. 전체 계획이 세워지면 맡은 대로 준비하고, 학우회에서는 부모님을 초청하는 엽서를 자필로 써서 보내도록 지도한다. 부모님들 전체가 만나는 이 기회에 학부모총회를 하는 게 전통이 되었다.

보통은 행사 전날 저녁 연극동아리 '춤'이 공연을 한다. 대개 신입회원 중심으로 준비하고, 주제도 부모와 자녀를 생각하게 하는 경우가 많아 큰 호응을 받는다. 부모님들은 이날 저녁 학교 밖에 머물며 총회를 한다. 이때 학교에서 각 학년 담임, 사감 등 학생지도의 직접적인 책임을 진 분들이 참석해 그동안의 학교살이를 공유한다.

행사 당일 오전에는 담임 선생님과 학생 관련 상담을 하고, 해당 학년 수업을 참관한다. 평소보다 이른 점심을 먹고 강당에 모여 어버이와 함께하는 시간을 보낸다. 그동안 학생들이 만든 카네이션을 달아드리는데, 한때는 직접 만든 생활한복을 입고 부모님께 절을 하기도 했다. 행사는 예배로 시작하고, 학생들이 부모님께 쓴 편지를 읽고, 미리 준비한 동아리들의 발표를 보고 듣는다. 사이 쉬는 시간에는 4월부터 준비한 쑥으로 빚어 찐 쑥개떡과 학교의 전통과도 같은 야채효소를 나눈다.

결과를 말하면, 간단하지만 이 모든 일에 얼마나 시간과 공을 들이는지, 목적보다 과정이 중요하다는 의미를 절로 생각하게 된다. 쑥은 학우회장단 지휘로 학년별로, 시간 되는 대로 여러 날 뜯어 모았고, 카네이션은 게시부 학생들이 각 학년 교실에 가서 시범을 보인 뒤 각자 하나나 둘씩 만들어 보관했다가 자기 부모님께 달아드린다. 부모님이 못 오시거나 하는 특별한 경우는 집으로 가져가게 한다.

부모님께 쓰는 글은 예전엔 행사 한 주 전쯤 국어과를 중심으로 수업 시간에 쓰게 지도했다. 1학년은 처음 집 나와 살았으니 편지를, 2학년은 우리 부모님이 걸어오신 길을, 3학년은 이상적인 가정상을 비롯해 현대사회 가정의 문제를 생각하는 글을 쓰도록 권장했다. 점차 시간이 지나며 학생들이 행사에 맞춰 억지로 쓰는 걸 꺼리는 분위기가 생겨 이즈음은 학우회에서 전교생의 의사를 수렴해서 쓰고 있다. 1학년 편지는 현관 앞 게시판에, 2·3학년 글은 학생관 동아리 게시판에 붙여 부모님들이 읽으시도록 안내한다. 각 가정에 우편으로 보내는 건 개인이 희망하는 대로 하고, 학교에서 쓴 글을 보내지는 않았다.

학생들 글 중에서 각 학년 한두 편씩 전체와 공유하면 좋을 학교 생활과 부모님에 대한 보편적인 생각을 표현한 것으로 골라 학생들 동의를 받아 행사장에서 읽는다. 이때는 학생지도 차원에서 담임, 학생부 선생님들 협의로 내용을 떠나 자긍심을 높여야 할 학생의 글을 선택하기도 한다.

글 쓸 때와 읽을 때 분위기가 해가 갈수록 달라지는 걸 느낀다. 어느 해는 쓰는 시간에도 눈물 바람을 하는 학생들이 있어서 그 영향으로 모두가 진지한 분위기에서 썼던 기억이 있다. 그런가 하면 발표 자리에서 엄마, 아버지라고 시작하는 말만 읽고도 눈물이 솟구쳐 큰 키에 허리를 꺾으며 울먹여 결국 다른 사람이 대신 읽은 일도 있다. 이런 날은 누구랄 것 없이 숙연해지고, 오늘 내가 존재하게 하는 은혜를 실감하는 분위기가 된다. 당시엔 이 비슷한 일이 자주 있어 행사 당일 손수건을 준비하고 여기저기서 많이들 훌쩍였다.

이즈음은 그보단 분위기가 가볍고 밝다. 울기보다는 행복한 에너지가 더 많이 흐르는 시간 같다. 달라진 이런 현상은 경제적 안정, 핵가족화 같은 여러 사회문제와 맞물렸으리라 생각한다. 대체로 그렇다는 것이지 지금도 개개인은 여전히 부모님 생각만으로도 눈물이 흐르고, 일반화할 수 없는 가정의 다양한 문제로 어려움을 겪기도 한다.

부모님과는 만나는 시간은 짧지만 이 행사 역시 꽤 긴 시간 준비하는 중요한 과정이 된다. 대강 이렇게 학생들 발표를 마치면 부모님들이 답글 삼아 글을 써와 읽기도 하고, 마지막으로 부모님 합창을 하신다. 어느 해인가는 강당 무대에 다 오르지 못할 정도로 많이들 참석하여 간밤 총회 뒤부터 연습한 실력을 맘껏 보이며 모두 흥겨워했다. 강당에선 이렇게 대단원의 막을 내리고, 야외무대에 마련한 풀무장터 참여로 모든 일정을 마친다.

코로나19 시대인 2020년에는 비대면 수업으로 아예 행사 자체가 없었고, 2021년에는 부모님께 온라인 중계로 진행했다.

이런 날이면 학부모님이 사정상 오시지 못하거나 보편적인 형태의 가족 구성이 아닌 채 지내는 학생들과 그 가족들이 있어 마음이 무겁다. 행사 사회나 말씀에서 이런 부분을 염두에 두고 사려 깊게 진행하는 편이지만 전체적인 흐름이 '행복한 정상 가족'에 맞추어질 때 모르는 새 소외감, 아픔을 줄 수도 있어서다. 다양한 사람들이 각자 빛깔대로 아름답게 살아가는 건강한 학교, 훈훈한 공동체로 그렇게 마음을 나누는 데까지 간다면 이미 큰 배움에 들어섰다고 보고, 반드시 그렇게 되어야 하리라는 생각도 한다.

풀무의 부모님들은 내 아이의 부모뿐 아니라 모든 학생의 부모라는 생각에 공감하실뿐더러 이런 시간엔 그렇게 선언까지 하신다. 우리 아이가 잘 크려면 둘러싼 다른 아이가 잘 커야 한다는 것을 누구보다 잘 알고, 그런 역할을 적극적으로 해내려 노력하신다.

또한 부모님과 자녀는 풀무 3년 시절을 떨어져 살며 서로 그리워하고 미처 몰랐던 부분을 발견하기도 하며 성장해 간다고 고백하는 걸 자주 들었다. 그러면서 부모가 추구하는 삶의 가치를 이해하게 되고, 학교를 마칠 즈음엔 애써 설명하지 않아도 공유하는 바람직한 가치들에 감사한다고도 했다. 관계의 재발견, 재편, 성장과 변화라는 새로운 시작을 경험하고 느끼는 것이라 이해한다.

모름지기 효를 우습게 아는 시대가 되었다. 가정의 형태도 다양해졌다. 여러 말이 있을 수 있지만 우리는 모두 어떤 형태든 부모를 거쳐 이 땅에 왔다. 세상에서 누구보다 '나'를 절대적으로 사랑하고 믿어주는 분들이다. 홀로 이 세상에 나와 성장한 사람은 아무도 없다. 이런 부모와 자식의 관계에서 사랑의 기본을 배우고 사회를 향해 승화시켜가야 할 일이다. 이 시대의 효와 부모 자식, 가정, 식구의 바람직한 형태를 고민하며, 누구나 '자신답게' 이 땅에 온 역할을 다하며 살 수 있어야겠다. 5월, 아름다운 자연과 아름다운 사랑이 그렇게 도우리라 믿는다.

2019년 어버이날 행사 내용과 2014년 한 학생이 행사를 마치고 쓴 글로 어버이날 행사의 의미를 되새겨본다.

2019년 어버이날 행사

◎ **의미와 목표**: 부모님을 학교에 모셔서 각 학년 담임 선생님 상담과 공연 등의 행사를 통해 학교생활을 나눈다. 학부모·교사·학생이 서로 이해하고 협력해, 더불어 교육목표를 실현한다.

◎ **주요 내용**

가. 5월 3일(쇠) <춤 공연>과 <학부모 총회>

시간	내용	비고
밤 7:10	춤 공연 (강당)	제목 "여우비"
밤 8:30	학부모 총회 (문당리)	교사 참여 - 교장, 담임, 사감

나. 5월 4일(흙)

시간	내용	비고
오전 08:00~10:00	학부모 상담 1학년 - 보건실(오 선생님 사시던 사택) 2학년 - 수학교실(본관 2층) 3학년 - 과학실 맞은편 손님방(개별상담)	재학생 08:30 ~ 9:00 청소 09:00 ~ 9:50 공개수업 1학년(영어)/2학년(쑥개떡 만들기)/ 3학년(한국사)
오전 10:00~10:20	<1부> 예배 찬송: 그 크신 하나님의 사랑(304장) 성경: 고린도전서 12장 21절 말씀: 교장 선생님	사회(총무 김산)
10:20~11:20	<2부> 공연 I ▶ 한마당 공연: 풀무가락 ▶ 아카펠라반 노래 ▶ 부모님께 드리는 글(6명) ▶ 1학년 합창	사회(학우회장단)
11:30~12:30	<3부> 공연 II ▶ 라르고: 기악 연주 ▶ 2학년 합창 ▶ 3학년 영상, 합창 ▶ 학부모 전체 합창	사회 (학생장단)
12:30~	점심식사	장소 : 학교식당
(오후) 1:00~2:30	오프라인 풀무 우리 장터	장소 : 야외무대

'어버이날 행사'를 마치고

그리 덥지도 춥지도 않은 5월 초, 그동안 해왔던 것처럼 어버이날 행사를 했다. 올해 내게는 마지막이 된 이 일을 기억해 본다.

여태껏 어버이날 행사, 풀무제같이 부모님과 함께하는 행사에 우리 부모님은 거의 오시지 못했다. 내심 풀무학교에서 생활하고 공부하고 생각하는 모습을 보여드리고 싶은 마음에 아쉽기도 했지만 집도 너무 멀고 학교행사와 집의 행사가 겹치는 것도 알기에 그렇게 서운하지만은 않았다. 무엇보다도 부모님이 우리를 가장 많이 생각하는 것을 알기 때문이다.

그건 그렇고 학교행사 때 우리 부모님이 안 계신 상황에서 친구들과 친구들 부모님이 서로 만나는 것을 보고 혼자 재밌어했다. 우리는 학교에서 치열하게 살아간다. 특히 함께 살아가기 때문에 인간관계에서는 더욱 그렇다. 밝게 웃으며 더불어 살아가기도 하지만 때론 서로 싸우고 미워하고 욕하고 그러면서 친구가 되기도 하고 적이 되기도 한다. 이런 여러 가지 인간관계 때문에 우리는 골머리를 썩고 눈물 흘리며 마음 아파한다. 어버이날 행사든 풀무제든 우리는 이런 생활 속에서 부모님을 만난다. 여기에 내가 재밌어한 부분이 있다. 우리 모두 서로서로 정말 달라 보이고 치열했는데 부모님 앞에 서면 다 똑같아진다는 것이었다. 물론 부모님과의 관계는 서로 다르겠지만 부모님 앞에 있는 우리의 표정은 정말 편안해 보였다. 재밌기도 했지만 한편으로 마음이 짠했다.

어버이날 행사는 행사 전날의 연극부터 시작이라고 할 수는 있지만 우리 학교 여느 행사 때처럼 예배를 드리며 시작한다. 1학년 때는 예배라는 형식이 단지 형식일 뿐이라고 생각했다. 그러나 이런 예배라는 형식이 얼마나 중요한지는 시간이 지날수록 마음으로 와닿는다. 예배에 참석한 모두가 예배를 틀에 박힌 형식이라고 생각한다면 정말 큰 문제겠지만 거기에 앞서 우리 학교가 계속 이어질 수 있었고 앞으로도 그럴 수 있다고 할 수 있는 것은 그 틀 지워진 형식 때문이라는 것을 잊어선 안 될 듯하다. 종교적인 예배를 떠나서 우리가 지켜나가고 그 필요성을 느끼는 무언가가 있다는 것에 감사한다. 내가 예배 사회를 했는데 당시엔 그런 감사함을 느끼지 못했고 형식적인 사회를 본 것 같아 모두에게 죄송한 마음이다.

예배 후에는 그동안 준비한 학년별, 동아리 공연을 하고 서로 편지를 나누는 시간,

부모님 공연까지 이어진다. 노래를 부르기도 하고 준비한 동영상을 틀거나 악기를 연주하기도 한다. 그러면서 너무도 행복했다. 그런 발표에 진심이 느껴지지 않는 것은 하나도 없었다. 부모님께 감사드리고 사랑하는 우리의 마음, 우리를 아끼고 사랑하는 부모님의 마음이 많은 사람의 가슴을 뜨겁게 하며 눈시울을 적시지 않았나 싶다.

이번 어버이날에는 우리 부모님도 오셨다. 내가 늘 들락날락하는 학교 현관문에서 동생들을 데리고 부모님이 들어오시는 모습을 보며 말할 수 없는 편안함을 느꼈다. 앞서 내가 친구들을 보며 재밌어하곤 했던 점이 나도 별반 다르지 않다는 것을 알면서도 애늙은이처럼 바라본 것 같은 생각에 민망하고 우스웠다.

행사를 마치고 행복한 마음에 집으로 돌아갈 생각만 하고 있었는데 막상 이런 생각도 들었다. 이 행사 속에서도 소외된 친구가 있을 거라고. 그 친구에게 우리가 너무 잘못하고 있는 것 같아서 마냥 행복할 수만은 없었다.

이번이 내게는 우리 학교에서 하는 마지막 어버이날 행사였다. 풀무학교라는 감사한 형식에서는 벗어나겠지만 그 속 알맹이는 한결같이 유지하려 늘 잊지 않겠다.

_ 학생 글(2014. 5.)

1학기 중 부모님들이 학교에 공식적으로 초대받는 날이 어버이날 앞뒤로 여는 '어버이날 행사'다. 학생들은 편지 낭독, 동아리 활동 소개, 학급 노래를 하며 부모님을 맞이하는 기쁨을 만끽한다.

간식으로 준비한 쑥개떡을 빚어 찌는 모습. 학우회 주관으로 쑥을 뜯고 삶는 등 소소한 준비를 하고, 미리 꽃도 만들고, 글을 쓰는 등 할 일이 많지만 즐겁기만 하다.

현장실습
일터에서 직접 겪으며 배우는 농사와 일

풀무학교의 공식 이름은 '풀무농업고등기술학교'다. '농업'과 '기술'이 들어가 학생들도, 바깥에서도 시쳇말로 격 떨어지는 이름이라며 달갑잖아 하거나 학생증도 정당한 대우를 받지 못한 때가 있었다. 농업은 말할 것도 없고, 기술을 바탕으로 현장에서 하는 일은 공부를 못했거나 지위 경쟁에서 밀려난 열패자들에게나 해당하는 직업이라고 여기는 우리 사회의 비뚤어진 인식이 예전에는 더 심했고, 지금도 크게 달라지지 않았다.

풀무는 학교 이름으로 인문과 실용의 균형이라는 지향점을 분명히 나타냈고, 교육과정 편성도, 일상의 삶에서도 이 둘의 조화를 이루려는 노력을 이어간다. 여러 부문에서 그렇지만 눈에 띄게 실천하고 있는 것이 농업 분야 현장실습이다.

초창기부터 해 온 지금의 현장실습을 당시 수업생들은 '실무훈련'이라고 했다. 고등부 2학년 때 한 달 동안 농가에 가서 먹고 자며 농부들과 거의 같은 생활을 체험하며 배우는 과정이다. 나는 14회 수업생인데 그 이전 역사는 들을 기회가 없어 제대로 아는 게 없지만, 우리 때는 여름방학 한 주 전에 출발해 방학 기간 3주까지 4주 동안

실습을 했고, 대부분 농가였지만 농사 말고도 농산물 가공공장을 포함하여 현장의 범위를 넓히기도 했다. 선생으로 온 뒤에도 그렇게 운영했지만, 일을 제대로 할 줄 아는 학생들이 점점 줄고, 일을 대하는 학생들의 생각도 달라지는 현실과 사회변화를 고려하여 2주간 운영하는 것으로 정착되었다. (80년대 중반 이후 당시 교장 역할을 하시던 홍순명 선생의 생각이 반영되기도 했다.)

　참여할 실습 현장을 농가로 한정하고, 학교의 정신과 연관하여 전국의 유기농가 10여 곳에서 실습을 해왔다. 2학년 필수 이수 과정이므로 사정이 생겨 그때 하지 못하면 기간을 달리해서라도 반드시 참여하게 되어 있다. 음식 문제로 적응이 어려워 불가피하게 장소를 바꾸거나 대인관계로 곤란을 겪어 기간과 장소를 다시 정해 마친 일도 있다.

　사족 같지만, 내가 학생 때 겪은 현장실습 소감을 덧붙이고자 한다. 어릴 때 경험한 일은 평생을 살아갈 지침 같은 역할을 한다는 생각에 지금의 현장실습이 그저 지나가는 과정에 지나지 않기를 바라는 마음에서다. 나의 현장실습은 평생 그럴 일이 다시 있을까 싶을 정도로 고된 일과의 연속이었다. 그러나 평생을 살아갈 등뼈 같은 경험으로 남아 있다. 농가 일 그대로 밥하고 빨래하고, 밭매고 거두는 삶으로서의 농사일에 참여했다. 게다가 명색이 실습생이니 정신교육 차원에서 새벽에는 성경과 일본 농민 단체인 애농회 회지 읽기 공부를 4주간 매일 반복했다. 이렇게 이어진 4주는 말 그대로 체력과 인내심 훈련 자체였다. 농장 주인은 나중에 초대 정농회장을 하신 분이었다. 당시엔 어렵기만 했고, 나중에야 그분의 삶이 근면 성실한 철저함, 하나님 신뢰, 땅과 생명 사랑으로 일관한 범상치 않은 삶이었다는 것을 알아가며 뜻깊은 인연에 감사했다. 그런 것을 근간으로 내면 중시, 농(農)과 생명에 대한 관념을 귀히 여기게 되지 않았나 생각하며 살아간다.

이렇게 진행하던 실습 기간을 2주로 줄인 것은 전교생 생활관 교육을 하는 학교의 특성 때문이다. 집을 떠나 학교에서만 생활하다 방학에 실습까지 하다 보니 말만 방학이지 방학이 거의 없는 것을 학생들이 견디기 어려워했다. 또, 학사 일정 운영에 전교생이 참여해야 하는 필수적인 활동들이 있는데, 2학년 한 학년이 없는 상황에서 학기를 마무리하는 것도 애로가 많았다. 지금은 자연스럽게 정착되었지만 실습기간 단축에 따른 문제도 있었다. 워낙 기간이 짧다 보니 오고 가고 일에 적응하다 마는 것 아닌가 하는 실습 효과에 대한 우려와, 농가에 실질적 도움이 되지 못한다는 실효성 문제까지 대두되었다. 농사의 고됨과 자연의 원리를 통한 깨우침, 농장운영자를 통한 감화 같은 정신적 차원의 배움도 더운 여름에는 의미 있게 행해지기 어렵다는 아쉬움이 논의되었다. 특히 2학년이라는 시기는 풀무학교 환경에서 가장 크게 흔들리는 좌충우돌의 시기다. 갈등과 고민 속에 괴로워하다 이 현장실습 기간을 거치며 몰라보게 성장하는 것을 경험했기에 학교 교육 차원에서도 새롭게 고민하는 지점이기도 했다.

그런 데다 기후 문제가 본격화되면서 한여름에 어린 학생들이 땡볕에서 힘들게 견디며 일하는 것에 대한 우려도 있었다. 실제로 그 시기는 농가에서 풀 베고 논밭 매는 것밖에 할 일이 그다지 마땅치 않아 학생이나 농가가 서로 만족스러운 상황이 아니었다. 그런가 하면 시대와 현실의 변화에 따라 일을 대하는 학생, 일을 시키고 가르치는 농장 주인들의 변화도 적지 않아 새로운 어려움으로 다가오기도 했다. 이런저런 문제 제기와 여러 평가를 거쳐 조금씩 변화를 시도했다. 학사 운영상 쉽지 않지만 농번기인 5월로 실습 기간을 옮기게 된 이유다. 일을 배우러 간다는 원래 목적을 분명히 하고 식비 정도의 최소 비용을 실습지 농가에 지불하며 지도를 부탁하는 형태로 바뀌었다. 이런 일련의 과정에서 학생들끼리 의견 불일치와 갈등을 겪기도 했지만, 변화에 따르는 불가피한 일이라 생각하며 지나왔다. 이런 즈음엔 휴대전화가 일반화되어 그에 따른 구체적인 지도 사항까지 학교와 농가의 협력이 순조롭지 않기도 했다.

또 누구나 직면한 코로나 상황으로 2020, 2021년엔 이동에 제한을 받게 되어 홍동지역에서만 실습을 해야 했다. 더구나 2020년엔 1학기 등교가 원만치 않아 부득이 9월에 현장실습을 할 수밖에 없었다. 장소 선정과 생활지도에 어려움도 있고, 학생들의 불만과 아쉬움이 컸지만 주어진 여건 안에서 최선의 방법이었고, 가까운 곳이라는 장점도 있었다. 3~4명이 한 농가로 가다가 지역에선 남녀 구분하는 정도로 배정할 수밖에 없어서 학생들이 실습이라기보다는 야영이나 여행을 하는 정도로 느끼는 듯했다. 앞서 말한 현장실습의 교육적 효과에 대한 기대와 실습 농가 현실이 많이 달라 새로운 모색이 필요한 시점까지 왔다고 생각한다.

현장실습은 실업부에서 주관하여 진행한다. 실습할 적절한 장소를 정하면 학생들의 신청을 받고, 개인 상담을 거치며 인원을 조정하고, 모두 결정되면 가는 학생들의 특성을 실습지에 간단히 알리며 지도를 부탁하는 편지를 보낸다. 학생들이 쓸 실습일지를 만들고, 여러 번 주의사항을 안내하는 것까지 섬세하게 챙길 일이 많다. 한때는 명실공히 의미 있는 일로 여기며 장소 섭외, 실습지 순회지도까지 정농회의 협력을 받은 일이 있었지만 효과적이지는 않았다. .

학생들이 가 있는 곳으로 실습 기간 중간쯤 실업부 선생님들 중심으로 현장지도를 한다. 실습의 의미를 고려해 부모님의 실습지 방문이나 연락은 하시지 않도록 안내하는 건 물론이다. 한때는 모든 선생님이 실습지마다 나누어 참여하기도 했고, 홍동지역에서 실습할 땐 선생님들이 돌아가며 날마다 당직근무를 하면서 지도했다.

실습 갈 무렵이면 게시부는 현관 게시판에 갈 장소, 가는 사람의 다짐 한 마디씩을 적어 분위기를 조성한다. 때맞춘 전교회의 시간에는 지난해 간 장소와 사람들 소개에 이어 당부할 것들을 말한다. 이어서 그해 갈 곳에 따라 실습 가는 사람들이 다짐을 말한다. 걱정이 많고 가기 싫다고 하다가도 이 자리에서 그런 말을 듣고 하다 보면 여행이라도 떠나는 사람들 같다. 2주 실습을 마치고 오면 가서 일한 내용, 배우고 생각한 것들을 전교생 앞에서 발표한다. 이 또한 점차 학급 하나되기나 무슨 여행 다녀온 듯 재미 위주로 발표하는 분위기여서 우려도 하지만, 분명한 변화이기도 해서 이해하고 수용해야 할 새로운 과제라고 느낀다. 아무러나, 이 발표는《풀무》지(*1년에 4회 발행되는 학교 소식지)에 추려 실어 풀무교육을 함께 생각하는 이들과 공유한다.

2학년 재배교과 이름으로 진행하는 현장실습은 앞으로도 형식과 내용 모두 평가와 협의를 거치며 풀무교육의 알맹이로 채워 가야 할 중요한 부분이다. 밥이며 먹을 것들이 어디서 어떻게 오는지를 농사일의 현장에서 흙내 땀내 물씬 맡으며 보고 배우는 것은 교육의 필수항목이어야 하기에 그렇다. 나아가 농사가 직업으로 어떻게 가능한지도 고민하며 배울 기회가 된다. 더욱 중요한 것은, 이런 경험을 거치며 사람됨의 기초가 될 인문과 실질의 합일을 구체적으로 생각하고 느낄 수 있는 감수성을 얻는 일이다.

해마다 현장실습 발표는《풀무》지에 실리지만, 멀리 가서 참여한 2016년 실습 소감 한 부분과 코로나로 9월에 홍동에서 진행한 실습 소감이 어떻게 다른지 엿볼 수 있길 바라며 덧붙여 본다.

현장실습을 다녀와서

▶ ▶ ▶ 김매기나 택배 싸는 법을 터득하게 되고 인간 쟁기도 해봤다. 이번 실습으로 일머리와 일근육(?)이 생긴 것 같아 나중에 농사지을 때 좀 더 잘할 수 있지 않을까 싶다. 실습에선 여러 원인으로 딱 하루 머리가 생애 가장 (농담이 아니다!) 아팠던 거말곤 나름…, 꽤 열심히 했다고 생각한다. 일 끝나면 피곤해 일찍 잠들긴 했지만 일하면서 힘들다 느끼진 않았다. 평소 날 생각하며 걱정해준 사람도 있는데 일하는 동시에 머리에 온갖 잡념, 고뇌가 찾아오지도 않았다. 오히려 새벽 공기와 흐르는 땀, 정신을 한 곳에 묶어둘 수 있어 좋았다.

주인 언니가 유경험자로서 실습 온 우리 학생들을 배려해서 짠 일정 덕분에 지루하지도 않았고, 일하는 것뿐만 아니라 많은 걸 배울 수 있었다. 2주간 하루 이틀 빼곤 건강한 음식들을 먹을 수 있었다는 것도 행운이다. 넷이서 간 실습이었기에 '으쌰으쌰' 해서 힘들지 않게 혹은 덜 힘들게 할 수 있었다.

여러 일을 겪으며 결과적으로, 혹은 지금으로선, 찰나이지만, 인간의 감정을 이해하고 인정하게 되었다. 인간에 대한 이해를 조금이나마 하고 앞날을 살아가게 되어 다행이다. 인정하고 나니 새로운 길이 보인다. 단순히 실습 기간, 그 이전 일들이 쌓인 것이라기보단 방학 동안 그런 배움을 주려고 강도 높게, 농도 짙게 '일'들이 마련되어 있었던 것 같다. 알아갈수록 모르는 게 많다. 그래서 나아가야겠다. 마주하면서.

_ 학생 글(2016. 8.)

▶ ▶ ▶ 현장실습 떠나기 전에 했던 당찬 다짐대로 열심히 살다 왔습니다. 후회도 미련도 없이 주어진 것을 완벽히 누리며 살았습니다. 맡은 일들도 열심히 하고, 친구들이 쉴 때도 쉬고 싶은 마음을 꾹 참으며 풀 한 포기라도 더 뽑으려 노력했습니다. 언니들의 조언대로 선생님들의 말씀을 경청하는 마음가짐으로 들어 얻은 것들도 정말 많습니다. 몇십 년 농부 인생을 2주 동안 조금이나마 배울 수 있어서 뿌듯합니다.

그리고 꼭 무언가를 배우고 깨우치기보다도 계속 일만 하는 것, 사색에 잠겨서 나를 돌아볼 수 있었던 것도 정말 뜻깊은 경험이었습니다. 학교에서와는 다르게 늦잠을 자고 방도 더럽게 지내보는 것도 잠시 일상에서 벗어났다는 것을 맘껏 느끼게 했습니다.

작년과 다른 장소와 방식에 많이 실망했지만 이렇게 일곱 명이서 드넓은 밭을 제초하고, 좁은 트럭에 끼어 타기도 하고, 같이 쉬면서 영화도 보며 우정도 쌓고, 고민도 알고. 몰랐던 모습까지 볼 수 있어 좋았습니다. 처음으로 허리에 붙여본 파스가 정말 시원하게 느껴지는 실습이었습니다. 창업을 하고 이 실습일지를 받았을 때 좋은 기억만 남을 것 같습니다.

_학생 글(2020. 9.)

▶▶▶ 처음에는 전공부에 가는 것이 많이 걱정되었습니다. 하지만 괜히 걱정했나 싶을 정도로 좋은 사람들과 즐겁게 실습했다고 생각합니다. 특히 실습할 때 선생님께서 해주시는 말씀들이 놓치면 아쉬울 정도로 정말 좋았고, 씨앗 이야기를 들으며 씨앗의 소중함을 깨닫고 생각해 볼 수 있었습니다.

농번기가 아니라서인지 생각보다 일을 많이 하지 않아서 아쉬웠지만 일을 하지 않은 만큼 전공부 사람들과 이야기를 나눌 수 있어 좋았습니다. 2주간 학교에서 하지 못한 실습을 보충하고 학교에서는 해보지 못했을 생각들을 해본 좋은 시간이었습니다.

_학생 글(2020. 9.)

현장실습을 앞둔 학생들의 다짐

실습 떠나기 전 전교회의 시간에 실습 떠나는 다짐을 말하고 격려하는데, 그 전에 게시부에서는 학생들의 생각을 받아 정리해 공유한다.

학부모 진로교육
부모님께 듣는 인생의 방향과 길

풀무는 부모님과 함께 하는 학교다. 보통 학부모가 학교에 관심이 많으면 드세고 극성스러운 간섭이나 요구를 연상하기 쉽지만 그런 것과는 확실히 다른 성격의 적극적 참여로 함께한다.

전교생 생활관 학교에 자녀들을 맡긴 상태에서 학교 교육에 어떻게 협력하고 지원할까 고심하며 마음을 내어 주시는 일이 많다. 그런 전통으로 이어가는 것이 풀무교육의 큰 힘이다.

그중 학부모 진로지도는 학교를 굴리는 학부모회라는 바퀴 역할이 실질적으로 이루어지는 가장 눈에 띄는 일이다. 부모님들의 자발적 의견, 배려와 관심을 씨앗으로 1990년대 말부터 학부모회 제안으로 시작되었다. 지금은 학교의 고유한 특성이 된 이 행사는 학교에서 준비하고 계획해 학부모회의 도움과 협력으로 진행한다. 부모님들 직업과 종사하시는 분야에 맞추어 적절한 강사를 주선하고, 부모님 중에서 섭외가 어려우면 수업생이나 외부 강사를 모시기도 한다. 기간은 학교행사가 조금 잠잠한 6월 셋째 주로 하고, 상황에 따라 3일 또는 4일 동안 묵학시간에 진행한다. 냉방시설이 갖추어진 지금은 상상하기 어려운 무더위, 모기, 날벌레들과 싸우며 강의가 이루어지던 풍경이 스쳐 지나간다.

학교에서는 교무부 주관으로 진로지도를 운영한다. 학생들이 듣고 싶어 하는 분야를 정해 학부모회에 알리고, 정해지면 그에 따른 희망 학생 신청을 받는다. 누구나 강의 하나는 꼭 들어야 하고, 시간만 맞으면 원하는 대로 들을 수 있다. 신청을 다 받으면 알린 조건에 맞추어 인원 조정을 하고, 강의할 교실을 정하고, 강의를 듣지 않는 사람들은 묵학을 하게 하는 등의 실질적인 지도를 한다. 강의 시간 전 인원 확인, 교실 정리 등 그때그때 필요한 사항은 학생들 도움을 받는다. 강의 날에는 학부모회에서 한두 분이 오셔서 강사 소개를 하고, 강의를 함께 들으신다. 강의 원고는 필요 여부를 협의해 《풀무》지에 실어 공유하기도 한다.

진로지도를 모두 마친 뒤엔 평가를 받는다. 평가 결과는 교사회의, 학부모회와 공유하고 다음 해 강의 계획에 반영한다.

학부모들은 직업이 다양하면서도 물질 중심의 현대사회 문제 해결과 생태적인 삶을 위해 애쓰는 분들이 많아 풀무 교육의 정신을 구현하는 데에도 의미가 있고, 진로교육에도 큰 도움이 된다. 여러 분야 가운데 유기농업, 교육, 예술, 심리 상담 분야 강의는 해마다 듣다시피 했고, 최근엔 여행, 글쓰기, 요리 등 시대 흐름을 반영하는 듯한 분야도 희망하는 사람이 많다. 진로지도 활동이지만 생활 상담, 가치관 교육이 이루어지는 시간이기도 해 여러모로 뜻깊은 기회다.

해마다 새로운 일이고 쉽지 않게 이루어지지만 돌아보면 진행 과정, 평가 결과는 대체로 비슷하다. 학생들이 평가 때 말하는 장단점은 보완하면 하는 대로 다음엔 장점을 단점으로, 단점을 장점으로 느끼기도 한다. 이런 현상을 보며 학생들 의견을 최대한 수렴하면서도 교육적으로 의미 있다고 생각하는 줄기를 지키는 선에서 진행하는 게 중요하다고 생각한다. 어떻게 하든 불만과 문제는 생기기 마런이므로 필요하면 설득하고, 소신껏 내실 있게 진행해 가노라면 넓은 이해 속에 새로운 지평이 열리리라 판단해서다.

무엇보다 어떻게 살아야 하나, 고민 많은 시기에 그 구체적 희망이 되는 부모님들의 삶을 진솔하게 나누며 방향을 구상할 수 있도록 도우려는 것에 의미를 둔 처음 먹은 마음을 귀하게 볼 일이다.

참고로 2017년 진로지도 운영계획을 옮겨본다. 늘 비슷한 협력과 지원으로 꾸려 가지만 이 해는 어느 때보다 적극적으로 계획부터 운영까지 협력했던 기억이 난다. 내용 앞뒤를 상상해 보면 좋겠다.

2017학년도 학부모회 진로교육 운영계획

1. 목적

1) 학생들이 진로를 결정할 때 바탕이 되는 가치관과 실질적인 준비과정, 그 직업에 따른 보람과 어려운 점 등을 친밀감을 느낄 수 있는 부모님께 들으며 진로지도의 효과를 높이려 함.

2) 학교를 움직이는 다섯 바퀴 중 하나인 학부모회의 연간 활동 중 하나로 교육활동에 직접적인 도움을 주는 기회가 됨.

2. 시기: 2017년 6월 셋째 주 4일 동안.

3. 방법

1) 학생들이 부모님께 듣고 싶은 분야를 정해 학부모회에 알리고, 그에 따라 강사를 섭외하여 희망하는 사람이 강의를 듣는 형식으로 진행함.

2) 강사 소개, 강사비 등은 학부모회에서 담당하고, 학교에서는 선물을 준비함.

3) 강의 시간에 학우회에서 출석을 확인하고 교실 뒷정리 등 협력함.

4. 구체적인 계획

1) 6월 19일(월) – 주제: 농업–유기농업, 새로운 농업기술, 경영, 준비할 것

　박종관(향유네 포도, 1·향유 아버지) – 유기농업, 가치 지켜나가기, 시행착오, 경영(가공, 판매, 가능성)

　박종범(가업을 잇는 농민청년들) – 농촌컨설팅, 유통

2) 6월 20일(화) – 주제: 상담심리

　최정도(한얼심리치료연구소, 3·병준 아버지)–다른 사람의 이야기를 들어주는 것에 대한 이야기, 느낌, 사례, 보람, 운영

3) 6월 22일(목)–주제: 마을–마을을 통한 협력(기구), 주민들이 만드는 마을, 공정한 삶, 삶 속의 신앙

　임영신(이매진피스, 3·시원 어머니) – 도심에서 마을 만들기, 도서관, 카페, 지역사랑방, 운영, 후원자 모집 등

이영미(완주 공동육아협동조합) – 마을 만들기의 의미, 과정, 배운 점, 활동가, 협동조합

4) 6월 23(금) – 주제: 음악

이길승(싱어송라이터) – 노래의 힘, 현장과 노래, 어떤 이야기를 노래하나?, 평화와 노래, 보람, 가치를 지켜가는 음악의 가능성. 그리고 미니 콘서트

학교 교육의 주요 주체 중 하나인 학부모회에서 실질적으로 학생들 교육에 참여하는 '학부모 진로지도' 시간. 부모님 직업 중 학생들이 듣고 싶은 분야를 정해 학부모회와 소통하며 강의를 마련하고, 6월 셋째 주 저녁에는 강사분들이 학교에 오셔서 학생들을 만나 인생의 방향과 의미를 나눈다.

배움 나들이
학교 밖에서 보고 배우는 새로운 경험

학생들이 좋아하는 것은 무엇일까? 학교 안 오는 것? 공부 안 하는 것? 이 두 가지에 다 해당하는 것은? 소풍 가는 날 아닐까? 학교에서 놀러 가는 것… 특별한 경우 아니면 다들 좋아하고 기다리며 맞이하는 학교행사 중의 하나가 아닐까 생각한다.

소풍은 학교 밖 경치 좋은 곳으로 나가 몸을 움직이고 자연을 관찰하며 도시락도 먹고 하루를 즐겁게 보내는 것을 목적으로 하는 일이다. 보통 학교에서는 봄가을에 걸쳐 일 년에 두 번 다녀온다. 학교 다니는 3년 동안 한 번은 특별히 수학여행이라는 이름으로 며칠 동안 다녀오는 여행 형태의 행사가 있다. 이런 기본 틀은 유지하며 각급 학교에서는 다양한 형태의 학교 밖 학습의 기회로 활용한다.

모든 교육과정에 특별한 의미를 두고 실시하는 풀무의 소풍, 수학여행 또한 색다른 편이다. 당시 현실과 경제적인 여건, 학생들이 처한 상황 등이 반영되어 해마다 조금씩 달라지긴 했어도 큰 틀은 크게 달라지지 않았다.

제대로 기억나진 않지만 학생 때는 봄엔 가까운 곳 둘러보기, 가을엔 유명한 산에 다녀오는 것이 큰 방향이었던 것 같다. 가까운 곳에 갈 때는 널리 알려진 관광지가 아니라 사람들이 잘 찾지 않는 장소를 자세히 돌아보거나, 농업의 흐름을 알 수 있게 하는 농장을 견학하는 것이었고, 가을엔 학년별로 계룡산, 속리산, 설악산을 다녀오는 형태였다.

수학여행 관련한 교통사고나 큰일이 생기면 여지없이 학교도 영향을 받는다. 무슨 일이 있었는지 모르지만 나 때는 3학년 때 설악산만 다녀왔다. 봄철에 장항선 비둘기호를 신성역까지 걸어가서 타고, 지금 아리랜드로 유명한 서천 수선화 농장에 다녀온 적이 있다. 설악산에는 3학년 모두와 담임 최성봉 선생, 당시 회화교사 케빈 갤리거 선생이 동행했다. 솥단지까지 싸 들고 가서 밥을 지어 먹으며 권금성, 비선대, 울산바위까지 다녀왔는데, 설악산 맑은 물과 어린 우리, 젊으시던 선생님 모습밖에 앞뒤로 자세한 기억이 없어 아쉽다.

선생으로 돌아와서도 비슷하게 운영되었다. 1학년들과 계룡산 대신 부여를 다녀온 적이 있고, 2학년 담임을 할 땐 학생 10명과 속리산에 다녀왔다. 휴~, 생각하면 참 어이없는 시절이다. 수학여행이 큰 사업이 되다시피 하던 당시 우리 같은 작은 무리는 어떻게 몸 붙이고 존재할지 알 길이 없었다. 대형버스가 즐비하고 여관마다 학생으로 넘쳐나는 곳에서 우리는 민박집에 들었던가, 뭘 어떻게 먹으며 지냈는지 기억이 없고, 그 화려한 분위기와 아우성, 버스길 멀미에 시달리던 학생들 모습만 어렴풋이 떠오를 뿐이다.

그 뒤로도 지도교사로 설악산 수학여행에 동행한 일이 있는데, 1986년 4월 26일 체르노빌 핵발전소 사고 소식을 어렴풋이, 흉흉하게 들으며 다들 비닐 우비를 입고 불안해하던 기억만은 또렷하다.

학교에서는 이런 사회적 흐름을 읽으며 조금씩 변화를 두기 시작했다. 봄에는 전교생이 함께 현장 견학을 하고, 가을엔 풀무제를 마치고 모두 함께 산에 다녀오는 것으로 방향이 정리되었다. 수학여행은 2학년 때 다녀오기로 했고, 동북아 형제 나라인 일본·중국 다녀오기, 우리나라 주제여행 등 다양한 형태를 시도했다.

봄에는 3년 단위로 우리나라 식물 분야에서 의미 있는 장소를 한 번씩은 다녀오면 좋겠다는 데 뜻을 두고 국립광릉수목원, 천리포수목원과 신두리 사구를 기준으로 그때그때 상황을 고려해 다녀왔다. 전주식물원, 태안의 야생화농장, 안면도 꽃지 꽃박람회, 괴산 유기농 엑스포 등도 다녀왔다. 광릉수목원은 배울 거리가 많고 학생들도 좋아하는 곳이지만 너무 멀어 평가 때마다 아쉬워하는 말이 나왔다. 그 뒤로는 봄철에 학년마다 자연체험, 현장실습, 주제학습이 진행되기도 해 큰 틀에서 선택과 집중을 지혜롭게 해야 할 듯싶다. 더구나 코로나 상황으로 두 해 동안 멈췄기에 지난 길을 돌아보며 새로운 대응 방법을 찾아가야 한다.

봄 견학을 비롯해 버스를 빌려 바깥나들이를 갈 때 학생들의 자치적인 움직임은 가히 눈부시다. 생활관에서 점심 도시락 준비하는 것부터 각 부서대로 구급약 준비, 쓰레기봉투 챙기기, 홀짝 번호 좌석 배치 등 맡은 책임을 착착 수행한다. 휴게소에 들르거나 잠시라도 내렸다 타면 이름 확인도 확실하게 해 선생님은 그저 지켜보다 묻는 말에 답변만 하면 되는 정도다. 그렇게 느끼며 동행했다. "학생들 말이 순하고 욕도 안 하고, 쓰레기 정리를 깨끗하게 한다"라는 등의 버스 기사님의 칭찬도 달콤하게 느끼며.

충남에 있는 학교인 만큼 명산인 계룡산은 가야 한다고들 했지만, 산행은 가을에 두어 번, 대둔산과 홍성의 명산 오서산 정도로 그쳤다. 학생들이 걷는 걸 힘들어하고 산을 대하는 태도가 사람마다 달라 전체 행사로 등산은 무리가 있다는 게 주된 평가였다.

수학여행은 42회 때부터 이름을 '배움 나들이'라 바꿔 쓰기 시작했다. 이즈음부턴 동북아 형제 나라 3국이 서로 배우고 교류하는 차원에서 일본과 중국을 번갈아 다녀오면 좋으리라는 뜻으로 시도했지만 높은 물가와 현실적 여건으로 일본은 39회 때 한 차례만 다녀왔다. 중국은 베이징을 중심으로 일반 관광지를 다녀온 뒤 평가를 거쳐 이왕이면 의미를 찾는 쪽으로 추진하기로 해, 당시 유행이기도 했던 고구려 유적지 탐사와 연변 기행을 몇 해 진행했다. 중국 체류 수업생과 여행사를 운영하는 수업생의 도움을 받아 계획·실시했고, 학생들은 기행 전에는 배움 나들이 자료를 조사하고 기행 후에는 소감을 문집으로 엮어 활용했다.

그 뒤 학생들 수학여행으로 해외여행이 일반화되듯 하고, 사고도 생기고, 환율에 따른 경제적인 문제가 생기는 등 여러 어려움이 나타나 우리만의 독자적인 신택과 실천은 쉽지 않았다. 자연스럽게 국내에서 환경, 역사, 평화를 주제로 장소를 정해 공부하며 다니는 여행을 추진했다. 결정은 거의 학생들 협의를 거쳐서 하고, 준비와 공부는 모둠별로 꽤 오랜 시간 진행한다. 담임, 행정실은 사전답사를 다녀오고, 학부모 통신, 숙소 예약 같은 실질적 업무를 돕는다.

국내에서는 주제별 여행을 하기에도 적절하고 풍광도 아름다워 단연 제주도를 선호했다. 한때는 현장실습을 5월로 옮기며 9월에 가게 되어 태풍을 만나 예정보다 길게 머물게 된 사건(?)도 있었다.

코로나 상황에서 제주도는커녕 숙박 자체가 안 되고 충남에 한정해 당일만 허락되는 조건에서 배움 나들이를 진행했다. 궁하면 통할 길이 생긴다고, 그 여건에서 최선의 방향을 찾아 나름대로 큰 배움과 깨달음을 얻은 듯하다. 앞으로는 어떤 상황을 만나게 될까?

어떻게 운영하든 바탕이 되는 정신이 무엇인지 생각해 볼 일이다. 학생 시절에도 그 뒤에도 이런 나들이에 깃든 정신이며 의미를 따로 특별히 새긴 일은 딱히 없는 듯하다. 그러나 학교에서 왜 그리도 명산대천의 아름다운 대자연을 중시하고, 직접 발 디디며 보고 느끼길 강조할까를 막연히나마 느끼며 생각했다.

우리 조상들은 명산대천의 정기를 받아 사람다움이 형성된다고 생각한 데다가, 풀무학교의 정신적 토대와도 같은 김교신 선생의 생각을 읽고 본받으려 하시던 초창기 선생님들의 의도적인 선택이 아니었을까 한다. 나라 빼앗긴 시절에 학생들을 가르치시던 그분은 교실에서 '조선의 국토는 산하 그대로 조선의 역사다. 그리고 조선인의 정신이 이 땅에 깃들어 있다. 조선인의 마음, 조선인의 생활의 자취가 고스란히 이 국토 위에 박혀있다. 자기를 분명히 알아가는 일이 인생의 근본인즉, 상급생을 따라 '무레사네'에 참가하여 하루 휴일을 값있게 보냄도 좋을 것'이라고 하셨다. '무레사네'란 자연과 역사 유적을 답사하는 동아리로, '물에 산에'를 가리키는 말이다. 또 1934년 9월 9일 일기에는 이렇게 썼다.

"이튿날 수십 명의 어린 생도들과 함께 장충단, 남소문, 한강 도선, 압구정리, 봉은사, 양재천으로 일주하여 다시 한강을 건너면서 풍경을 감상하며 역사적 유적을 탐방하고 또한 인생을 논한다. 다니면 다닐수록 이 강산의 아름다운 풍경에 놀라지 않을 수 없다. …우리로서 말하라면 천국의 광경도 필경 우리 서울 교외 아니면 반도의 금수강산과 흡사한 것이 아닐까 한다. 못 믿는 이는 우선 만나면 만날수록 친밀해지는 우리 강산 물에 산에 친근하여 볼 것이다."

자신을 알고 자신의 몸과도 같은 민족을 알려면 우리나라의 자연을 제대로 알아야 한다는 생각, 나아가 동양에선 젊은 시절 호연지기(浩然之氣, 마음에 차 있는 너르고 크고 올바른 기운)를 길러야 한다고 생각했으므로 풀무학교에서도 이런 정신이 구현되길 바라셨을 것 같다.

이런 인식을 각자 새로이 하는 것부터가 중요하다. 가까운 데서부터 잘 알고, 아끼고, 보호하며, 자연에서 큰마음을, 역사 유적에서 지혜를 터득하려는 마음을 품을 일이다. 그럴 때 배움 나들이는 의미 있게 되고, 참여하는 사람 모두 보람과 기쁨 얻게 된다. 그렇게 새롭게 생각하고 참여하는 사람이 희망이다.

학교 밖 배움의 역사도 깊다. 학년마다 가을에 명산을 탐방하다가 상황이 여의치 않아지며 3학년 때만 수학여행을 다녀왔다. 1978년 3학년들의 설악산 수학여행.

교육과정 운영상 2학년 때 수학여행을 했고, 42회 때부터 학생들이 수학여행을 '배움 나들이'로 바꿔 쓰기 시작했다. 해외여행도 가능하던 시기여서 고구려 유적지, 백두산, 조·중·러 국경인 방천 등지를 둘러보며 역사와 통일 의지를 새겨보기도 했다. 44회 배움 나들이 때 장군총 앞에서.

풀무제
가꾸고 거두어 나누는 가을 잔치

이렇게 힘든데 이게 축제 맞느냐 따지는 학생들도 있다. 맞다. 축제인 풀무제는 참 힘들다.

풀무제라는 축제는 보통 '정해진 날이나 기간을 축하하여 흥겹게 놀고 즐기는 것'보다는 축제라는 말의 다른 의미인 '어떤 대상이나 분야를 주제로 하여 벌이는 대대적인 행사'에 해당한다고 볼 수 있다. 실제로 맘 편히 놀며 즐기기보다는 더 바쁘게 긴장하며 지내는 때여서다.

풀무제라는 이름은 1984년부터 썼다. 만 1년이 되는 1985년부터 1회로 매겨 2021년 37회 풀무제를 마쳤다. 처음엔 그동안 해오던 국화전시회 중심으로 기념 예배, 시 낭송, 노래 정도의 비교적 간단한 내용으로 진행했고, 기숙사 학생 중심으로 저녁엔 마당극 공연을 한 일도 있다. 그렇게 해가 지나며 모두가 함께 사는 생활관 교육이 시작된 것도 하나의 이유인 데다가, 주제를 정해 전체가 같이 공부하고 결과를 한눈에 볼 수 있도록 전시하면 좋겠다는 의견을 중심으로 구체적인 방안을 논의하기 시작했다. 김치, 마을, 쌀, 콩 등을 주제로 정해 전문가 인터뷰도 하며 공부한 내용을 전지에 쓰고 그려

붙여 전시하는 형식으로 지금의 '주제관'을 구성했다. 학생관 나눔반 공간, 본관 교실 하나를 정해 주제에 맞는 작품을 만들어 게시하고 설치하느라 추위에 떨며 밤늦게까지 하면서 걱정도 들고 보람도 느끼며 지나온 기억이 있다. 유감스럽게도 당시엔 문집으로 기록을 남기지 않아 구체적인 내용은 기억에 의존할 뿐이다.

이때 이런 전시와 공부는 전적으로 2학년이 감당했다. 해가 지나고 풀무제 경험을 쌓아가며 평가하고 내용을 보완하는 과정에서 지금처럼 학우회가 전체를 주도하여 전교생이 참여하지만, 2학년이 주제공부의 주축이 되기 때문이라고 볼 수 있다.

지금 남아 있는 문집은 제21회 풀무제(2005년) 때부터다. 이때부터 주제는 1학기에 정하고 9월에 공부방식, 문집 발간 같은 구체적 업무를 정해 전교생이 참여한 것을 알 수 있다. 점차 학우회 주도로 운영하지만 실질적인 운영, 주제관 전시, 종합발표 등 세부 내용은 풀무제운영위원회를 꾸려 타당성을 논의해 결정하고, 큰 틀은 전교회의에서 정하기도 하며 오늘에 이르렀다.

풀무제는 종합적인 성격의 축제다. 10월말이라는 시기에 맞게 추수 감사의 의미와 함께 학생들 동아리, 학급, 특별활동 부서들이 1년 동안 공부하며 쌓아온 내용을 나누며 기쁨과 보람을 함께하는 날이었다. 게다가 지역과 함께하는 학교를 표방한 만큼 지역주민과 함께하는 일에도 큰 의미를 두었다. 지역주민의 학교 이해도가 낮고 실제로 방문하거나 교류할 기회가 없었기에 무엇을 어떻게 해서 참여하게 할 수 있을까 많은 논의를 하며 다양한 시도를 해왔다.

행사 첫날 팔괘리 노인정 어르신들을 학교에 모셔서 풍물 공연, 노래 불러 드리기 같은 학생들 '재롱잔치'를 하고, 주제관 안내를 하며, 떡과 과일을 대접하고 작은 선물을 나누기도 했다. 방식을 바꾸어 송풍 노인정 중심으로 점심 대접과 말벗해드리기를 하고, 정성을 담은 선물을 나눠드린 일도 있다. 어르신 모시기는 어르신들이 연로하셔서 이동에 어려움이 있고, 학생들이 공부한 주제나 활동엔 큰 관심이 없으신 것 같아 그런 형식의 행사를 지속할지에 대해 여러 면에서 논의와 평가를 거쳤다.

그 밖의 지역주민 참여는 행사 마지막 날 하는 바자회였다. 초창기부터 최근까지의 수업생 방문도 많아 토요일은 축제의 일차적 의미처럼 흥성흥성한 분위기가 넘쳐나기도 한 날이었다.

그 뒤엔 어르신 모시기보다는 지역 학교와 교류하면 좋겠다는 제안들이 있었다. 첫날 주제발표를 마치고 오후에 갓골어린이집, 홍동·금당초등학교, 홍동중학교와 소통하며, 학생들이 다녀가도록 계획해 진행했다. 2학년 학생들이 주제관과 전시관을 안내하고 자그마한 선물도 준비했다.

어르신 모시기, 점심 대접, 학생들 초대 같은 지역과 함께 하는 분야는 복지부에서 주관하고 선생님과 다른 부서들의 협력으로 진행했다. 이것이 지금의 '도란도란' 형태로 남았는데, 코로나 상황으로 중지되어 어떻게 이어갈지 머리를 맞대야 할 듯하다.

지금까지 말한 주제, 주제관과 관련한 것 말고도 일 년 중 가장 큰 행사인 풀무제는 보통 3일 동안 이어진다. 예전 국화전시회 일정과 같이 해마다 10월 마지막 주 목~토요일로 정한다. 학생들이 축제를 선포하고 여흥을 즐기는 전야제를 시작하며 실질적으로는 수요일 저녁부터 시작해 첫날 예배, 주제발표, '지역과 함께', 둘째 날 민속놀이(지금의 대동놀이), 토요일에 종합발표를 한다. 거의 고정적으로 이어오던 이 일정은 최근엔 학생들 협의로 날짜도, 행사 내용도 옮겨가며 조정해 진행한다. 생활문제로 애초에 정한 주제가 긴급회의를 거쳐 변경된 일도 있고, 이른바 '도난문제' 발생으로 행사를 하루로 줄여 운영한 적도 있다.

둘째 날의 대동놀이는 경쟁 성격의 구기종목 중심 체육대회와 달리 전교생이 하늘, 땅, 사람 3모둠으로 나누어 협력하며 다 같이 즐기는 전통놀이 위주로 진행한다. 체육부 주관으로 학생들 의견을 수렴해 놀이 종목을 정하고, 뒤운동장에서 맘껏 뛰논다. 우리 놀이 찾기, 개발, 현장 지도 같은 내용 보완은 필요하다. 어쨌든 축제 중간에 몸과 마음을 쉬어가며 충전도 하고 민족, 전통이라는 뜻도 살리는 참 좋은 날로 가꾸어갈 일이다.

토요일 종합발표는 오전에 강당에서 한다. 진행해 오며 토요일 시간에 감당하기엔 무리가 있어 연극반 공연을 금요일 저녁으로 옮겼다. 이 시간부터 부모님들이 참석하고, 공연 뒤 별도의 장소에서 학부모총회를 연다. 이때 다음 학년도 회장·학년 대표 등의 임원을 정하고, 토요일 발표에 참석하여 함께 즐기고, 마지막엔 합창으로 화답하신다.

그리고 기억해야 할 한 가지는 행사를 마치고 모두 함께 부르는 노래다. 수업생들이 방문해 참석해도 학교에선 언제나 그 노래를 부른다는 정서적 유대감과 전통을 쌓아가는 의미에서 하면 어떨까 하는 제안으로 시작된 일이다. 지금은 어버이날 행사, 풀무제 뒤에 모두 목청껏 부르게 되어 어느 정도 자연스럽게 느끼는 듯하다. 50회가 3학년일 때였고, 아카펠라 동아리 주도로 전교생 의견을 수렴해 평소 즐겨 부르던 〈함께 가자 우리 이 길을〉로 정했다. 행사 전에 4부 합창으로 두어 번 연습하며 이어가는 모습이 기특하고 대견해 보인다.

발표 뒤 학년별 전시 및 동아리 전시와 주제관을 돌아보고, 농산물과 옷가지와 지역 특산물 등을 사고파는 풀무 장터를 열고, 학교 식당 안팎에서 점심을 먹는다. 흥겨운 잔칫집 분위기가 넘쳐난다. 학생들 동아리에서 판매하는 시집, 과자, 차, 도자기 같은 것도 이 시간을 전후해 선보인다. 온라인 책 주문이 일반화되지 않았을 때는 책 판매도 했다. 풀무제 기념품 티셔츠나 손수건 같은 걸 제작하여 나누고 남은 것들을 판매하는데, 이 또한 인기가 있다.

점심 뒤 한마당 공연으로 풀무제는 막을 내린다. 행사가 끝나는 대로 모두 집으로 돌아가 어버이날 행사 때처럼 하루나 이틀 재량휴업으로 쉬고 돌아온다.

풀무제를 마치면 가을도 깊어가고 한해가 다 지난 듯하다. 전교생 모두 참여하여 배우고 나누며 내면이 풍요로워지는 이 특별한 경험은 흔한 일이 아니다. 작은 공동체 풀무골에서 간단치 않게 이루어지는 이런 일들은 그만큼 귀중한 일로 자리 잡았다. 전통이 되어 차곡차곡 쌓여온 토대 위에서 우리에게 적절한 모습은 무엇일지 깊이 파고들며, 나와 우리를 사유해 볼 기회로 잘~ 써야 할 일이다. 의미 없는 재미와 놀음이 차고 넘치는 시대다. 놀이, 우리, 일의 근원을 찾으며 좋은 삶, 좋은 세상 구현을 추구해야 한다. 모르는 새 더 나은 '나', '우리'가 되어 그런 힘을 낼 수 있도록 돕는 교육은 이렇게 여러 모양으로 역할을 다해야 하리라 생각한다.

상상과 창의력으로 방향을 모색할 자료가 되길 바라며, 그동안 펴낸 주제공부 자료집의 제목을 모았다. 자료집은 21회(2005년)부터 만들기 시작해 37회(2021년)까지 나왔다.

무작위로 선택한 26회 풀무제 안내문과 37회 풀무제 이야기도 덧붙인다. 세월에 따라 같고 다른 것은 무엇인지 살펴볼 자료가 되면 좋겠다.

풀무제 문집 제목

21회 우리말 우리글 – 밝은 누리 맑은 얼 2005

22회 먹거리, 사람을 만든다

23회 물과 더불어 사는 평민

24회 인권 – 함께 웃는 세상

25회 백두에서 한라까지 – 한반도의 분단 통일 평화를 생각하며

26회 에너지 – 풀잎으로 가는 세상

27회 경제 – 놀 궁리, 살 궁리, 먹을 궁리

28회 전쟁 – 총구 속에 핀 꽃

29회 농업 – 두렁 타고 온누리로

30회 탈핵 – 빛을 위해 빚을 잃다

31회 민주주의 – 우리 삶의 주인이 되어

32회 음식 – 우리 삶에 깃든 먹거리

33회 기후와 환경 문제(*생활관 물품 분실 문제로 풀무제 축소 운영, 문집 발간은 취소.)

34회 교육 – 참교육을 노래하며

35회 플라스틱 – 다시 썩을 날이 그리워

36회 페미니즘 – 우리가 우리를 우리라고 부를 때

37회 자본주의 – 자본(資本)을 주의(注意)하라

(2022. 3.)

제26회 풀무제 안내

가을걷이가 한창입니다. 유난히 심했던 무더위와 비바람을 겪은 뒤 맞이하는 결실 앞에서 대자연을 향한 고마움과 함께 인간의 위치를 다시금 생각해 보게 됩니다.

농촌에서 그동안 지은 작물을 거두듯 풀무에서도 살아온 한 해를 돌아보며 감사와 함께 그동안의 결실을 갈무리하는 작은 잔치 '풀무제'를 하려고 합니다.

스물여섯 번째 맞이하는 이번 풀무제는 '풀잎으로 가는 세상'이라는 주제로 대체·재생에너지를 중심으로 준비하였습니다. 공부해 온 학생들뿐 아니라 함께한 모든

이들이 지속가능한 사회를 이루어가려는 관심과 노력을 기울일 기회가 되면 좋겠습니다.

　풀무제는 아래와 같이 진행하려고 합니다. 두루 바쁘시겠지만 많이들 오셔서 격려와 함께 기쁨을 나누신다면 더없는 보람이 될 것입니다. 고맙습니다!

- 날짜: 2010년 10월 28일(목)~30일(토)
- 장소: 풀무학교 강당, 교실, 운동장 등 교정
- 작품전시: 풀무제 전 기간 – 주제관, 국화, 각 동아리활동 등 – 농업교실 쪽

세부 일정

27일(수) 19시~21시 30분 전야제 (밝은집 마당)	29일(금) 09시~16시 대동놀이 마당(운동장)
28일(목) 09시 30분~10시 여는 예배 (강당) 10시~12시 30분 주제발표(강당) 12시~ 어르신 대접(홍동노인회)	30일(토) 09시 30분~12시 30분 학생종합발표 (강당) 11시~16시 수업생 마당(운동장) 12시~ 바자회(야외무대)

(2011. 10)

제37회 풀무제 이야기

　10월 28일부터 30일까지 학교에서는 풀무제 행사를 했습니다. '자본주의'를 주제로 공부한 것을 나누고, 한 해 동안 열심히 살아온 삶을 나누는 시간이었습니다. 풀무 식구들이 바삐 움직여 풀무제를 준비하고 꾸린 이야기를 풀어보려 합니다.

'자본'을 '주의'하라

　지난 10월, 추수의 계절 가을을 맞아 풀무 식구들도 한 해를 거두고 배움을 나누는 풀무제를 했습니다. 여러 의견 가운데 함께 결정한 올해의 공부 주제는 '자본주의'입니다.

온 세계가 작동하는 방식인 만큼 모든 곳에 맞닿아있는 자본주의를 어떻게 풀어 공부할 수 있을까 의논했습니다. 너무도 광범위한 주제 앞에서 공부를 풀어내기가 막막했기에, 올해는 '책'이 안내해주는 길을 따라 자본주의를 둘러보기로 했습니다. 다양한 주제와 연결된 자본주의를 살피고자 제한 없이 여러 권의 책 중에서 읽고 싶은 사람들이 모여 팀을 꾸리기로 의견을 모았습니다. 그렇게 올해의 풀무제 공부 주제와 공부 방법에 대한 의견을 모은 것이 1학기가 끝나가는 7월 즈음입니다.

방학을 마치고 돌아온 2학기는 풀무제 준비로 온 식구들이 바쁘게 움직였습니다. 방학을 마치고 돌아온 지 3주가 지나고 더운 날씨가 조금씩 식어가던 9월 6일, 전교 회의에서 '자본을 주의하라'는 주제어로 풀무제 이름을 정했습니다. '주의(注意)'는 '마음에 새겨두어 조심함, 곁에서 귀띔하여 일깨워 줌' 등의 뜻을 품고 있습니다. 우리가 세상을 살아가는 너무도 당연한 방식인 자본주의(主義)와 돈·경제 논리를 돌아보고, 경각심 혹은 세상을 보는 눈을 일깨우며 살자는 의미로 그렇게 지었습니다. 고민하고 이름을 짓는 그 시간 동안 앞으로 공부하고 살아갈 날에 '자본'을 '주의'하며 살 마음을 모은 듯했습니다.

자본주의 사전공부와 책이 함께한 공동학습

본격적으로 공동학습 팀을 꾸리고 공부를 시작하기 전, 다 같이 세계 여러 나라에서는 어떤 경제체제를 선택하고 있는지 다섯 모둠으로 나누어 사전공부를 했습니다. 다들 생소한 주제와 지식을 공부하게 되어, 공부를 주도적으로 진행하는 2학년 친구들이 머리를 싸매기도 했습니다. 크고 작은 어려움을 지나 신자유주의, 혼합경제, 사회복지국가 등 여러 나라의 다양한 경제체제와 경제 정책을 공부했습니다. 공부한 내용을 간단한 발표로 나누며 '자본주의'의 중심을 이루는 '경제'가 굴러가는 모습을 어렴풋이나마 이해할 수 있었습니다. 이후 EBS에서 만든 다큐멘터리 《자본주의》를 함께 보고 이야기를 나누는 등 함께 사전지식을 얻었고, '자본주의'라는 추상적 주제의 모습을 각자 그려보았습니다.

사전공부로 '자본주의'에 대한 이해를 넓히는 동안, 자본주의와 관련하여 공부할 만한 책을 추천받았습니다. 넓게 연결된 만큼 다양한 주제와 내용의 책으로 추천 게시판이 가득 찼습니다. 그중에서 사람들이 고른 자본론, 심리, 식생활, 지역화, 역사, 기본소득, 감시 자본주의 등의 주제를 다룬 책 12권으로 공동학습 조를 꾸렸습니다.

'책'을 정해 풀무제를 하는 것이 처음인 만큼 헤매는 시간도 있었습니다. 공동학습 조를 꾸리고 책을 구매해 공부를 이어가던 도중 『감정 자본주의』라는 책이 자본주의 라는 주제와 거리가 멀다는 것을 깨달았습니다. 그러나 어려운 상황에서도 낙담하지 않고 같은 '심리' 주제를 다룬 책과 논문을 찾아 공부한 모둠 친구들 덕에 오히려 더 풍요로운 공부를 할 수 있었습니다.

9월 17일 첫 모임을 시작으로 다 함께 책을 읽고 이야기 나누며 공동학습을 진행 했습니다. 공동학습을 하는 동안 다들 자신이 공부하는 책 한 권씩을 옆에 끼고 살아 가는 모습이 참 미뻤습니다. 두꺼운 책과 어려운 문장에 끙끙대며 옆 친구와 쉬는 시 간마다 고민하는 모습도 보았습니다. 어려운 것은 친구와 나누고 선생님께 여쭈며, 또 스스로 고민하고 풀어가며 무르익어가는 벼와 함께 공부와 지식 또한 무르익어갔 습니다.

함께 나누고 즐긴 풀무제

10월에 들어설 즈음부터는 공부와 함께 한해살이를 갈무리하기 위해 여러 동아리 와 각 학급에서 풀무제 공연과 전시 준비를 시작했습니다. 공부하고, 연습하고, 학교 일상을 사느라 바쁜 모습들이었습니다. 9월 29일과 10월 6일, 풀무제를 주도적으로 꾸려나가는 풀무제 운영위원회를 거듭하며 풀무제 일정과 전시 장소를 정리했습니 다. 이후 공동학습 모둠별로 주제관을 꾸미고, 공부 발표와 동아리 발표를 준비하다 보니 어느덧 풀무제 날이 훌쩍 다가왔습니다.

풀무제는 10월 28일부터 30일까지 3일 동안 했습니다. 작년과 재작년에 너무 정 신없이 바쁘게 지나갔다는 의견이 모여 올해는 조금 여유롭게 일정을 조율했습니다.

28일 목요일 오후에는 대동놀이를 하고, 저녁에는 풀무제의 시작을 알리는 전야 제를 했습니다. 대동놀이를 하는 동안 세상도 풀무제를 맞아 축하해주는 듯 높고 푸 른 가을 하늘 아래서 뛰놀았습니다. 하늘, 땅, 사람으로 팀을 나누어 줄다리기와 닭싸 움, 이어달리기 등 몸을 움직이며 하나가 되어 즐길 수 있었습니다.

전야제에서는 풀무제의 시작을 알리는 성화봉송 이어달리기를 시작으로, 틈틈이 모여 준비한 각양각색의 공연을 보고 즐겼습니다. 평소에는 몰랐던 새로운 모습을 발견하기도 하고, 수업 등으로 조금은 떨어져 지내던 다른 학년 사람들과도 더 가까 워지는 시간이었습니다.

29일 금요일에는 여는 예배와 주제발표, 한마당과 참의 공연이 있었습니다. 오전에 다 함께 강당에 모여앉아 여는 예배를 올리며 37회 풀무제를 맞이했습니다. 여는 예배로 활짝 그 문이 열린 다음에는 그동안 열심히 공부한 내용을 나눌 주제발표를 했습니다. 12권의 다양한 책으로 공부한 각 조마다 설명, 연극, 목소리극, 영상 등 주제만큼이나 다양한 방법으로 공부 내용을 나누었습니다. 발표에 다 담지 못한 공부 내용은, 한 권씩 책을 읽었으니 그에 대한 독후감 등과 함께 풀무제 문집에 모았습니다.

주제발표가 끝나고 오후에는 동아리 '한마당'이 밝은집 앞마당에서 갈고닦은 솜씨를 뽐냈습니다. 흥겨운 풍물 가락에 풀무제가 더욱 풍요로웠습니다. 저녁에는 연극 동아리 '참'에서 오랜 기간 정성을 다해 준비한 작품 〈30일간의 야유회〉를 무대에 올렸습니다. 평소와는 사뭇 다른 친구들의 몰입감 있는 연기와 묘한 계급관계를 그려낸 연극이 '자본주의'라는 주제를 다시금 상기시켜 주었습니다.

30일 토요일에는 종합발표를 하고 전시를 둘러본 후 풀무제를 마쳤습니다. 금요일 날 공부를 나누었다면, 토요일에는 지금껏 살아온 한 해 삶을 나누는 종합발표를 했습니다. 각 학년 친구들은 영상으로 일상생활을 나누기도 하고, 음악시간에 열심히 합을 맞춘 합창 공연으로 한 해 삶을 보여주었습니다. 한 학급에서 준비한 것이 아니더라도 심화국어, 라르고, 와락, 아카펠라 등 동아리와 각 수업에서 준비한 공연은 축제 느낌을 한층 더해주었습니다. '한 해 동안 다른 식구들은 이렇게 살아왔구나' 하고 마음을 나눌 수 있었습니다.

종합발표 공연이 모두 끝난 후에는 언제나처럼 〈함께 가자 우리 이 길을〉을 부르며 풀무제를 마무리했습니다. 그동안 열심히, 바쁘게 준비한 풀무제를 마쳤다는 뿌듯한 기분으로 목청껏 부르는 노랫소리는 언제 들어도 마음을 기쁘게 합니다. 종합발표가 끝나고서는 목각반, 각 학년, 시사토론반, 도예반 등 여러 수업에서 전시한 것을 둘러보고 집에 돌아갈 준비를 했습니다.

두 달 남짓한 동안 마음과 시간을 내어 준비한 풀무제를 하며 '함께'를 온몸으로 느낄 수 있었습니다. 살다 보면 어려운 일도 많지만, 잠시 그 어려움을 모두 잊고 우리가 함께 살아간다는 사실에 어떤 고마움이 밀려옵니다. 이번 풀무제로 '자본'을 '주의'하며 살아갈 지식, 세상을 깨어 살필 수 있는 눈, 옆 사람을 돌아보고 같이 살아갈 마음을 얻었습니다. 그 이름만큼이나, 풀무 사람들이 마음 모아 함께한 고마운 풀무제였습니다.

*풀무제 공동학습의 자세한 내용은 공부 내용을 편집, 제본해 나눠 가진 문집에 있습니다.

_학생 글(2021. 10.)

가을 행사로 가장 크고 뜻깊은 풀무제. 부모님, 지역주민, 수업생 들이 공식적으로 학교를 방문할 수 있는 감사와 나눔의 축제다. 주제를 정해 전교생이 공동학습하고 학습 내용을 전시, 발표한다. 포스터는 게시부에서 담당하고 학교, 지역의 주요 장소에 붙여 알린다. 탈핵(왼쪽), 페미니즘(가운데), 민주주의(오른쪽)를 주제로 했던 풀무제 포스터들.

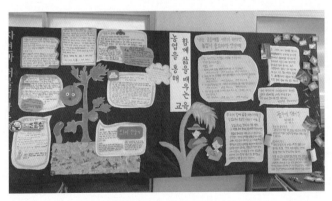

풀무제 중 교육을 주제로 축제를 열었던 해의 농업교육 모둠 공동학습 결과물.

학교설명회와 입학전형
풀무학교 새 식구 맞을 준비

　학교는 학생이 있어야 한다. 아무리 훌륭한 교육 이념과 좋은 시설과 환경을 갖추었어도 학생이 없으면 학교로 존재할 수 없다.

　설립자들이 긴 시간 구상하고 연구하고 경험하시며 준비해 온 학교를 1958년 풀무골에 열었을 때 입학생으로 온 학생들은 18명이었다고 한다. 가난한 농촌에서 중학교 진학을 하지 못해 배움에 목마른 사람들이 풀무학교의 첫 학생이 되었다. 당시 학교 교육은 도시 지향의 출세에 목표를 두고 경쟁을 수단으로 하는 지식교육 중심이었기에 그와는 정반대 방향을 천명한 풀무학교는 세속적 관심을 받을 수 없었다. 배우고 싶어도 경제적 형편이 안 되는 학생들이 선택해 오거나 그조차 안 되어 공부를 포기한 사람을 가정으로 찾아가 권면하여 학교에 오게 하기도 했다. 홍동지역에 국한하지 않고 아무리 먼 곳이어도 배우려는 의지가 있는 학생이 왔는데, 이는 인물을 키우는 게 나라를 살리는 일이라는 생각으로 풀무교육을 지원하시는 분들의 협력이 있어 가능한 일이었다.

　그래서 멀리서 온 사람들을 위한 기숙사도 생기게 되었을 것이다. 나도 이런 경우에 해당하는 사람이다. 고등학교는 꿈도 못 꾼 상태에서 알음알음 찾아와 풀무의 학생이 되었으니 말이다. 인천 앞바다 멀리 섬에서도, 전라도·강원도에서도 그렇게 친구들이 온 연유다. 그러다 보니 공부 못하고 가난한 사람들이나 가는 학교, 오죽하면 학교 가서 농사일을 다 하는가 하며 이중의 의미로 '똥통학교'라고들 했다.

중등 과정으로 시작해 1963년 고등부를 시작해 운영하던 학교는 가까이에 공립 중학교가 생기면서 중등부 학생은 차차 줄어 문을 닫았고, 끝내 고등부만 남게 되었다. 당시 고등부는 농업계 고등기술학교로서 검정고시를 치러야 학력이 인정되었다. 그러다 1983년 교육부 학력 인정을 받아 오늘에 이른다. 학력 인정 여부는 학생 모집에 어느 정도 영향을 주었다고 생각한다. 그런가 하면 사회적으로는 교육열이 높아져 고등학교 졸업은 일반적인 일이 되었다. 그런 영향인지 풀무 입학생 수는 크게 나아지지 않았다. 선생으로 왔을 때 한 학년이 선생님들 자녀 등으로 간신히 모여 7명이었던 적이 있고, 다른 데 갔다가 전학 오는 학생도 많았다. 선생님들은 운영의 어려움이 큰 데다 학생들이 들어오지 않으니 인문계 학교로 전환할 방안을 모색하기도 하고, 폐교까지 고민했다고 들었다.

학교 밖은 정치·사회적 변화가 큰 시대였다. 경쟁 일변도의 교육에서 비롯한 문제들이 여러 사회문제로 번지고, 행복은 성적순이 아니라는 학교 안팎의 목소리가 커지던 때다. 교육을 걱정하는 전국 각지의 선생님들이 교육 문제를 연구하고 공부하며 풀무학교를 방문하여 새로운 교육, 희망의 교육의 길을 찾은 양 힘을 얻기도 했다. 때마침 창간한 『한겨레신문』에 학생 모집 광고 한 줄을 냈다는데, 그걸 보고 저 멀리 남녘의 목사님 한 분은 굽이굽이 길을 찾아와 풀무에 학생을 보내는 게 나라 돕는 일이라며 맏이에 이어 두 자녀까지 삼 남매 모두 보내셨다. 그 일은 풀무의 오늘이 있게 된 씨앗이 되었다고 당시 선생님들 입에 널리 오르내렸다.

그 뒤 여러 선생님, 목사님, 수업생 들이 자녀를 보내주시며 공부 못해 가는 학교, 돈 없어 가는 학교라는 말을 조금씩 벗지 않았나 생각한다. 이와 맞물려 사회적으로는 경쟁교육, 진학 교육이 아닌 대안을 찾아보려는 대안교육 바람이 크게 불었다. 홍순명 선생의 교육사상은 그런 흐름에 큰 영향을 주었다고 들었다. 그런 분위기인지 풀무에 오고 싶어 하는 학생이 점점 많아졌다.

학교에서 의도하는 교육 실천을 위해 법정 정원인 한 학급 30명을 고수하며 되도록 30명 이내 인원을 정해야 하는 어려움을 만난 셈이다. 이때부터 3일 동안 전형을 하고, 점수 반영은 하지 않지만 학부모 면접도 하기 시작해 시금까지 이어진다. 100명 이상 지원할 때는 정원은 뻔한데 지원자 모두 면접하는 어려운 과정을 거쳐야 할지 고민이 컸다. '지원자에 대한 최소한의 배려다', '그래 봐야 기만이다', 상반된 의견으로 열띤 토론을 거치며 나중엔 학생생활기록부 성적을 산출, 3배수를 정해 전형하기로 결정하여 오늘에 이르렀다. 어떻게든 학업성적의 영향을 최소화하고, 생각하는 것을 말이나 글로 쓰는 것 중심의 전형기준을 마련해서 입학전형을 한다. 학생을 정하는 일에 따른 문제 해결 방안으로 제비뽑기도 제안되었으나 교육청 승인 아래 하는 일이므로 그것도 말처럼 가능한 일은 아니었다.

여러 차례 협의해 마련한 기준에 따라 전형한 결과 입학이 허락되지 않았을 때 학부모들의 저항과 이의제기도 만만찮았다. 이렇게 오고 싶다는데 무슨 배짱으로 그러느냐며 건물을 더 짓고 학생 수를 늘려 뽑아야 하지 않는가 하는, 그럴 법한 문제 제기도 있었다. 여러 정황을 고려해 한때는 20명씩 두 학급을 운영하기도 했다. 선생님들 지도 역량 문제인지는 몰라도 그때 두 학급끼리 경쟁하며 학교 분위기가 뜻밖으로 흘러가는 걸 경험했고, 그 뒤론 한 학년 한 학급의 작은 학교 형태를 유지해 오고 있다.

이렇게 십수 년 지나는 동안 지역학교 특별전형은 또 얼마나 말도, 탈도 많았는지 모른다. 홍동지역에 터를 둔 학교로서 지역과 함께해야 한다는 대전제 하에 일정 정도의 학생이 오는 게 바람직하다고 생각해 인원수, 비율 배정 같은 여러 형식의 방법을 적용하며 노력해 왔다. 전달이 잘 안 되었거나 이해가 부족해 오해도 받았고, 제도의 약점을 묘하게 악용하는 일도 있었다. 해마다 입학전형 요강을 마련할 때면 홍동중학교 출신 학생들이나 농업인 자녀들에 대한 특별전형을 어떻게 해야 합리적일까 고민이 깊었다. 이즈음은 사회적 여건, 지역 특성 영향인지 그 둘을 배려하는 특별전형이 굳이 필요한가 생각할 정도로 지원자도 많지 않고, 성적이든 의지든 큰 차이가 없는 실정이어서 앞으로 심도 있게 논의할 일일 듯하다.

어쨌든 학생 모집의 큰 방향은 농촌지역학교로서 전인적 발달과 다양성 존중을 위해 지식교육만이 아닌 농업과 생활 자체를 다양한 사람들과 함께 배워가려는 사람을 찾는 데 있다. 그 범주 안에서 전형 방법과 비율을 조금씩 조정했을 뿐이다.

기준에 따라 전형을 마치면 교직원 사정회의를 거쳐 다음 학년도 1학년으로 올 학생들을 발표한다. 이때 되든 안 되든 '내가 왜?'라고 생각하는 걸 자주 본다. '나는 공부를 잘하는데, 나는 면접을 망쳤는데 왜인가?'라고 묻는 거다. 이럴 땐 기준에 따라 전형한 결과이고, 나아가 서로 필요한 사람이어서 '보내셨다'고 생각하는 게 최선이라고 답할 뿐이다. 뭘 잘해서라기보다 잘해볼 사람으로 다시 시작하자는 말을 보태며.

이런 입학전형 전의 중요한 행사로 자리 잡은 게 학교설명회다. 학생 지원자가 많아지며 주말과 방학은 물론 평일에도 개인, 가정별, 지인과 함께, 중학교 선생님까지 학교를 둘러보러 오는 사람이 많아졌다. 그러면서 자연스럽게 전형 한 달 전쯤 궁금한 사람들을 위한 자리를 마련하면 좋겠다는 제안이 있어 협의를 거쳐 시작했다. 요즘은 방문을 의뢰하면 설명회를 활용하시라고 안내하고 있다. 개인적으로 방문한 사람들도 이때 참석하면 재학생들 분위기를 볼 수 있어 학교 이해에 많은 도움을 받는다고 한다. 학교 홈페이지에 날짜를 알린 것뿐이어서 몇 명이 올지, 누가 올지 알 수 없는 가운데 준비해야 해서 어려운 일이지만 그만큼 긴장하고 정성 들이는 행사였다. 예비 학부모들은 재학생들이 하는 학교 설명에서 학교에 대해 이해하며 애정을 느끼고, 학생들 표정에서 느껴지는 밝은 분위기를 가장 관심 있게 보며 앞으로 학교 선택의 기준으로 삼았다는 말도 많이 들었다.

이 설명회도 코로나 상황에서 두 해나 비대면으로 했다. 장단점을 함께 품고 있는 현재를 어떻게 극복하며 가장 좋은 쪽으로 만들어 갈지 깊은 고민과 너른 협의가 필요하다.

앞에 썼듯 대원칙 아래 해마다 조금씩 변경하며 적용해 온 입학전형은 가장 최근인 2022년 요강을 참고하는 게 좋다. 지원 요건과 설명회에 오는 동생들에게 바로 전 해에 학교를 선택한 1학년 학생이 쓴 글 또한 좋은 참고자료라 생각해 인용한다.

2022학년도 풀무농업고등기술학교 신입생 입학전형 요강

Ⅰ. 모집 개요

모집 단위	학과명	학급수	모집정원				계	모집 방법
			일반전형	특별전형				
				지역학생전형 농가자녀전형	사회다양성전형			
전국	농업과	1	17	7	1		25	남녀공학

Ⅱ. 지원 자격

더불어 사는 평민 교육을 하는 본교에서 재학 기간 학교에서 정한 학생서약을 지키며 3년 동안 생활관 생활을 할 수 있는 사람으로서 아래의 각 항에 해당해야 함.

1. 일반전형

가. 전국의 중학교 졸업(예정)자로서 전국단위 모집 학교(학과)에 진학하고자 하는 자

나. 「초·중등교육법 시행령」 제97조에 따라 중학교 졸업자와 동등한 학력이 있다고 인정된 자

2. 특별전형

가. 지역학생전형

홍동학구 내 부모(부모가 없는 경우 보호자)와 함께 거주하며 홍동중학교를 3년 동안 다니고 졸업했거나 졸업 예정인 자

※ 홍동학구: 홍성교육지원청 공고 제2016-112호에 의거해 '홍동학구'는 홍동, 금당(월계리 제외), 홍성(신성리, 원천리), 장곡(지정리 1구)을 의미하고, 홍성학군·홍성학구 졸업(예정)자 중 홍동학구 희망자는 포함하지 않음.

나. 농가자녀전형

부모(부모가 없는 경우 보호자)가 농업에 종사하는 가정의 자녀로 농가 주 소득원이 농업이어야 하며 중학교 재학 3년 동안 부모(부모가 없는 경우 보호자)와

함께 농촌에서 거주한 사람

다. 사회다양성전형

　　북한 이탈 학생(가정)과 홍성군내 사회복지시설 또는 다문화 가정 학생

　　※ 특별전형 가, 나, 다의 대상자가 없으면 일반전형으로 대신함.

3. 특수교육대상자 전형

「장애인 등에 대한 특수교육법 제15조」에 해당하는 특수교육 대상자는 「충청
남도 특수교육운영심의위원회」의 심의를 거쳐 거주지 인근 고등학교에 정원
에 관계 없이 충청남도 교육감이 지정 배치함.

좀 더 나아지려 배우는 학교

밝았습니다. 저는 1학년 학생입니다.

제가 풀무를 다니면서 느낀 것들을 이야기해볼게요.

저는 풀무에 오기 전과 오고 난 후의 마음이 정말 많이 달라졌음을 느껴요. 물론
아직 불편한 일도 마다하지 않고 나서기보다는 내 눈앞의 편함을 먼저 생각하게 되
지만, 그래도 풀무에 오기 전의 굳이 고생할 필요를 못 느끼겠다는 생각에서는 많이
벗어났다고 생각해요. 그리고 좀 더 나 자신에게 신경을 많이 쓰게 되었어요. 저는
자꾸만 질문해요. '나는 지금 어떻지?'라든지, '나는 지금 마음을 다하고 있나?' 하고
말이지요. 그러다 보니 더 머리 아프고 힘들지만, 더 솔직할 수 있어서 좋다고 생각
해요. 이렇게 말하면 풀무가 행복하기만 하고, 오기만 하면 내가 다 배울 수 있을 것
만 같은 느낌을 받았을 거라는 생각이 들어요. 물론 그런 느낌을 받지 않았을 수 있
지만, 학년 초를 생각해 보면, 저를 비롯한 많은 친구들이 풀무에 대한 기대를 많이
했던 것으로 기억해요.

아직 1년도 채 살지 않아서 다 이해하지는 못하지만, 지금까지 제가 느낀 풀무는
절대로 '완벽'하지 않은 공동체예요. 세상에 완벽하고 완전한 것이 있을 수 없겠지만
풀무를 흔히들 말하는 '잘' 되어 있는, '잘' 다듬어진 공동체라고 하는 사람이 있다면,
그래서 그 속에 자신이 있음을 상상할 때, 좋은 것만, 편한 것만 떠오른다면 저는 그

렇지만은 않다고 말하고 싶어요. 풀무는 울퉁불퉁해요. 다듬어지지 않은 곳이에요. 모두가 함께 살아가기 위해 서로 심하게 부딪혀서 파이지 않게 배려하고, 그러면서도 서로 부딪히면서 다듬어지고. 그렇게 살아간다고 생각해요. 사실, 그렇게 살아도 다 다듬어진다는 건 쉽지 않아 보이기도 해요.

풀무는 불편하고 어려워요. 공동체이기 때문에 어떤 형태든지 개인이 포기해야 하는 경우도 있는데, 그때 전체를 위한 것보다 당장의 내 불편함이 더 크게 보일 때도 적지 않아요. 또, 자신에게 신경 쓰면서 나의 부족한 부분이 많이 보여요. 예를 들면, 저는 머리로는 이렇게 저렇게 해야지-라고 생각하면서 실천하는 힘은 정말 부족하다는 것을 느껴요. 나의 부족함을 느끼는 건 좋지만, 그걸 마주하고, 인정하고, 바꾸려고 할 때, 많이 어려워요. 그리고 생활관, 학교 모든 곳에서 사람을 만나요. 24시간을 사람과 함께해서 힘들기도 해요. 재밌고 좋은 사람들이지만, 계속 사람을 마주한다는 것은 혼자 있을 시간이 없다는 말과 같은 것이니까요. 스스로 정리하는 시간이 필요할 때도 맘대로 그렇게 하지 못한다는 게 힘든 일이라는 걸 느끼고 있어요.

이렇게 풀무는 힘들어요. 사실 더 힘들어요. 그럼에도 저는 왜 풀무에 있을까요? 저는 왜 풀무가 좋을까요? 풀무는 '잘' 다듬어진 공동체도 아니고, 잘난 사람들이 있는 곳도 아니에요. 또 풀무는 힘들기도 해요. 근데 저는 그렇게 부족하고 울퉁불퉁해서 풀무가 좋아요. 부족한 사람들이 모여서 좀 더 잘 살려고 노력하는 풀무가 좋아요. 시험점수를 위해 공부하지 말자고 얘기하고, 도난 문제가 발생하면 문제를 일으킨 사람이 자신의 잘못을 고백할 수 있는 용기를 가질 수 있게 도와주고 기다리면서 그 사람과 어떻게 다시 잘 살아갈 수 있을지 고민하고, 존댓말을 쓰고, 잔반통이 없고, 화장실 신발을 돌려놓는 풀무가 좋아요. 이런 것들이 휘청거릴 때, 다시 돌아가기 위해 노력하는 풀무가 좋아요. 힘듦을 기꺼이 감수하는 법을 배우는 풀무가, 나의 편함보다 불편함을 느끼며 무엇인가를 배우는, 배울 수 있음을 느끼는 풀무가 좋아요.

마지막으로 하고 싶은 말은, 풀무를 지원하면서 좀 더 노력하면서 살 각오를 하면 좋겠어요. 내년에 만날 수 있기를 바라며 글을 마칠게요. 고맙습니다.

_학생 글(2017. 9. 23.)

입학전형 요강에 따라 유동적이지만 9월 중 학교설명회를 하고, 10월 말이나 11월 중에 다음 학년도 신입생 전형을 한다. 기간에 맞추어 실시하는 입학전형은 글쓰기와 면접의 비중이 크고, 학부모 면담은 점수에 반영하지 않지만 필수다.

학생 선거
민주주의 제도와 과정 익히는 일

주인으로 살기는 고되다. 가장 편한 건 시키는 대로 하는 거다. 주인은 대충대충 할 수 없다. 전체를 생각하며 일을 나누고 필요에 따라 사람을 쓰고, 시간을 효율적으로 써야 한다. 주인은 존재 자체로 본이 되어야 한다. 부리는 아랫사람들에게 존중받지 못하면 주인 노릇은 안 되고, 나아가 집안 살림을 해낼 수 없다. 손님은 가만히 있다 떠나면 그만이고, 하인이나 노예는 전체나 결과를 생각할 필요 없이 꾸중만 안 듣게 하면 된다. 풀무에서는 주인으로 살 일이 너무도 많다. 각종 당번 활동, 부서 활동, 청소… 모두 내 일처럼 생각하며 해야 한다. '나 하나쯤이야' 생각하고 그렇게 하지 않을 때는 전체가 삐걱거린다. 잘 굴러가질 않아 조회시간이며 모일 때마다 걱정하는 말을 듣고, 심하면 회의를 열어 공론화해야 한다. 살아가는 이 모든 과정에서 민주주의를 배운다. 부분과 전체, 개인과 집단의 관계를 익힌다.

개인이 살아가는 태도도 그렇지만 학교 전체는 작고 큰 부분들로 나뉘어 역할을 감당하며 살림을 꾸려간다. 여기서 부분 부분을 책임지는 사람들은 시간과 힘을 더 써야 하는 부담을 진다. 봉사와 헌신이 책임과 의무 이상의 가치가 있고, 공동체라는 집이 굴러가는 원리가 무엇인지 경험하게 된다.

풀무의 학생자치회는 학우회장단과 학생장단으로 이루어져 있다. 학우회는 일반 학교의 학생회라고 보면 된다. 학우회장은 전교회장인 셈이다. 그런가 하면 생활관도 자치회를 구성하여 운영하는데, 생활관 자치회의 대표가 학생장이다.

학생들은 학년마다 반장과 부반장, 서기, 회계를 선출하고, 학생 전체를 대표하는 학우회는 전교생이 10개 부서로 나뉘어 있다. 전교생은 이를 운영하는 회장, 부회장, 총무, 서기, 회계로 이루어진 학우회장단을 선출한다. 동아리들은 대표와 부대표를 정해 운영하고, 전체 동아리를 총괄하는 동아리연합회장이 있다.

생활관 역시 남녀 생활관별로 대표와 부대표를 정하고, 일상의 운영은 지킴이별로 구성한다. 식사 및 설거지 당번 짜기, 식당 자리 정하기, 게시판 운영 같은 공동체에 필요한 일들을 이런 부서에서 나누어 맡는다. 우리 몸이 손발, 눈코입 등 지체들의 협력체인 것과 같이 학교 공동체도 그런 부서들의 연합체인 셈이다.

이런 가운데 전교생이 민주주의 제도를 구체적으로 연습하고 실천하는 기회가 학우회장단, 학생장단을 비롯한 다양한 선거다. 학우회 주도로 학교 달력에 따라 정관을 확인한 뒤 선거 일정을 정해 발표한다. 이에 따라 후보자 추천을 받고, 본인 의사 확인 후 후보를 확정하면 정당을 구성하여 공약을 만들고 당모임을 꾸려가며 정한 기간에 일정한 선거운동을 한다. 이후 각 당 후보자와 지지자 연설을 듣고, 다음 날 후보자 질의응답을 거친 뒤 전교생이 투표를 한다. 보통 두세 당이 나오기에 투표 결과 규정에 따라 회장단 당선자를 발표한다. 득표 수가 규정에 맞지 않으면 재투표를 한다.

이때 회장과 부회장은 동반 출마하게 되어 있는데, 회장 후보를 정하면 회장이 부회장을 선임해 선거를 치르게 된다. 예전 규정에는 반드시 남-여로 구성해야 동반 출마가 가능했는데, 2018년부터 학생들의 문제 제기로 토론을 거쳐 개정해서 남녀를 따로 명시하지 않기로 했다. 이는 학급 반장 부반장도 마찬가지다. 그래도 대개는 각 성을 대표한다는 의미에서 남-여가 짝이 되어 출마했는데, 2021년엔 여-여 동반 출마해 2022년 회장-부회장으로 당선되었다.

총무는 회장단이 선임해 전교생 동의로 결정한다. 이어서 서기, 회계 선출을 구두 추천받아 다수결로 결정한다. 이때 서로 하지 않겠다는 분위기가 이어지며 시간도 많이 걸리고, 그런 태도에 조금은 언짢기도 하다. 귀찮고 힘든 일에 마음을 내기가 어려워 그렇다면 문제가 있는 것 아닌가 싶을 때쯤 적절한 사람들로 다 결정되긴 하지만, 개선되어야 할 여지는 분명히 있다.

학생장단 선거도 이와 비슷한 일정으로 운영한다. 2021년 정관을 개정하여 여러 번 논의되던 대로 남녀학생장도 동반 출마를 했다. 그 여파로 단일 후보가 나와 찬반투표를 한 결과 찬성 과반 득표를 얻지 못하는 일이 발생했다. 구성원들의 숙의 끝에 처음부터 다시 시작했고, 두 당이 나와 선거를 두 번 치르고 말았다. 그러나 학생들 모두의 건강한 주인 의식을 다시 생각하는 기회였고, 후보자들도 책임과 의무, 성실성의 중요함을 새로 배운 뜻깊은 시간으로 받아들이는 모습이었다. 이때도 선거 뒤엔 생활관 규정에 따라 심사를 거쳐 부학생장단을 꾸려 전교생 동의를 받아 결정한다. 학우회, 학생장단에 소속된 각 부서와 지킴이는 모든 선거가 끝난 뒤 부서별로 선출한다.

동아리 대표는 대개 2학년에서 맡고, 1학년이 부대표, 3학년은 고문 역할을 한다.

이 모든 일정은 11월 말에 거의 이루어진다. 학생장단 선거는 12

월 초까지 이어지는 해도 있고, 학급 일꾼 선거도 12월 중에 한다. 새로 정해진 사람들은 다음 학년도 생활반 구성에 반영하고, 전반적인 검토를 거쳐 전체가 무리 없이 효율적으로 건강하게 이끄는 역할을 하게 된다.

풀무학교에서 이렇게 봉사하겠다는 당찬 포부로 나선 일꾼들은 꾸준한 힘을 내기 어려워하는 것을 자주 느낀다. 상장이나 장학금 같은 제도적 보장은 아예 없고 칭찬 들을 일도 거의 없다. 죽어라 고생하는데 칭찬은커녕 오히려 욕을 먹고, 한마디로 알아주는 사람이 없다는 데 근원적 외로움을 느끼는 것 같다. 잘하는 건 당연한 일이고, 조금만 어긋나면 당장 지적과 비난이 온다. 그래서 이런 과정을 잘 관찰하며 겪어내는 건 큰 성장의 기회가 된다.

궁극적으로 지향해야 할 태도가 '마땅히 할 것이어서 한다', '알아주지 않아도 서운하지 않다'는 것이어야 하기 때문이다. 당연한 말 같지만, 고생을 많이 하면 할수록 이런 마음은 더 커지고 힘들게 된다. 우리가 배운 대로라면 리더는 기꺼운 마음으로 섬겨야 한다. 그런 마음과 태도는 결국 기쁨과 평안을 준다. 거기까지 이를 품성을 갖춰가는 게 진정한 공부인데, 먼 길이긴 하다.

그래서 일꾼들뿐 아니라 개개인이 주인으로, 공동체의 한 지체로 몫을 다하며 묵묵히 해야 할 일이기에 한다고 생각하는 내면의 힘이 더 생겼으면 좋겠다. 이를테면 작은 사람을 대하는 태도가 곧 하나님을 섬기는 일이라는 인식을 기반에 두어야 할 듯하다. 학교 밖 우리 사회의 민주제도와 지도자들의 마음 자세 또한 그러하다면 얼마나 좋을까 돌아보게 된다. 결국 어떤 모양으로 어떤 일이 생기든 사람들의 의식과 성숙도에 비례하리라 생각하며 바람직한 방향 추구에 힘을 낼 일이다.

민주주의는 거저, 쉽게 이루어지지 않는다. 모두가 주인의 마음으로, 자기만 아는 마음을 공적 영역을 먼저 가꾸는 마음으로 바꿀 때 희망이 있다. '나만 손해다', '그래봤자 뭐가 바뀌겠나', 하는 식의 패배적 냉소주의는 민주주의의 적일뿐더러 교만함의 다른 표현이라는 것을 인식하고 새겨두어야 한다.

조금 코믹한 이야기 구성이지만 오늘 우리 선거문화가 지속적으로 꾸준히 이어왔음을 생각하며, 생활관의 일상은 어떻게 달라졌는지, 무엇을 지향해 가야 하는지 생각할 기회로 삼길 바라며 덧붙여 본다.

학생장 선거 ○○당 홍보를 위한 마임 대본

학생장: 끼익- (3학년 학생 벌떡) 늘 그랬듯이 3학년이 가장 먼저 일어났구나. 항상 타의 모범이 되는 3학년의 모습에 이 후보는 이른 아침부터 감동 먹었다- 유후~~ 아니, 그 사이에 우리의 중심! 2학년 친구가 일어났구나~!! 아직 일어나란 말 한마디 도 꺼내지 않았는데… 녀석들, 풀무의 중심이란 말이 이렇게 잘 어울릴 줄이야.

아침기상->

우리~ 새내기들이 많이 피곤한가 보구나. 어이쿠- 뒤척이긴-. 많이 졸린가 보구 나.

물론- 니가, 학교공부와 숙제, 동아리, 학급 일과 생활반, 생활관 모둠, 실습 당번, 토끼 당번, 설거지와 식사 당번, 농사일을 하느라 매우 힘들고 지치고 고단할 거라는 걸 잘 알아. 물론! 엄마 아빠도 보고 싶겠지.

하지만- 우리의 이 생활관을 더 밝고, 맑고, 고요하게, 이끌어 나가기 위해 너의 도움이 꼭 필요하단다. 왜냐하면~ 이 생활관은 학년의 관계없이 1, 2, 3학년 모두가 책임과 의식을 가지고, 능동적으로 돌아가야 하는 게 맞다고 생각하기 때문이지. 난 ~ 자신 있게 말할 수 있어! 그러니까 다시 말해서 난 니가 조금만 힘을 내서 제시간 에 일어나 주었으면 하는 마음이라는 걸 너에게 강조하고 싶은 거야. 나나 3학년의 강요가 아닌 너의 능동적인 생각과 의식으로 말이지- 물론 니가 우리 학교의 공부와 숙제, 동아리, 학급 일과 생활반… (일어난다) 오! 내 말이 채 끝나기도 전에 알아서 일 어나는구나. 정말이지 믿음직스럽다구-!

앗! 이런 개구쟁이들! 모두들 한참 맛있게 피자를 먹고 있구나-! 어디 보자~ 그렇 지~! 밥 먹기 5분 전인데 말이야~ (하하하!) 어~ 이제 보니, 로얄티가 없는 에이씨 피 자였구나! 그렇다면 뭐, 이해할 수 있지. 왜냐구? 로얄티가 없으니까 하하하! 그렇지 얘들아?!

뭐 그래, 좋~아. 물론 - 너희들이 우리 학교의 일과 숙제, 동아리, 학급 일과 생활 반, 생활관 모둠, 실습 당번, 토끼 당번, 식사, 설거지 당번, 농사일을 하느라 매우 힘들고 지치고 고단할 거라는 걸 잘 알아. 물론, 엄마 아빠도 보고 싶겠지.

거기다 우리 학교 밥은 항상 배추김치, 무김치, 파김치, 깍두기, 미나리, 고사리, 콩나물, 쑥갓, 상추, 열무무침 등 항상 다양하고 신선한, 그리고 건강한 먹거리이기 때문에 가끔 이렇게 로얄티가 없고, 마치 14일에 한 번 간 듯한 기름이 줄줄 흐르고, 돼지고긴지 닭머리 살인지 정체 모를 토실토실한 햄과 고기가 박힌, 자메이칸지 오스트레일리안지 어딘지 모를 원산지 불명의 유전자 조작된 GMO 밀로 바삭바삭하게 구워진, 유치원 때부터 초등학생들이 가장 선호하는 피자를 먹고 있는 건지 뭐, 내 주관적인 생각으로 이게 너희 건강에 나쁘다 좋다는 말은 하지 않겠어. 다~만, 나는 지금 우리들이 이곳 풀무에서 살며 공부하며 배워온 것들을 너희들이 참 잘~하고 있구나 하는 생각이 들어서…

아이쿠- 아까운 피자를 거침없이 버리는구나!! 근데 어디 가는 거야?! 밥 먹으러? 피자 그렇게 먹고 또 밥 먹게? 뭐? 당연한 일이라구? 아이쿠, 내가 한 방 먹었군. 나도 밥이나 먹으러 가야지. (피자 흘깃흘깃 주섬주섬 챙기며) 이 자식들 뒤처리할 생각은 하는지…

음! 10시 50분, 좀 이르지만 소등 확인이나 하고 올까? 앗! 어두워~. 이 자식들 미리미리 알아서 소등해 버리니… 학생장인 내가 할 일이 없네. 음… 세면실에나 가볼까? 아무도 없구나~~ 이 녀석들 알아서 하는 거엔 도저히 당할 수가 없구나~!

음- 그럼 이 남는 시간을 어떡하지? 옳~지, 방을 한번 돌아다녀 봐야겠다. (똑똑) 미천한 학생장 들어갑니다~~ 으앗, 눈부셔, 이게 웬 빛이람. 이 녀석들 청소를 막 끝낸 참이구나. 에잇! 너희들 때문에 학생장 할 일이 없다~~

이런 생활관 할 수 있당!!

* 학생장 선거에 나선 당은 모두 넷이고, 그 중 00당을 선전하는 시간에 보여준 마임 대본이다.

_학생 글(2006. 12.)

학교의 거의 모든 과정에서 민주주의 정신을 배우고 실천하지만 11월 말에서 12월 초 실시하는 학우회장단, 학생장단 선거는 민주주의 제도와 절차를 직접 경험하며 새롭게 민주주의를 생각할 수 있는 실질적인 기회다. 전교생이 지켜보는 가운데 열린 후보자 토론회.

학우회장단을 먼저 선출하고, 이어서 생활관을 운영하는 학생장단 선거를 하는데, 당을 만들어 공약을 알리고 선거운동을 하는 등 선거에 따른 일련의 과정은 같다. 학생장 후보들의 선거 벽보.

김장
겨울 식량, 김장김치를 담그는 일

김치란 무엇인가, 김장은?

그래서? 아무리 그래도 그런 걸 우리가 왜?

책 배움이 무엇보다 먼저인 학교라면 모르되, 몸으로 하며 새로 알게 되는 모든 걸 공부로 아는 풀무에서 김장김치를 담그는 건 아주 자연스러운 일이다.

그렇다. 풀무학교는 김장철에 전교생이 연중행사로 김장김치를 담근다. 예부터 김장은 겨울 식량 준비로 필수였다. 우리가 아는 김장은 우리의 고유문화로 여겨진다. 조선 후기 문헌인 『농가월령가』에 '무 배추 캐들여 김장을 한다'고 한 걸 보면 김장은 오래전부터 우리 조상들 겨울 준비로 꼭 하는 일이었으며, 고추 파 마늘을 넣었고, 양지에 움막 짓고 짚에 싸 깊이 묻어 저장해 두고 겨우내 먹는 게 일반화되었으리라는 생각이다.

기숙사 시절에도 김장은 겨울을 맞이하며 어쩌면 일 년 중 가장 큰 일이다시피 한 과정이었다. 무, 배추, 파, 마늘, 고춧가루 준비부터 김치를 먹게 되기까지의 과정은 길고 섬세한 손길이 가는, 여간 번거로운 일이 아니다.

학교행사처럼 자리한 것은 다른 일들이 그런 것처럼 전교생 생활관 생활을 하면서부터다. 학생들이 참여하는 건 고추, 파, 마늘, 무, 배추, 갓 등, 김치 담그는 데 쓸 작물을 심는 것부터이지만, 피부로 느끼는 건 겨울철 김장을 앞둔 때부터다.

일 년 학교달력으로 정한 김장 날짜에 맞추어 예전엔 가정 교과 선생님, 지금은 학생부와 영양사 선생님이 구체적인 일정을 짠다. 필요한 일에 따라 할 날을 정하고 전교생이 할 일을 나누어 교직원 회의에서 타당성을 검토해 진행한다.

대개는 고추, 마늘 확보를 시작으로 김장 때가 되면 학생들은 채소포에서 파와 갓을 거두어 다듬고, 무와 배추를 뽑아 올린다. 부족한 배추는 전공부나 지역 유기농가에서 구입한다. 처음엔 700여 포기까지 하던 김장을 지금은 2~3백 포기 정도 한다고 들었다. 그만큼 다른 먹을 것에 밀려 김치는 덜 먹는다는 얘기다.

파, 갓 등 재료 씻어 썰기, 무채 썰기, 배추 다듬어 절이고 뒤집기 같은 일은 힘든 정도와 숙련도에 따라 학년별로 나눈다. 대개 1학년이 기초 준비를, 2학년이 중간 단계를, 3학년이 마무리를 맡는 식이다.

준비한 모든 재료는 식당으로 옮기고, 엄마들과 지도 선생님 지휘로 식당에서 김치담글 때 쓸 수 있도록 준비한다. 배추는 농업교실 복도에 절여놓았다가 밤에 한 번 뒤집어 주고, 다음 날 오전에 씻는다. 김치를 본격적으로 담그는 농업교실 복도는 배추를 편하게 다듬어 절일 수 있게 시멘트 포장을 하고, 지붕을 만들고, 추위에 대비해 바람막이 비닐을 치기도 한다. 이런 모습은 시간이 지나며 필요에 따라 갖추어진 것으로, 거쳐온 손길들을 떠올리며 거기 깃든 생활의 지혜와 삶에 대한 사랑이라는 역사성을 자연스럽게 생각한다.

3학년 중 자발적 참여로 하는 배추 뒤집기는 밤참으로 먹은 깜부기면과 함께 참여한 사람들에겐 추위와 위로로 오래 남을 일이라 생각한다. 깜부기면은 한때 지역에서 생산되던 쌀라면이다.

썰어 둔 무, 파 등의 재료는 큰 함지박에 고춧가루와 젓갈로 버무려 배추에 들어갈 소가 된다. 모든 재료가 골고루 섞이고 고춧물이 곱게 들려면 잘 비벼야 하기에 이때는 팔이 길고 힘이 센 사람의 활약이 필요하다.

버무려서 한밤을 재워둔 소는 다음날 오후에 미리 씻어 둔 물이 갠 배추에 골고루 펴 넣는다. 이 버무리는 과정은 1, 2학년과 선생님들 담당이다. 물론 3학년들은 버무리는 날 오전에 미리 배추를 헹구어 물이 빠지도록 준비해 놓는다. 적당히 물이 갠 배추에 이렇게 버무린 김치는 김장용 비닐에 담아 꼭 여며 예전엔 땅속에 묻은 항아리로, 지금은 저온 창고로 옮긴다. 이때도 미리 준비해 둔 평상 위에 배추 날라주는 사람, 소 날라주는 사람, 버무린 김치를 나르는 사람 등의 역할은 치밀하게 나뉜다. 배추 소를 넣으며 배추쌈 한 입을 먹여주고 먹는 일은 이날만 해볼 수 있는 특별한 재미다.

김치 담그기를 모두 마치면 고무장갑, 앞치마, 각종 그릇붙이, 통, 평상, 바닥 치우기까지 마무리할 일이 한둘이 아니다. 김치를 주인공으로 모두가 참여하는 종합예술 공연을 한바탕 한 것과도 같다.

춥고 몸도 힘들다 느끼며 일을 마치면 식당에서 엄마들이 어묵국과 호빵을 준비해 주신다. 음식 맛도 좋으려니와 쉽지 않은 일을 끝냈다는 안도감, 일하며 친밀해진 관계, 재밌다는 생각까지 여러 마음이 목소리로 번져 와자지껄하다. 이날 저녁엔 돼지고기 수육을 특별식으로 먹는데, 이즈음은 선생님들 모두가 함께하는 점심식사 시간에 그 수육을 먹는다.

이 김치는 겨울을 지나는 동안 무수한 미생물들의 협력 속에 무르익고, 다음 해 봄내, 훌륭한 저장시설 덕에 이즈음은 다음 김장 전까지 먹기도 한다. 김치찌개, 김치전, 김치볶음 등 김치를 주원료로 한 다양한 활용 또한 김치가 주요 식량이 되는 이유다.

학생들은 김치를 담갔다 해서 그걸 먹을 앞날을 기대한다든가, 겨울 식량을 준비해 든든하게 여긴다든가 하는, 예전 사람들이 했음 직한 생각은 하지 않을 듯하다. 그저 해야 하는 일이어서 했고, 마쳐서 시원한 정도로 생각하지 않을까 싶다. 이들에게 김치는 그리 귀한 음식도 아니고 관념으로 주어진 '우리 음식' 이상의 생각을 딱히 할 일이 없는 게 현실이다. 돈만 있으면 다양하고 맛도 훨씬 좋은 김치를 얼마든지 사 먹을 수 있기 때문이다. 밥 먹을 때 김치를 두어 쪽 먹거나 말거나 하다가도 실제로 어쩌다 사 온 시중 김치는 인기가 높다.

현실이 아무리 그래도 학교에서는 철학과 소신으로 지켜가야 할 일이 많다. 김장김치 담그기에 참여하게 하는 것도 그중 하나다. 쌀과 마찬가지로 흙과 생명의 소산을 먹는다는 대원칙뿐만 아니라 자립과 자치를 아주 조금이라도 체험하는 과정이어서다.

앞서 말했듯 어찌 그것만일까. 입에 들어올 김치가 되기까지 자잘하고 큰 손길, 역할, 역사는 철학적 사유거리로도 충분하다. 김치 하나로 인생을 살아가는 의미를 유추할 수 있다. 배추가 죽어서 김치로 새롭게 살아나는 이치, 저 홀로 되는 건 없다는 것, 인내와 숙성을 생각할 수 있어서다.

슬로푸드, 전통문화, 유네스코 인류 무형유산 지정이라는 점도 큰 의미가 있다. 이런 김치, 김장김치, 우리 문화를 '나'의 다른 이름으로 생각해서 즐기며 나답게 사는 길을 고민해야겠다.

생활관에서 먹을 김장을 전교생이 함께 담근다. 전체 계획을 세워 학년별로 배추 뽑아 올리기, 다듬어 절이기, 양념 준비, 씻기, 비벼 넣기, 뒷정리까지 맡은 일을 차곡차곡 해내며 삶과 일, 배움이 하나의 과정임을 익힌다. 양념 준비와 비벼 넣기 전, 절인 배추를 다듬는 모습.

창업논문, 간담회, 창업식
졸업을 '창업'이라 쓰는 창업식 앞뒤

학교에서는 학업 과정을 마치는 '졸업'을 '처음 시작하여 기초를 세운다'는 뜻에서 '창업'이라고 한다. 졸업식이 아닌 창업식을 하는 것이다. 졸업생은 창업생, 졸업하기 전 쓰는 논문은 창업논문이라고 한다. 창업식 전날 저녁엔 창업 간담회를 한다.

건학정신도 교육과정도 세상의 여느 학교와 다른, 세상에 꼭 필요한 학교가 되어야 한다는 설립자 선생님들의 의지가 반영된 말이라고 생각한다. 학교만 마치면 공부는 안 해도 되는 것처럼 여기는 세상 풍조에 대한 비판적인 의미도 있는 듯하고, 학교를 떠나지만 곧 새로운 시작이기도 하니 졸업이야말로 진정한 창업이라는 걸 강조하신 것도 같다. 실제로 주옥로 선생은 창업식 때 창업의 유래를 '창업수성'을 예로 들어 말씀하셨다. 학교 정신에 공감하며 함께하시는 어르신들이 '왜 졸업을 굳이 창업이라 하는가', '있는 그대로 졸업이라고 해야 한다'라며 문제를 제기하신 적도 있지만, 초창기 정신을 존중하며 지금도 창업이라 쓰고 있다.

예전 2월 학기가 있던 때는 2월에 창업식을 했는데, 이즈음은 1월 하순쯤 한다. 다른 학교들에서는 2학기 종업에 이어 졸업식도 하는 분위기이고, 그편이 합리적인 점도 있지만 우리 학교는 특성상 이 기간을 지키고 있다.

창업식을 하고 학교를 떠나면 수업생이라고 한다. 창업을 했으니 이제 스스로 학업을 연마해가야 한다는 뜻이라 들었다. 그러니 동창회에 해당하는 말은 수업생회다. 지금은 많이들 헷갈려 말하고, 수업생이라는 말을 모르기도 한다. 이왕이면 뜻을 알고 제 자리에 바르게 쓰는 게 좋겠다.

창업식은 여느 행사와 같이 예배 형식으로 진행한다. 졸업장 대신 '창업의 경전'이라 하여 일생 읽을 성경을 수여한다. 이때 성경은 예전엔 공동번역이었고, 지금은 새한글에 영어 합본, 찬송가 합본 등 학생들 의견을 반영하여 준비한다. 놀랍게도 꽤 오랜 기간 창업의 경전을 도맡아주시는 부모님이 계시다 들었다. 이처럼 드러나지 않는 채 역사 속에 세심하게 관여하는 섭리와 손길은 많기만 하고, 학교 역사 자체가 그런 듯하여 숙연해진다.

예전 창업식엔 이사회, 수업생을 비롯하여 손님들이 많이 오셔서 축하의 말씀을 길~게 해 주신 기억이 있다. 이때도 지금도 상장 수여라는 건 없다. 이 땅의 사람은 모두 똑같고, 상장은 이 땅에서 맡은 대로 못 다하며 살다 죽은 뒤 하늘나라에 가서 받는 것이라고, 그래서 상장을 주지 않는 것이라고 들어온 것 같다. 이런 연유로 풀무엔 교내에서 어떤 상장도 수여하지 않는 것으로 알고 있다.

홍순명 선생이 교장 역할을 하실 때부터 창업식의 주인공을 창업생이라 선언하듯 한 사람 한 사람을 파악하고 칭찬과 격려의 말을 하는 것으로 바뀌어 지금에 이르렀다. 당시 그런 졸업식 말씀은 학생을 진정으로 알고 사랑하는 교육의 참된 모습으로 참신하게 느껴져 학생은 물론 부모님, 참석한 모든 사람이 감동하는 특별한 시간이었다. 그 뒤를 이은 교장 선생님들도 그런 맥락의 말씀을 준비하시고, 학생들 노래, 영상 같은 학생 참여가 더 생긴 게 특징이라면 특징이다.

창업식 전날 저녁 간담회도 학교의 특성에서 생긴 시간으로, 이제는 큰 특징이 되었다. 생활관 학교여서 창업식을 하러 학교에 와 지내는 시간을 의미 있게 보내는 방안으로 논의하기 시작해서 지금까지 계속되고 있다. 또한 창업식은 시간제한이 있어 학생들 하나하나가 생각을 말하기 곤란한 터에 떠나는 처지에서 함께 살아준 사람들, 부모님께 그동안의 감사와 느낌, 당부 같은 속말을 할 수 있으면 좋겠다는 의미도 중요하게 여겨져 전교생 모두와 선생님들, 창업생 부모님이 함께 둘러앉아 이야기를 주고받는다. 부모님이 참석 가능한 시간을 고려해 저녁 8시에 시작하다가 이즈음은 금요일 저녁 7시에 시작하고, 창업식도 토요일에 하니 여러모로 편리해진 느낌이다.

이런 과정에서 3학년들은 목요일 저녁 창업연극을 올리기도 했다. 그해의 특성, 학교 여건, 지금은 코로나라는 시대 영향으로 유동적이긴 해도 창업연극에 참여하는 사람들이 들이는 정성은 다른 때와는 다른 느낌이다. 참고로 2022년 올해는 그 시간에 밴드공연을 했다.

이 간담회 진행은 교무부에서 맡아 하다가 뒤로 가며 3학년 담임이 하기로 정해 오늘에 이르렀다. 기도로 시작하고, 1·2학년 때 담임 선생님 이야기를 먼저 듣는다. 이어서 해당 창업생들이 입학할 때 3년 동안 학교생활을 어떻게 할 것인지 다짐한 영상을 짧게 편집해서 본다. 얼마나 지키며 살았나, 몸과 생각이 변화하고 성장했는지 가늠해 보는 시간이다. '사람 참 변하기 어렵구나, 정말 많이 바뀌었네' 사이를 오락가락하며 박장대소하거나 민망해하지만, 가장 잘 알 자신만의 성찰을 하게 되면 더없이 좋을 일이다. 창업생은 부모님과 함께 자리를 하고, 앉은 대로 돌아가며 이야기한다. 지나간 시간을 떠올리며, 떠나갈 것을 생각하여 울먹이기도 하고, 때로는 아픈 말을 남기기도 하며, 자기다운 진심을 진술하게 나눈다. 1·2학년 두엇이 보내는 말을 하고, 전에는 재학생들이 송별 노래를 하기도 했다. 이런 순서를 다 마치면 꽤 늦은 시간이 된다. 창업식 분위기는 이렇게 조성되고, 한밤만 자면 이제 생활관에서 잘 일은 없게 되어 시원섭섭한 마음으로 잠을 설치기 일쑤다.

이 자리까지 오려면 3년 동안 꼭 해야 하는 일들이 몇 있다. 이중 창업논문 쓰기가 첫손 꼽힐지도 모른다. 논문이라지만 연구 결과나 연구 업적을 내야 한다기보다 창업 전 필수 글쓰기 과정이다. 앞으로 인생을 어떻게 살 것인지 탐색하는 철학 세우기, 가치관 찾기, 일생 동안 살면서 주로 관심을 갖고 힘써 노력하며 살고 싶은 분야 연구, 또는 그런 성격의 예술작품 만들기 등을 범위로 한다. 1학년 때부터 주제를 정하고 자료를 모으라고 권장하며 지도하지만 실제로 쓰는 건 3학년 마칠 무렵 한 달 정도다. 개인 차이는 있지만, 이 기간 집중해 쓰며 새로운 분야를 발견해 주제를 바꾸거나 글의 방향을 새롭게 잡기도 한다.

최근엔 학교 정신이나 제도 연구, 수업생 연구, 사진집, 그림책 만들기, 노래 작곡 같은 다양한 분야를 보여준다. 사진집, 만화책 같은 작품은 자체 비용으로 제작하고, 지역의 전시 공간에서 마을 사람들 대상으로 전시하기도 했다. 반면 창업논문 자체를 자신과 제대로 연결하지 못하거나 의무에 눌려 버거워하기도 하는데, 근원적인 목적부터 개인에 맞는 지도 방안을 더 찾고 논의해 가야 할 듯하다.

창업논문은 12월 셋째 주 3일 동안 전교생 앞에서 누구나 다 발표해야 한다. 이때 이미 다 쓴 사람도 있고, 발표 과정을 거치며 보완할 거리를 찾아 뒤에 완성하는 사람도 있다. 반장, 부반장이 순서에 따라 진행하고, 마지막 날엔 논문 시간 담당 선생님의 짧은 평가도 들

창업논문 발표 장면

는다. 1·2학년 학생들이 관심 있게 듣고 질문하며 참여하면 발표 분위기가 진지해지는 것 같다. 함께한 모든 사람이 새롭게 공부하며 성찰하는 시간이 되도록 서로 노력해 갈 일이다.

논문은 공책에 자필로 써내어 지도 선생님의 평가를 받아야 마무리된다. 이 평가서는 논문 앞에 첨부해야 하고, 논문은 횟수별로 정리하여 사랑방에 보관하고 있다. 회에 따라 학부모의 요구로 논문 제본을 한 적도 있고, 필사 전 한글 파일본을 제본한 일도 있다. 초창기부터 50회까지 보관된 논문을 인쇄소에 맡겨 영인본 파일을 만들었다. 보관과 관리, 영인본 작업 등 창업논문과 관련한 남은 과제도 많다. 무엇보다 자신에게 일생 잊지 못할 유용한 경험으로 도움이 되고, 다른 사람에게 조금이라도 참고가 되면 창업논문의 존재 의의는 충분하지 않나 생각한다.

이렇게 이리저리 떠올려보니 창업식 관련한 것도 참 간단치 않구나 싶다. 코로나로 부모님 참석이 아예 어려웠던 2021년, 2022년엔 방역을 지키며 제한된 인원만 참석하게 하여 진행한 것도 기록에 남을 일이 되었다. 코로나 이전 창업식을 앞두고 3학년 가정에 보내는 안내 글, 2022년 거행한 창업식 소감을 덧붙여 이해를 돕고자 한다.

제55회 창업식 안내

밝았습니다!
풀무의 아침 인사로 문안드립니다.

여러 일들 속에서도 사랑과 은혜로 2020년 새해를 맞이하였습니다.
이맘때를 앞뒤로 해서 학교들은 '졸업식'을 합니다. 풀무에서도 '창업식'이라고 하는 졸업식을 준비할 때가 되었습니다. 학교를 설립하신 선생님들께서 개교 이래 졸업은 끝이 아닌 시작이라 하여 '창업'이라고 해 오신 뜻을 존중하고, 나아가 그 말이 지닌 뜻을 새기며 오늘날에도 졸업을 창업이라 쓰고 있음을 널리 양해하여 주시기 바랍니다.

올해 풀무학교는 쉰다섯 번째 창업식을 하게 됩니다. 이번에 창업하는 26명의 학생들은 열정 넘치는 모습으로 '밝고 맑게' 이상을 추구하며, 맏언니답게 학교생활을 책임 있게 했습니다. 학교를 떠나서도 자기 빛깔대로 자신이 맡은 자리에서 자신의 몫을 해내며 '더불어 사는 평민'의 길을 가리라고 생각합니다.

공사 간 여러 일로 바쁘시겠지만 오셔서 풀무 3년 과정을 마치고 더 넓은 세상으로 씩씩하게 출발하는 창업(졸업)생들에게 축하와 격려의 마음을 나누어 주시면 고맙겠습니다.

창업식 전날 저녁 전교생과 한자리에서 3년 동안의 학교생활을 돌아보며 창업을 맞이하는 느낌과 생각을 나누는 간담회(속말나눔)가 있습니다. 창업하는 3학년 학부모님들은 꼭 참석해 주시기 바랍니다.

창업식 일정은 다음과 같습니다.

제55회 창업식 일정

- 창업간담회: 2020년 1월 17일 (금) 19시(늦은 일곱 시)
- 창   업   식: 2020년 1월 18일 (토) 10시 30분
- 장   소: 우리 학교 강당

2020년 1월 6일

학교법인 풀무학원 이사장   박   완
풀무농업고등기술학교 학부모회장   강 선 영
풀무농업고등기술학교장   양 도 길

창업식과 꽃

대한이 지나 그런가, 갑자기 봄이 가까이 왔나 생각할 정도로 포근하다. 어젠 해빙기 끝 무렵처럼 그늘진 구석의 얼음도 녹고 햇볕도 한결 따뜻하게 느껴지는 듯했다. 날씨 얘기만 하면 기후 위기가 떠올라 예측도 불안하고, 추우면 추운 대로 따뜻하면 따뜻한 대로 걱정부터 되는 건 사실. 이런 식의 지독한 인간 중심이 섬뜩하면서도 지내기 편한 걸 선호하는 이기심이라니….

창업식 마치고 몸살 앓듯 시름시름 피곤한 몸으로 하루를 보냈다. 인사를 나누어야 하는 일 같은 관계 속에서 중심을 잡는 일이 생각보다 긴장되고 힘겨웠던 듯하다. 몸이 힘드니 마음도 같이 가라앉아 무슨 생각을 하고 있는지도 모르겠고, 무조건 쉬어보자는 생각만 하다 이젠 다시 정년 퇴임한 나(?)로 돌아온 듯하다.

지난 창업식 생각이 난다. 1월 22일 토요일에 57회 창업식을 했다. 생활관 학교이고, 몇 년 전부터 부모님 오시기 편한 날인 토요일에 창업식을 하고 있다. 날짜며 형식이 조금씩 바뀌어 온 걸 새삼스럽게 돌아보게 된다. 내가 학생이었을 땐 1월에 했고, 10여 년 전까지는 대부분 2월 10일 전후에 했다. 대부분의 학교 졸업은 2월이었

는데, 다른 학교들도 큰 변화를 보이는 즈음이다. 2월 학기가 없어진 것도 큰 변화다. 전국에서 처음인진 몰라도 풀무에서 생활관 학교라는 현실적 여건으로 2월 학기 없애기를 강행(?)했는데 지금은 대부분 그렇게 하는 듯하다. 2학기 종업과 졸업식을 함께 하는 식으로.

우리도 그런 논의가 있었지만, 창업논문 필사라는 과업(?)에 기대어 대강의 날짜를 따져 1월 말 즈음으로 정해서 해오고 있다. 또 다른 변화는 상장(표창장)이 없어진 것. 이건 정말 개운한 일이다. 얼마 전까지만 해도 3학년 담임의 12월, 1월 업무의 대부분은 교육감부터 시작하는 상장수여자 추천서 쓰고 공문 작성하는 일이었다. 홍성군내에 그런 직함이 있나 처음 생각해 본 것까지 오는 대로 다 추천한 뒤 포함되지 않은 사람들은 이사회, 학부모회, 수업생회로 나누어 배치했다. 상장수여식은 어차피 없고 학급에서 나중에 주는데 누군 받고 누군 안 받고 하는 구별은 없어야 하니 그렇다. 공문으로 추천 이유까지 작성해서 결재받아 보내는 그런 일, 안 하면 안 되는 것 같은 그런 권위문화는 언제 어떻게 스러지게 되었는지, 생각할수록 잘한 일이다. 새삼 역사의 진보를 믿고 싶어지기까지 한다. 아, 이건 우리가 거부하기 시작했다는 뜻이고, 그게 통했다는 말이지 다른 곳에선 아직도 이런 포상문화가 건재하는 것 같긴 하다.

창업식이라니, 풀무 밖에선 사업을 시작할 때나 쓰는 말이지 졸업식을 대신할 말로는 쓰지 않는다. 졸업을 창업이라고 쓰기 시작한 건 주옥로 선생님이라고 들었고, 내가 학생 때, 주 선생님이 창업의 말씀을 하실 땐 이 말과 관련한 말씀을 하셨던 것 같다. 지금 학생들은 궁금해하지도 않고 '여기선 그렇게 해' 정도로만 생각하는 분위기다. 한때는 풀무를 아끼시는 어르신들이 졸업을 창업이라 하는 건 거짓과 위선이라는 공격(?)까지 받은 일도 있다고 들었는데, 그냥 설립하신 분들의 뜻을 존중하여 그렇게 쓰고 있다는 정도만 설명하고 있다.(창업안내문에서)

이 말은 원래 맹자가 썼다고 하고, '창업수성(創業守成)'이라는 말과 연관 있다고 한다, 창업은 일을 시작하는 것이고, 수성은 그 뒤를 이어 정신과 내용을 지켜간다는 뜻이다. 문헌에는 둘 중 무엇이 더 어려운가 묻고 답하는 식의 고사로 소개되는데, 결론적으로 둘 다 어렵다는 것에 동의한다. 무엇이든 '지금 여기 누가'의 진실을 믿어서다. 그래서 풀무에선 창업식을 마치면 졸업생을 수업생이라고 하나 보다. 나는 이

것이 수성의 정신이라고 생각하고, 그분들의 진심 어린 시작과 뜻을 이제야 이해할 듯하다. 어떻게 살아갈지의 정신을 지키려면 자신을 지킬 공부를 꾸준히 해나가야 한다는 것, 바로 수업(修業)이다. 해야 할 일을 갈고 닦아 나아가야 한다는 이 말이 참 훌륭하다는 생각이 든다. 우리 모두 이 땅을 교재로 수업생이 되어야 하리라는 다짐도 해 본다.

또 하나 생각하는 것은 '꽃'이다. 퇴임 인사 자리에서 학생들에게 꽃을 받았고, 학부모회에서 준비한 꽃다발도 받았다. 창업식에선 학생들이 선생님들 모두에게 프리지아 작은 다발을 나누어줬다. 왜 사람들은 이런 의미 있는 자리에 꼭 꽃을 곁들일까? 탄생 축하부터 죽음을 애도하는 장례식까지 다 꽃을 쓰니 말이다. 이런 생각을 하면 〈혼불〉에서 초파일 부처님 오신 날을 기념하여 연등을 준비할 때 종이를 물들여 그늘에 말리고 하나하나 꽃잎을 접어 연꽃 모양의 등을 만드는 풍경을 잊을 수 없다.

일단 왜 그리 꽃을 중시했을까 생각해 본다. 꽃은 최고의 경지를 드러낸 완성, 드디어 도달한 아름다운 정점이다. 그렇게 아름답게 피어나기까지 얼마나 수고로웠는지는 꽃 앞에서 대부분 누구도 떠올리기가 쉽지 않은 것 같다. 그렇게 찬란한 빛으로 사랑받다 스러져 가야 한다는 것도 말이다. 창업식도 퇴임도 죽음도 오래전부터 그렇게 차곡차곡 하나하나 쌓아오지 않았으면 이를 수 없는 일이라는 것도 꽃이 피는 것에 대비하여 연결되는 게 많다.

관습처럼 그런 뜻깊은 자리에 꽃을 곁들여 온 옛사람들 마음에 감탄한다. 어떻게 그렇게 느꼈을까? 희비극의 정점 같기도 하고 시작과 끝의 조화 같기도 한, 새로운 시작을 머금은 최고치 아름다운 꽃을 대하며 생각이 많아진다. 아름다운 건 슬픈 것임을 다시 생각하며, 힘 다해 저만의 꽃을 피워내도록 꾸준히 수업할 날들을 내게, 엊그제 학교 떠난 수업생들에게 기원하는 마음 간절하다. 그리고 응원한다.

그래서 일상에서 오랫동안 궁리하고 준비한 꽃들이 우연과 필연이라는 열매로 피어나면 좋겠다. 꼭 행사 같은 의미가 없는 때여도 이런 생각을 꽃으로 새기며 가끔가끔 격려와 응원의 마음으로 꽃을 나누는 것도 좋겠다는 생각이 드는 시간이다.

(2022. 1. 22.)

졸업을 '창업'이라 하는 창업식을 지금은 1월 중에 한다. 제20회 창업 기념사진. 가장 적은 7명의 창업생과 고인이 되신 주옥로, 최태사, 백연욱 선생을 비롯해 은퇴하신 선생님들까지, 풀무학교 역사를 실감할 수 있다.

이즈음은 창업을 기념하여 12월 중에 강사 선생님들을 포함해 식당 엄마들까지 현관 앞에 모여 사진을 찍고 창업식 때 나눠 받는다. 54회 창업 기념.

고갱이 2

일상에서
자연스럽게

생명이 있는 존재로 살아서 경험하고 활동하는 그것으로

몸과 마음 다스려서 바르게 선다.

하나님 경외하며 땅과 사람을 하늘로 알아 사랑한다.

어디서 와서 어디로 가는 길인가 물으며

예배하고 공부하고 일한다.

합리와 효율, 소외와 배제를 경계하며

사람으로 살아가는 길을 익힌다.

가끔 하늘을 우러르고 굽어 땅을 살피며

밝고 맑고 고요한 마음을 가꾼다.

고맙고 부끄럽고, 크고 작은 나를 만난다.

일상에서 자연스럽게.

간담회(속말나눔)
학급 단위 전체회의

간담회는 왜 하고, 무얼 하는 시간일까?

학생 때도 간담회가 있었고, 선생으로 와서 마칠 때까지 간담회라는 시간이 있었다. 앞으로도 지속해 가지 않을까 생각한다. 2006년부터 글쓰기반 활동으로 일본어투 말을 우리말로 바꿔보자며 '속말나눔'이라 쓰자고 제안했지만 입에 잘 붙지 않아 그런지 아직도 간담회란 말이 더 많이 쓰이고 있다.

간담회는 학년 전체와 선생님 모두가 모여 생활 얘기를 하는 모임이다. 초창기부터 해온 이 모임을 지금은 한 학년이 한 학기에 한 번씩 하고 있다. 1학기에는 3학년—2학년—1학년 순서로 4월—6월—7월에, 2학기에는 9월에 2학년부터 시작해서 11월에 1학년, 3학년은 창업간담회로 가름한다.

누구나 자기 말을 하고 그걸 들어주고 공동의 문제가 무엇인지 생각해 보면서 자기 모습도 보이고, 고마운 생각도 들고, 그동안 갑갑하던 것들도 이해하게 된다. 이런 개개인의 모습이 진솔하게 드러나는 모임이 간담회고, 그런 점에서 참 좋은 시간이라고 생각한다.

여러 사람 앞에서 말해본 적 없는 친구가 어렵게 입을 열기까지 모두가 기다려주던 분위기, 생활관 생활을 하며 학교와 생활관에서 다르게 행동하는 언니들로 힘들어하던 일까지, 긴 세월 동안 크고 작은 여러 모양의 이야기를 담고 흐른 시간이기도 하다. 한 학년이라는 작은 단위에서 선생님들 모두와 함께하는 자리, 있는 그대로의 마음을 풀어내는 시간에 학생들의 실존적인 상황을 파악하고, 그 바탕에서 때마다 나름의 고민을 안고 교육적인 문제로 연결해야 한다고 생각하며 살아온 듯하다.

간담회 때는 보통 음식을 장만한다. 학급 단위로 선생님들을 모두 모시고 대화하는, 그야말로 속엣말을 나누는 시간, 손님을 모셨으니 간단한 다과를 준비하는 우리의 예의처럼 음식을 마련하기 시작했을 듯하다. 집에 손님이 오시면 있는 것을 정성껏 대접하거나 없으면 사 오거나 하는 게 상식이듯 이 시간에도 그렇게 했지 싶다. 생활관 학교 이전엔 고구마나 감자, 집에 있는 쌀을 모아 떡을 하는 등, 학급에서 상의해 정성스레 준비했다. 요즘엔 그럴 수 있는 형편이 아니니까 돈을 모아 간단히 먹을 수 있는 것을 사다 하나씩 나눠 주는 게 일반적이다. 왜 음식을 먹어야 하는지 하는 생각보다는 뭘 먹을까, 시간이 길어지니까 지루하고 배고프니까 먹는 것인가 정도로 생각하기도 한다.

진행하는 사람은 이런 모임에 와주신 손님들(선생님들)께 감사의 인사를 하며 우리와 어떤 이야기(주제)를 나누어 주었으면 좋겠다고 부탁도 하고, 음식은 어떤 마음으로 준비했으니 드시며 얘길 나누자, 뭐 그런 정도 얘길 하며 진행하면 좋겠는데 뭔가 순조롭질 않다. '먹을 거 하나씩 나눠주고 시간 아까운데 억지로 이러고 있어 불만'이라는 투로, '왜 내 속 애길 다 해야 하나' 하는 불편한 마음으로, 또는 '지겨운 일 하나 얼른 지나가라'는 심정으로 앉은 순서대로 쭉 얘기하고, 이어서 선생님 한 마디…, 이게 지난 시간 대강의 간담회 모습이다. 물론 얘길 하다 보면 생각지도 못한 진솔한 심정을 만나 공감하고 이해하게 되어 다행이라 여기는 때도 많지만 마음가짐이나 준비가 덜 되어 있는 때도 적지 않았다.

보통 시작하면 두 시간은 걸리는 간담회, 전처럼 밤이 되도록 하기엔 곤란하니까 상황에 맞게 할 얘길 잘 요약해서 준비하는 것도 필요하다. 떨리고 감정이 북받쳐서 그럴 수 있지만, 중언부언하거나 동어반복으로 시간이 늘어지기도 한다. 듣는 사람을 고려해서 말하는 예의 지키기도 중요하지만 다른 사람 말을 잘 듣는 게 더 중요할 수도 있다. 듣기보다 내 차례에 무슨 말을 할까만 신경 쓰며 시간을 보내기도 해서. 때마다 선생님들이 지적하거나 말을 자르거나 하지 않는 것은 있는 그대로 기다려주고 존중하려는 마음에서라고 생각한다. 그러나 학교 밖에선 그런 게 통하지 않는 때도 많기에 그때그때 바로잡아야 하나 고민되기도 했다. 여러 분야에서 그렇겠지만 잘 배운 정도와 됨됨이가 중요하다는 생각이다. 아무튼 이런 시간을 '그저 하라니까' 하는 식의 태도로 보내지 말았으면 좋겠다.

이 모임에선 학년마다 지닌 고유한 특성이 잘 드러나기도 한다. 자기 얘길 하다가 벅차오르는 감정을 가누지 못하고 울먹이거나 가끔은 크게 우는 친구도 있다. 이즈음은 좀 더 객관적으로 보려 애쓰고, 더 정성을 들이려 하고, 뜻깊은 시간이 되게 하려는 듯 서로서로 노력하는 모습도 보인다.

때로는 진심 어린 마음을 표현한 대로 이해받지 못하고, 서로 바라는 지점이 달라 서운하게 생각하기도 하지만 모두 성장의 기회가 된다. 없는 일로 덮어두는 게 아니라 있는 대로 드러내면 시간이 좀 걸려도 풀 길은 생긴다. 간담회는 그런 이야기 마당으로 아주 적절하다. 어려운 얘기를 털어놓기도 해야 하고, 조금 더 나아진 모습으로 앞날을 살아갈 포부나 더 낫게 살고 싶은 마음을 모으는 시간으로 만들어 갈 노력을 서로가 해나가면 좋겠다. 학급 단위 전체 회의 성격인 간담회 시간은 이래저래 뜻이 깊다.

오래전에 쓴 3학년 간담회 소감을 덧붙여 큰 차이 없이 이어지는 간담회 모습, 거기 담긴 의미는 무엇일까 나누고 싶다.

교사와 함께하는 학년별 속말나눔(간담회)

3학년 간담회 뒤에

이걸 행복이라 할까 참담함이라 할까, 세상 물정 모르는 비현실주의자들의 넋두리라 할까… 우리는 지금 두 시간이 넘게 속을 털어놓는 길고 긴 얘길 들었다. 그에 견주어 시간에 쫓겨 선생으로서 그 많은 말을 듣고도 이렇다 할 말을 하지 못하고 끝냈다. 언제나 그렇게 느끼듯 좀 허하고(속마음을 말한 학생들이 뭔가 허하다 여길 것 같다!) 부끄럽기도 하고, 이런 생각을 하는 학생들 속에서 내 위치는 무엇일까 끝도 없이 되짚어 보게 된다. 학생들은 이미 답을 알고 있지만, 선생으로서 뭔가 할 바를 제대로 하지 못하고 있다는 생각도 들고, 학생들이 짐 지고 가는 것들이 너무 버거워 안쓰럽게 여겨지기도 한다.

오늘 입학하기 전 얘기부터 방학 때 얘기, 지난 2년 생활 속에서 아프고 쓰렸던 일로 울먹이며 간신히 말한 사람들부터 담담하게, 혹은 구체적으로 자기 처지를 이야기했다. 마치 영성 집회장 같은 분위기라고 할까, 하나하나 한 말을 붙들고 논의하면 큰 토론거리나 논제가 될 수도 있을 만한 이야기들이기도 했다.

학생들이 자기반성을 하며 하는 얘기를 들으며 나를 비추어 보지 않을 수 없는 일, 이 친구들에 비해 훨씬 좋은 환경에서 시간과 감정과 음식까지 절제하지 못한 부끄러운 생각이 떠나질 않았다.

늘 바쁘다며 하늘 한번 볼 여유 없이 초조하게 남 탓하며 그렇게 살아온 어두운 한 달을 보냈다는 반성도 했다.

이 친구들은 참 잘 듣는 사람들 같다. 들을 줄 아는 사람들이라는 느낌–선생님과 상담 한번 하고 그렇게도 마음을 정리할 수 있었다니 대단하지 않은가. 그건 또 이번 학년이 지닌 아주 좋은 분위기의 힘이기도 하다. 좋은 기운이 흐르는 것, 이건 모르는 새 사람을 만드는 힘일 거다. 서로 정신 차려 지켜나갈 장점으로 쓰면 좋겠다. '우리끼리 최고', 이런 마음은 지양해야 할 것. 서로 격려하고 어깨 보듬고 나아갈 자세를 지향해 가면 참 좋은 학급이 될 듯하다.

칭찬받지 못해 힘들다는 말도 참 적절한, 정말 집단에서 꼭 있을 수 있는, 짚어야 할 이야기다. 권정생 선생 글에 나오는, 효부상을 거부한 사람 이야기가 생각났다. 마땅히 해야 할 일이어서 한다는 태도, 이 경지까지 이렇게 고민하며 가야 하는 길일 터이다. 그렇지만 거기까지 도달하긴 쉽지 않고, 그나마 맘먹고 가는 그 과정은 눈물 나게 외롭고 힘들다.

착하고 여린 이 친구들에게 선생님들이 주문하는 냉철함에 동의한다. 좀 더 똑바로 볼 힘을 키워야 한다. 그걸 실력이고 힘이라 할 수 있을 거다. 학생들은 나를 알아가겠다느니, 바로 서겠다느니, 그런 말을 많이들 했다. 남 탓하지 않고 자신 먼저 보려 하니 많이 깨달은 모습이다. 내가 서지 못하면, 내가 중심이 없으면, 내가 스스로 자부심이 없으면 남과 더불어 살기는 요원한 일이다. 오늘 깊이 생각한 건 '나'였다. 최명희의 글에서, 신영복의 글에서 그리도 강조하는 '나', 그 깊이까지는 못 가지만 정말 옳다는 생각은 하고 또 한 시간이다.

오늘 이런 자리가 세상 어디에 있을까? 이게 이곳의 힘일 것이라 믿는다. 함께해 주시는 큰 분위기의 힘, 선생님들의 진실한 마음, 학생들의 솔직함과 정성… 이 모든 게 합하여 감동을 만들고 우릴 살게 한다 싶다. 참 고마운 일이다.

(2009. 4. 9.)

나눔날
나누며 살지 않는 삶은 없다

학교에서는 올해 4월에도 밥 한 끼 먹지 않는 '나눔날'을 운영하겠지?

3월 한 달은 새 식구들을 포함해 새로워진 것과 바뀐 것들을 알리고 적응하느라 정신이 없기에 보통 4월부터 시작하는 게 자연스러워서 그렇게 해온 듯싶다.

'나눔날'은 그전엔 '금식날'이었는데, 2006년(43회 때) 무렵부터 이 일을 실제로 이끄는 복지부 사람들 제안으로 전체의 동의를 얻어 이렇게 바꿔 쓰고 있다. 대개의 일이 그렇듯 책임을 맡은 부서에서 관심과 열의로 구성원들을 교육하며, 의도하는 바 목적 실현을 위해 시간과 노력을 많이 쓰면 내용과 형식이 충실하게 갖추어지게 된다. 나눔날 실시를 비롯해 복지부에서 하는 일이 눈에 띄게 활발했던 때가 43회 복지부장 때였다고 기억한다. 이것을 기본으로 하여 변경, 보완하며 오늘까지 이어지고 있다.

학교에서 생활관 생활을 시작한 시기는 이른바 북한의 대기근으로 백만이 넘는 사람들이 굶어 죽는다는 소식이 들리고, 두만강을 건너 탈북하는 동포들 이야기를 여러 형태로 듣던 무렵이다. 1990

년대 소련 체제가 붕괴하고 미국 중심 경제 제재가 강화되면서 전반적으로 산업이 어려워졌고, 농업도 이 영향을 받은 터에 1995년 대홍수로 곡창지대가 쓸려나가고 종자가 유실되는 등 농업생산성과 생산량이 급격히 떨어지고, 이는 곧 대규모 기아(飢餓)로 이어졌다. 이런 뉴스로 심란하던 기억이 까마득하다. 이런 일로 대북 민간 교류와 협력을 대표하는 단체들이 생겼고, 보통 널리 알려진 대표적인 게 국제옥수수재단이었다. 이들은 북한의 1천 개 마을에 옥수수심기 사업을 벌이며 식량 생산, 지원에 적극적이었다.

그즈음 문화시간에 국제옥수수재단 공동대표로 활동하던 김순권 선생께서 다녀가셨다. 분단된 나라의 동포들 사정으로 안타까워하는 우리에게 '검은 대륙의 옥수수 추장'으로 널리 알려진 이분은 북한의 식량문제 해결을 위해 북한을 여러 차례 방문한 경험을 바탕으로 동포끼리 돕고 살아야 할 당위성, 식량문제의 심각함을 실감 나게 말씀하셨다. 강의 뒤 분단된 나라로서의 정체성을 고민한 학교 식구들은 의견을 내어 우리가 한 끼를 안 먹으면 그 돈이 북한의 어려운 사람들을 살릴 수 있다는 귀한 뜻으로 이어갔다. 그 일을 맡은 복지부에서는 행사가 중복되지 않는 날로 실천할 수 있는 요일을 정해 제안하고, 달마다 모은 돈을 연말에 우리민족서로돕기운동본부에 보내는 식으로 금식날을 진행했다.

그러나 그 과정은 과연 순조로웠을까? 흔한 말로 장난 아니게 어려운 길을 지나온 것 같다. 역사의 모든 것이 그렇듯 처음 시작할 때의 순수한 뜻을 뒷사람들까지 그대로 이해하기란 쉽지 않다. 모든 조건과 상황은 바뀌어 가기 때문이다. 해마다 복지부 계획으로 알리고 시행해 오지만 한 달에 한 끼 안 먹는 건 생각보다 큰일이어서 그날 하루는 기운 빠지고 축 늘어진 모습으로 누군가를 원망하는 것 같은 얼굴로 지내기도 한다. 아침을 잘 안 먹던 사람도 전체가 안 먹는다, 먹으면 안 된다고 하니 더 배가 고프고, 금지된 것에 대한 희구는 더 커지게 마련이다. 더구나 그게 일상의 기본을 이루는 밥이니 말이다. 그러다 보니 이 문제를 뜻에 맞게 효과도 살리는 좋은 방향을 찾으려 여러 논의를 시도하고 실천하며 시간이 지났다.

처음엔 월요일 아침식사를 하지 않는 것으로 시작하여 한때는 저녁을 안 먹는 것으로, 또 요일을 바꾸어서 해보다가 최근 몇 년 동안은 목요일 아침을 나눔날로 지키고 있다. 그 과정에서 내일 아침이 금식이라고 알려지면 저녁에 과자며 먹을거리를 한 보따리 쟁여놓고 밥만 안 먹을 뿐이지 개인적으로 먹는 사람이 생겼고, 이는 전체를 고민하게 하는 문제로 불거졌다. 그래서 평가를 거쳐 그날은 아예 밥 말고 모든 간식을 먹지 않기로 하고, 식당에서 제공되는 밥 외의 먹을거리도 식당에서만 먹기로 제한을 두었다.

요즘 학생들은 근본 뜻에 공감하고 대체로 잘 따르지만 여기까지 오기에는 정말 곡절이 많았다. 한참 성장기인 학생들이 군이 밥을 굶으면서까지 다른 사람을 돕는 게 바람직한가 하는 문제 제기에서부터 '의무로 하지 말고 하고 싶은 사람만 하자', '밥은 먹고 차라리 돈을 모아 도움이 필요한 곳에 보내자는 등의 제안이 계속 나와 전교회의에서 토론한 뒤 할지 말지의 결의과정도 수차례 거쳤다.

어느 해인가는 오히려 의욕이 넘쳐 하루종일 밥 대신 감자, 고구마 한 개씩만 먹고 기아를 체험하듯 하자고 해 실행했는데, 본말이 전도되어 그런 실천이 정상적인 생활을 어렵게 한다고 지적되었고, 전체 협의를 거쳐 '아침 한 끼 안 먹고 간식 먹지 않기'로 되돌려 지금까지 이어지고 있다.

이날은 복지부에서 준비하여 아침 조회 때 세계의 기아 문제, 먹고 버리는 음식물 쓰레기 문제, 비만 같은 성인병 문제를 겪는 현상을 돌아보는 교육자료를 함께 보며 나눔날의 의미를 새기고, 나아가

서로서로 권면하고 나눔날을 상기시키며 하루를 보낸다. 전에는 몰래몰래 먹는 사람이 감시당한다며 도리어 화를 내기도 했는데, 그런 일은 점차 줄어들고 문제 제기는 공개적으로 하는 분위기가 생겨 한층 성숙한 모습이라고 느꼈다.

원래 시작은 북한 동포의 굶주림에 동참하는 마음으로 동포로서 사랑을 실천하고 연대감을 형성하기 위한 것이었지만 시간이 지나며 상황과 사정이 달라졌고, 당시의 절박함과는 여건이 많이 달라졌다. 그러다 보니 북한보다는 점차 월드비전을 통한 세계의 어려운 사람들을 돕는 쪽으로, 나아가 홍동지역에서 도움이 필요한 데까지 조금씩 나누어 지원하고 있다. 복지부에서는 적절히 도울 만한 곳은 계속 제안해 주길 바라며 바람직하게 쓰이도록 애쓰고 있다.

이제 한 달에 한 끼 밥을 먹지 않고 누군가를 돕는다는 건 바로 자신을 돕는 일이기도 한 시대라고 생각한다. 건강 차원에서 단식을 하기도 하고, 먹을 게 많아도 너무 많아 한 끼 정도 속을 비우고 있는 그대로 자신의 몸과 마음을 돌아보는 교육적 의미를 살려보는 것도 의미가 있지 않을까 싶어서다. 물론 모든 게 의무와 강제로는 바람직하지 않다. 구성원들이 충분히 의견을 개진하고, 협의를 전제로 건강한 몸과 마음을 지키며 다른 사람들을 조금이라도 도울 수 있다면 본래 뜻에서 한 발 나아간 형태로 나눔날은 의의를 다하리라 생각한다.

이런 방식으로 채식하는 날도 늘려가고, 다른 생명들의 고통에 공감하며 순환을 생각하는 나눔날을 단계적으로 실천해 가면 좋겠다. 조금씩 목표가 구체화하고, 함께하는 사람들 마음이 즐거울 수 있다면 그 자체가 진정한 삶이고, 나눔의 자연스러운 모습으로 이어질 수 있다. 그런 마음과 행보를 그린다. 누구도, 심지어 자기 자신과도 나누지 않고 사는 삶이나 사람은 없다.

도서실
'풀무 글마루' 이야기

멀리서 온 '현자'들의 방 도서실 이야기를 펼치려니 온갖 생각이 들락날락한다. 나는 '어질 현(賢)' 자를 쓰지 않는 현자지만 현자의 방이니 하는 말은 동음이 되니, 나를 가리키는 말 같아 뭔가 쑥스럽기도 하다. 그러나 시공간을 훌쩍 건너온 현자들의 목소리로 꽉 찬 방인 건 확실하다. 그런가 하면 아늑한 숲에 들어서는 느낌도 있다. 책이야말로 나무에서 온 것이고, 더구나 풀무도서실의 책장과 책상은 나뭇결과 빛이 그대로 살아 상긋한 나무 향까지 풍겨주니 지식의 숲이라는 은유 이상의 사실로 통하는 공간이다. 책은 글의 종합, 최정상 마루이고, 그런 책을 모아 놓은 공간이기에 '풀무 글마루'라고 문앞에 이름 삼아 걸었다. 이 소박한 현판은 목각 장인으로 학생들 목각반을 맡아주시는 고등부 5회 이창우 선생께서 글자 하나하나 조각칼로 파서 만든 작품이라는 점에서도 뜻이 깊다.

지금의 도서실은 2010년 2학기부터 꼴을 갖추었다. 풀무는 물리적 규모로 도서관이 아닌 도서실이다. 당시 일반화되었던, 교육청에서 해주던 도서관 사업과도 무관하다. 원래 교무실로 쓰던 교실 한칸을 오랫동안 도서실로 써 오다가, 장소도 좁고, 학교 도서관을 활용한 교육을 중시하던 당시 사회 분위기에 따라 넓히게 되었다. 재정이 부족하여 후원금을 활용하는 범위에서 찾아낸 지극히 현실적인 최선의 방법이었던 듯하다. 본관 맨 끝방은 그 옛날 홍 선생 연구실에 이어 학생들 보건실로 썼는데, 이 방과 합치고 복도까지 이어서 넓히는 식으로 리모델링을 했다. 갓골목공실을 운영하는 미술 담당 방인성 선생의 설계와 작품으로 책꽂이를 최대한 넣도록 꾸몄다. 대출 반납함이며 책수레, 책사다리 같은 비품도 직접 만들었고, 그 뒤 몇 년 동안 부족한 책꽂이를 필요한 대로 보완해 왔기에 어쩌면 내부 시설은 아직도 계속 채워 가는 진행형 상태인 셈이다.

도서실 재구조 문제를 이렇게 말로 하니 간단해 보이지만 당시는 정말 힘들었다. 책을 빼내고 다시 넣기까지 땀 흘린 노고는 말할 것도 없고, 크고 작은 마음고생까지 어떻게 지나갔는지 상상이 안 된다. 그 고생에 동참한 당시 학생들이 '앞으로 오는 동생들은 원래부터 이런 줄 알겠지?' 하며, 역사의 한 단면을 어렴풋이나마 느끼는 채로 염려도 하던 기억이 난다. 그래서인지 그 뒤에도 학생들은 도서실 환경을 좋아하고, 책걸상을 아끼고 깨끗하게 쓰며 자부심으로 가꾸는 듯하다.

도서실에선 국어과 수업을 한다. 그러다 보니 책 빌릴 생각이 없어도 학년별로 1주일에 두 번은 의무적으로 와야 한다. 모둠별 수업용으로 만든 큰 책상에 앉아 두리번거리다 보면 앞뒤로 꽉 찬 책을 바라보게 되고, 언제가 될진 몰라도 읽어야 할 게 책이라는 생각을 은연중 하게 된다. 읽진 못해도 자신을 둘러싼 책이라는 환경에서 지적 충족을 위한 자극도 받고, 자신만을 생각할 수 있는 짧은 시간에 스스로 위로하며 편안함도 느끼고, 가지런히 꽂힌 책들의 다양한 색상에서 정서적 안정감도 얻는 것 같다. 수업과 공부를 위한 환경으론 최상일지도 모른다.

풀무도서실의 큰 특징은 뭐니 뭐니 해도 도서 등록, 대출과 반납 같은 이용과 관리를 예전 방식인 수동으로 한다는 점이다. 교육 관련 업무, 도서실 시스템 등이 모두 자동화되는 현실에서 때로 곤혹스럽기도 했다. 하지만 이런 형태의 운영에 대한 학생들 평가가 매우 긍정적이고, 현재 학생 규모에선 충분히 활용 가능하다고 판단하며 오늘에 이른 것이다. 모든 일이 그렇듯 장단점은 있는 법. 여건과 상황 변화에 따라 얼마든지 변화해 갈 일이라 생각한다.

도서실의 책은 대개 인터넷서점에서 산다. 물론 20년 정도 된 일이다. 최근이야 학교 예산을 통해 구매하지만 그전엔 대개 문화시간 강사료를 기부해 주시거나 지인들이 도서실 책을 사라고 지원해 주시는 후원금으로 사 넣었다. 요긴하게 모은 돈을 도서실에 있었으면 좋겠다는 책 목록과 함께 보내주신 학부모님도 잊을 수 없는 기억이다.

책이 도착하면 도서부장 주도로 도서부원뿐 아니라 희망하는 학생들이 수업 후 시간을 맞춰 도서대장에 등록하고 책 뒤에 청구카드를 붙이는 식으로 일련의 '도서등록' 작업을 한다. 체계를 잡아 일하기엔 10여 명이 필요하다. 도서부 학생들은 신간 꽂을 책꽂이를 정리하여 새로 들어온 책을 맞이할 준비를 한다. 새로 들어온 책을 먼저 빌리고 싶은 마음, 새 책에 대한 호기심, 새로운 정보를 먼저 알았다는 만족감 같은 것으로 참여하는 사람들은 의욕이 넘치고, 카드를 쓰고, 청구번호 라벨을 붙이는 등의 '역사적'인 일에 참여한다는 자부심 있는 모습을 보이기도 한다.

책을 빌리고 반납하는 일은 학생들 스스로 알아서 해야 한다. 학기 초 담당교사와 도서부 학생들의 안내를 받아 학교의 모든 일이 그렇듯 주인처럼 하지 않으면 제 길로 가야 할 일들이 엉켜 불편해진다. 책을 빌릴 때 학생들이 가장 힘들다고 하는 것은 책 찾기다. 찾는 책이 어디 있는지, 그 책이 있기는 한지 모르겠다고 투덜거린다. 분야별로 정리해 꽂은 것을 설명하지만 한두 번으로 될 일도 아니고, 게다가 빽빽하게 있는 데서 찾기란 쉬운 일이 아니다.

그런데 바로 그 어려운 점이 바람직한 지점이 되기도 한다. 원하는 책을 찾으러 갔다가 옆, 아래위 책들에 빠져 길을 잃는 것! '세상에, 이런 책도 있었구나'를 연발하며 시선이 오르내리는 가운데 낯설고도 새로운 것을 발견하는 기쁨, 느껴본 사람은 알 것이다. 그런데도 책 찾기가 어렵다는 학생들 의견으로 현재의 구조 자체를 바꿔야 하나 고민하기도 했지만, '학생들이 책방과 도서관에서 읽고 싶은 책을 스스로 고르는 기쁨을 빼앗고, 반드시 읽어야 할 책이라며 손에 쥐어 주고 강요하는 풍토'를 개탄하신 권정생 선생 글을 보고 용기백배, 확신하며 지켜온 일이다.

찾는 책이 있는지 파악할 수 있도록 3년 전에 엑셀 파일로 목록 작업을 해 검색할 수 있도록 알리고 있다. 그런 점에서 풀무에서 읽기를 바라는 책 목록이 있지만 강요하지 않으며 언젠가는 읽고 싶어질 날이 있길 바라는 참고 목록 정도로 여기고 있다. 풀무에서 읽기를 바라는 책 목록은 홍순명 선생께서 100권 정도 작성해 주신 것을 바탕으로 시대와 책의 변화에 따라 조금씩 보완해 온 것이고, 도서실엔 따로 책장을 구분해 꽂아두고 있다. 하지만 누구나 꼭 어떤 책을 읽어야 할 이유는 없다. 스스로 그 책이 필요하다고 느끼는 그 지점, 그때가 있고, 여러 환경이 종합적으로 그렇게 될 수 있도록 하는 게 중요하다.

현재 도서대장에 기록된 장서는 1만 9천 권이 넘지만 학생들이 볼 수 없는, 또는 보지 않는 많은 책은 초창기에 등록된 것으로, 강당과 2층 복도에 짜 넣은 책꽂이에 꽂혀 있다. 학교가 오늘에 이르기까지 여러 의미로, 여러 분들이 기증해 주신 책을 포함해 낡아 알아보기조차 어려운 것들까지 언제 어떤 손길로 정리, 폐기, 보관될지 알 수 없기에 먼 후일을 기약하는 길밖에 없다.

본관 건물을 지은 직후엔 강당 벽에 책꽂이를 넣은 책장을 활용했고, 강당이 곧 도서실인 셈이었다. 당시엔 그게 최선이었을 것이다. 지금 라벨을 붙이는 그 자리엔 검은 페인트칠에 흰 글씨로 등록번호를 쓰며 책을 정리하고 관리한 것만으로도 책이 얼마나 귀했고, 그 작업이 특별한 일이었던가 생각하게 된다. 이렇게 책이 흔해지고 관리업무조차 간편해진 세상에서 요즘 풀무가 하는 방법은 그 중간 어디쯤을 가고 있으려나? 그러나 뒤선 이가 앞서게 된다는 진리가 여기서도 예외일 리 없다. 누구나 다 스스로, 불편하게, 아끼며 함부로 하지 않아야 한다.

풀무도서실엔 고등학교치고 학생 수에 비해 책이 다양하고 새 책도 많은 편이다. 비교해 본 건 아니고, 학생들 요구에 비교적 잘 응하고, 부족하다는 불만이 적어서 하는 생각이다. 책은 학교에서 구독하는 신문과 잡지에 소개되는 책들, 출판사에서 제공하는 목록, 학생들 요구 등을 반영하여 적정 범위 안에서 산다. 1년에 두 번 하는 주제 공동학습 시기에는 같은 주제의 책을 여러 권 사게 되며, 기후문제나 생태환경 관련 책이 많은 게 특징이라면 특징이다.

책 읽는 것은 먼 곳에서 온 어진이, 다정한 벗을 만나 배우고 사귀는 일이다. 그러면서 나를, 세상을 새롭게 만나게 된다. 그렇게 하지 않으면 고여서 흐르지 못한다. 날마다 새 물이 조금씩이라도 흘러들어야 물 둥지의 물이 썩지 않듯 정신도 마찬가지다. 무슨 생각을 하며 살아야 하는가에 대한 양식이 되는 책을 만나야 하는 까닭이다.

도서실에 자주 들러 맘에 드는 책장 앞에 머무르며 그냥 책을 쳐다보는 것만으로도 괜찮다. 작지만 규모 있는 도서실, 풀무학교의 글마루 역할을 다하도록 어리지만 큰 영혼들의 지식과 지혜에 대한 추구와 그 숲을 가꾸려는 정성이 솟아나길 염원한다.

도서실 리모델링 전과 후 모습. 책상, 의자, 책장 모두 세상에 단 하나밖에 없는 것으로, 갓골 목공소 작품이다.

국어과 수업은 도서실에서 이루어진다. 모둠별 토의, 상황극, 포스터 만들기, 글쓰기 같은 활동 중심의 수업을 하고 나면 내용을 게시하거나 발표한다. 수업시간 상황극 장면(왼쪽)과 수업 주제 포스터(오른쪽).

독서모임
선생님과 함께 책 읽는 '세 눈' 이야기

책을 많이도, 깊이도 읽지 못하지만 관심은 큰 편이다. 공부 시간 만으로는 채워지지 않는 것들이 많아 자유롭게 책 읽는 모임 같은 걸 하면 좋겠다고 생각은 해도 시간표대로 사는 학교여서 만만치 않 았다. 그러다 주5일제 수업을 시작하게 되면서 기회를 만났다.

2004년부터 시작된 주5일제 수업에 따라 다른 일반 기숙사 학교 들처럼 주말마다 학생들을 모두 집으로 보내지 못하는 풀무의 고민 이 시작되었다. 주말에 학생들이 모두 집에 가게 되면 생활관 학교 로서 전인교육을 지향하는 풀무교육 정신을 유지하기 어렵고, 농업 학교로서 주말에도 이루어져야 하는 동식물 돌보는 일들을 하기 어 려웠다. 생활관 학교라서, 그리고 전국에서 모인 학생들이라서 주말 에도 학교에 남아 있는 사람들이 늘 있었고, 토·일요일에도 삶은 굴 러가기에 때마다 할 일이 있었다. 교육과정 운영과 학생들의 학교생 활 지도 등 얽혀 있는 문제들이 많아 걱정이 크던 때이기도 했다. 요 즘 말로 '멘붕' 상황 같은!

그래서 일단 갑자기 시간이 많아졌는데 집이 멀어 의무외박 때나 가는 친구들과 '책이나 읽자'며 만났다. 쉬는 2, 4주 토요일 9시부터

11시 반 정도까지 오전 시간을 넉넉하게 썼다. 3학년 학생 너댓 명이 모여 시작했고, 다음 해엔 1, 2학년 가운데 희망하는 학생도 들어오기 시작해 열 명 안팎의 사람이 꾸준히 모였다. 전체 학생의 10% 정도 되니 '일당백'의 마음으로 학교의 교양과 문화를 이끄는 사람들이 되자고 다짐도 하며 의욕이 넘치기도 한 시간이었다. 대학 입학 면접에 도움이 되었다고도 하고, 몇 년 동안은 '학우회장 배출의 산실'이라는 농담이 오가기도 했다.

몇 년 모이다가 정체성의 표현이라 생각하며 이름을 정했다. '세 눈'이다. 책을 읽으며 새로이 눈뜨게 된다는 '새 눈', 세상을 보는 눈을 줄여 '세눈'이라고 생각하는 사람이 많지만, 세 개의 눈을 줄여 쓴 '세 눈'이다. 사람에겐 몸이 지닌 눈, 세상을 바라보는 눈, 영혼을 살피는 눈, 이렇게 세 개의 눈이 있다는 것을 생각하며, 그런 세 눈의 조화를 찾아가자는 뜻의 '세 눈'이다. 책은 자신이 처한 상황을 객관적으로 보는 눈, 자신의 영혼을 보는 눈, 사회에 비추어 보는 눈, 이렇게 세 개의 눈을 골고루 뜨게끔 읽어야 한다는 생각으로 구성원들과 합의한 말이다. 게다가 책 읽기의 스승들은 책은 '삼독'을 해야 한다고 하여, 그 생각도 세 눈 뜨기와 비슷한 맥락이라고 생각하며 모임에서 책 읽을 때마다 그런 태도로 임하려고 했다.

필요한 경우에는 밑줄 치고, 써넣기도 하며 읽도록 하고, 장별로 나누어 발제하는 형식으로 운영하고, 전체 진행은 내가 했다. 나누는 얘기를 기록하는 서기를 두었는데, 얼마나 꼼꼼히 적는지 더 정성을 들여야겠다는 생각이 들게 했다. 참여하는 사람들 모두 자신에 맞게 자긍심을 품는 시간 같았다. 한 번에 한 권 읽기가 벅차면 두 번에 나누어 읽었다. 책 내용에 비추어 작가와 그 시대, 자기 자신, 오늘의 현실에 연결 지어가며 나는 무엇을 어떻게 할 것인지 생각하는 것으로 마무리했다.

선택해 읽은 책은 대강의 연간 계획을 뼈대로 학생들과 협의해 정했다. 그러니 해마다 조금씩 다른 선택을 하게 되지만 반복해 읽은 것 위주로 기억이 난다. 제목만 알고 읽어 본 적 없는『논어』(한글 번역), 장일순의『나락 한 알 속의 우주』, 우리 문화를 소중히 여긴 최순우 관련 책, 함석헌의 '살림살이'를 비롯하여『뜻으로 본 한국 역사』, 『녹색평론』, 조지 오웰의『1984』, 슈마허의『작은 것이 아름답다』, 이현주의『물과 나눈 대화』, 권정생의『우리들의 하느님』등이다. 당시는 우리나라 최초의 사립 박물관인 간송미술관에서 봄가을에 한 번씩 전시회를 열던 때여서 길게 줄 서는 경험을 하며 간송미술관 전시회도 보고, 최순우 옛집, 심우장 등을 둘러보는 성북동 문화기행을 한 게 인상 깊다. 나중엔 문화유산과 관련하여 학교와 비교적 가까운 개심사, 서산 마애삼존불상, 해미 천주교순교성지, 신동엽 시비를 찾아 현장학습을 하기도 했다.

그렇게 10여 년 해 오다 당시 '세 눈'에 참여했던 이예지 선생이 사감으로 부임해 오며 학생들과의 교감에 도움이 되도록 반을 맡아 운영하게 했다. 그때는 주5일제도 정착되어 학생들이 토요일 외박을 외출-외박 규정 범위에서 자유롭게 하게 되었고, 주말까지 칙칙하게 책이나 읽고 있나 하는 분위기도 조금씩 생기던 즈음이었다. 참여 학생이 적어졌고, 한때는 3학년만 참여하다가 이예지 선생 퇴임, 3학년 창업과 함께 모임 자체가 사라지게 되었다.

독서모임을 하고 싶지만 토요일은 서로 곤란한 상황에서 궁여지책으로 화요일 수업 뒤 몇몇 학생들과 해 오던 수필 읽기 모임을 '세 눈'으로 확대해 꾸려 갔다. 시간이 모자라 저녁밥을 먹지 못하거나 설거지 당번인 때는 모임에 오지 못하는 등, 모임이 매끄럽지만은 않았다. 그래도 이때 책 읽은 기억을 '우리가 어려운 시대의 이태준, 조지 오웰, 루쉰 등의 삶만 하랴'라며 새로운 힘으로 여기는 사람도 있었다. 그뿐만 아니라 읽는 자료가 무엇이든 생각과 느낌을 말하고 들으며 자신을 성찰하고, 한편으로는 스스로 성장하고 싶은 욕구가 얼마나 간절한지도 생각하게 한 경험이었다.

그 뒤 교육과정이 바뀌어 2, 4주 토요일에 선생님과 함께하는 동아리 활동으로 꾸리게 되니 한결 안정적으로 운영하며 지금에 이르렀다. 학교에서 만들어준 활동일지에 간단한 활동 내용과 학생 소감을 쓴다. 교사는 학기말에 생활기록부 자율동아리 칸에 활동 내용을 기록한다.

이런 모임에 좀 더 주체적으로 활발하게 참여하고, 읽는 것이 자신을 만들어 가는 양분이 되어 살아갈 용기와 지혜로 활용될 수 있으면 좋겠다.

비교적 '세 눈' 초기에 참여한 사람들 목소리를 오늘을 사는 우리 마음과 견주며 들어보길 바라 덧붙여 본다.

토요 독서모임 '세 눈'을 돌아보며

　- 평소 잘 읽지 않던 책을 읽을 수 있어 좋았다. 책을 다 못 읽고 갈 때가 많아 아쉬웠지만 서로 이야기 나누며 새로운 생각을 할 수 있고 다른 의견을 들을 수 있어 좋았다.

　- 항상 많은 걸 느낄 수 있는 시간이었고, 왜 공부해야 하는지 늘 생각하게 되는, 정말 좋은 시간이었다.

　- 입맛대로 읽던 책 말고 다양한 책, 깊이 있는 책을 읽을 수 있어 좋았다. 단행본이 아닌 짧은 글을 정해 함께 읽는 시간도 고민할 수 있는 좋은 시간이었다.

　- 가기 직전까지는 가기 싫고 부담되지만 막상 가면 정말 좋다. 여러 이야기를 나누며 느끼는 것이 많았다. 올해 읽은 『뜻으로 본 한국 역사』는 조금 어려웠다. 좀 더 다양한 분야의 재밌는 책을 읽어보면 좋겠다.

　- 책 내용이나 요약한 것을 이야기하느라 시간을 너무 많이 쓴 것 같다. 책을 잘 읽어오지 않아서 그렇기도 했지만, 내용을 좀 줄여서 서로의 생각을 나누는 시간이 더 많았으면 좋겠다.

　- 좋은 책을 함께 정해 읽는데도 안 읽고 가서 제대로 이야기를 하지 못했다. 나 스스로에게 참 미안하고 안타깝지만 언제나 생각할 거리를 안겨주고 좋은 이야기를 나눌 수 있어 좋았다.

　- 가장 아쉬운 것은 책을 열심히 안 읽었다는 것, 책 받을 땐 '열심히 읽어야지' 하다가도 결국 모이는 날까지 다 읽지 못할 때가 많았다. 그래도 돌아보면 대단히 많은 책을 나누었다! 휴일이나 시험이 겹쳐도 꼬박꼬박 모여서 좋았다. 인원이 많은 것도 좀 문제고, 무엇보다 책임감과 소속감이 더 필요하다. 뭔가 생각할 거리를 얻어가는, 꿀 같은 노는 토요일 아침이 아깝지 않은 시간이었다.

　올해는 예년보다 두 배에 가까운 많은 인원이 함께하여 빠지는 사람도 많아 어수선하기도 했어요. 그래도 혼자서는 읽지 않을 책을 함께 읽고, 어려운 책이라도 여럿이 함께 이야기를 나누니 혼자 생각하는 것보다 훨씬 많은 것을 느끼고 생각할 수 있었어요.

　아는 만큼 보인다고, 모임이 끝나면 전에 공부했던 것들과 연관지어 생각해보게 되고, 책 한 권 읽으면 그곳에서 또 공부할 거리를 찾아 '내가 모르는 게 많구나…' 깨달으며 공부의 필요성을 느끼기도 했지요. 우리끼리 하는 것보다, 좋은 책을 소개해 주시고 생각할 방향을 짚어주시는 등, 선생님과 함께하는 것이 생각의 폭을 넓히는 데 큰 도움이 되었습니다.

올해는 읽고 이야기하는 데 멈추지 말고 생각을 글로도 쓸 수 있으면 좋겠다고 선생님이 제안하셨는데 읽는 것도 헤매느라 거기까지는 다가가지 못했어요. 다음 해에는 그렇게 한 발짝 앞으로 나아가면 좋겠고요, 그리고 언제 어디서든 이 모임의 이름처럼 '세 눈'의 조화를 이루려 노력하며 살아야겠습니다.

_학생 글(2010. 12. 30.)

어떻게 살 것인가 – 『우리들의 하느님』을 읽고

– 권정생 선생님을 처음 안 계기는 초등학교 때 읽은 『강아지 똥』이라는 동화책이다. 그 이후 '몽실언니' '짱구네 고추밭 소동'도 읽었고, 풀무에 들어오기 전 『우리들의 하느님』이란 책도 읽었다. 처음에는 '아! 좋은 글이다'라는 막연한 생각만으로 읽기 시작했다. 그런데 이번에 다시 이 책을 읽었을 때는 처음 읽었을 때와 다른 많은 것을 느꼈고, 많은 충격을 받았다. 또 느낀 점은, 어떻게 이렇게 글을 쉽고 진실하게 쓸까 하는 것이었다. 나는 글 쓸 때면 필요 없는 문장을 쓰거나 돌려 말하느라 내가 정말 쓰고 싶은 걸 쓰지 못할 때가 많았다. 그런데 권정생 선생님은 어떻게 이런 여러 문제나 자기 생각을 누구나 쉽게 읽을 수 있고 진실하게 쓸 수 있을까 하는 생각이 들었다.

이 책을 읽으면서 가장 많이 생각되는 건 '전쟁'이다. 전쟁은 한 나라를 슬픔과 비극으로 끌고 들어간다. 6·25전쟁만 해도 전쟁고아, 이산가족, 전쟁터에서 죽어가는 청년들, 불타는 고향 등 많은 사람의 가슴에 상처와 슬픔을 안겨 주었다. 전쟁은 서로가 모두 힘들고 슬픈데 왜 세상에서 없어지지 않을까? 이게 다 가진 자의 욕심과 어리석음으로 일어나는 것 같다. 가진 자는 자기 가진 것에 만족하지 못하고 계속 부를 축적하려고 남을 공격한다. 이렇게 되면 힘없는 백성만 죽어갈 뿐이다. 서로를 향해 총을 겨누는 같은 민족의 슬픔을 나로서는 헤아릴 수 없다. 폭력이 난무하고, 자연이 파괴되고, 죄 없는 아이들은 목숨을 잃고, 이렇게 해서 생긴 '재산'이 무슨 소용이고 얼마나 가치가 있는가? 과연 우리는 전쟁이란 것 앞에 담담할 수 있는가? 나는 지속적으로 군대를 유지하는 것에 반대한다. 꿈을 꾸고 자신의 열정을 펼치기에도 부족할 시간에 어떻게 그런 일을 하면서 평화를 운운할 수 있을까? 슬프다. 이 한반도가 어떻게 갈 것이고 이 세계는 어떡할까 고민이다.

_학생 글(2013. 12.)

　- 한 해를 마무리하며 독서모임 '세 눈'에 와서 『우리들의 하느님』을 읽은 이야기를 동무들과 나눴다. 권정생 선생님의 소박한 삶이 잘 드러난 이 산문집을 각자 다른 방식으로 읽고 소감을 말해주었다. 평생 가난하게 사신 권정생 선생님의 삶을 보며 앞으로 어떻게 살아야 할지 고민되었다. 녹색평론사에서 『우리들의 하느님』을 출판하던 1996년과 달리, 세상은 워낙 많이 변했다. 선생의 시 「애국자가 없는 세상」에 나타난, 자신의 나라만 사랑하는 애국자가 아닌 모든 나라를 사랑하는 자유인을 꿈꾸는 마음에 비추어, 다른 생각으로 '종북·좌파' 낙인을 찍는 오늘날 일부 세력의 행태를 보면 우리 사회가 걸어갈 방향이 걱정된다. '우리 나라'만 생각하는 이기적이고 편협한 애국자가 없고, 젊은이들이 군대 가지 않아도 되는, 자연과 친구를 사랑하며 살아갈 세상이 펼쳐지기는커녕 오히려 세계는 『우리들의 하느님』이 출판된 시점에서 너무 멀리 떨어져 왔다. 세계의 급박한 흐름 속에서 다시, 어떻게 살 것인가? 엄연한 현실로 겪어야 할 군대 문제도 나 같은 한국 청년들 앞에 놓인 숙제다. 전쟁 없는 사회를 원하지만, 그것을 실천할 방법을 찾기엔 용기가 부족하다.

　『우리들의 하느님』을 읽고 나서 든 생각은, 생태적이고 소박한 삶을 살아가는 게 모두가 할 수 있는 일은 아니라는 거다. 각자 용기를 낼 수 있는 부분이 있고, 각자 할 수 있는 일이 있다. 양심적 병역거부를 선택할 수 있고, 그렇지 않을 수도 있다. 권 선생님의 삶은 선생님이 선택하신 고유의 방법으로 극복하며 살아가신 삶이다. 나 또한 내가 고안해낸 방식으로 삶을 살아가야겠다. 그래도 우리에게 중요한 것은 함께 사는 거다. 우리는 각자 독립된 삶을 살아가며 서로 격려해 주는 거다. 서로 지지하고 격려하며 세계에 한 걸음 더 나아갈 수 있다. 한 발 더 나아가 함께 격려해 주는 삶을 살아가고 싶다.

_학생 글(2013. 12.)

– 권정생 선생님, 그 이름을 찬찬히 뜯어보면 '바른 삶(正生)'이다. 내가 무엇 때문에 눈물을 흘린 걸까 생각해본다. 선생님이 행하는 기도, 실천하는 삶이 내 마음을 움직인 그 무엇이었을까, 그렇다면 바른 삶이란 실천하는 삶이고 나는 거기에 감명받아 눈물을 흘린 거였을까. 이 책을 읽으며 부끄러웠다. 그동안 얼마나 이기적인 기도를 올렸고, 얼마나 동심을 잊고 살았나, 나를 돌아본다. 낮은 생활, 높은 정신이라는 풀무 교육목표를 실천하신 분이다. 자연을 사랑하고 그 사랑을 행동으로 옮기신 모습에 나 자신이 부끄럽다.

어떻게 살아야 하는가, 사실 나는 그 답을 이미 알고 있다. 2년간 풀무의 가르침을 받으며 배웠다. 사랑하며 살아야 한다. 사랑이란 '아끼는 마음'이다. 다시 말해, 아끼는 마음으로 살아가고자 한다. 하지만 그게 내 뜻대로만 되는 게 아니었다. 알면서도 실행에 옮기지 못하는 것, 그게 문제였다. 그래서 권정생 선생님을 보며 부끄러웠다. 어떻게 살아야 하는가, 답을 알면서도 다시 묻는 꼴이 된다. 알면 알수록 깊어지는 공부다.

_학생 글(2013. 12.)

– 따뜻한 책을 읽었다. 이렇게 마음이 따듯해지는 책이 있다는 것에 감사하고 더 많았으면 하는 바람이다. 사람답게 산다는 것은 무엇일까. 요즘 사람들은 이런 생각 없이 사는 듯하다. 어떻게 살아야 할 것인지 잊은 채 먹고사는 데만 바쁘다. 그것도 혼자 먹고살 생각만 한다. 사람이 가장 사람다울 때는 자연의 흐름에 따라 같이 살 때가 아닐까 싶다. 문명이 발전할수록 자연은 파괴되고 사람들은 서로 멀어져 간다. 도시에서뿐만 아니라 시골도 점점 비슷해져 간다. 자연과 같이 사는 게 어렵지만은 않다. 사람이 살아가면서 자연을 배우고 지키는 것은 당연하고, 이 당연한 일이 자연스럽게 이루어질 때 자연과 같이 사는 게 된다. 지금은 자연을 파괴하지 못하고는 못살 것 같지만 그렇지만은 않다. 조금 더 불편해지고 가난해지면 된다. 자연에서 얻은 것에 감사하면 불편하고 가난한 것은 문제되지 않을 것이다, 사람답게 살기 위해 더 불편하고 가난해지며 자연스럽게 살길 바란다.

_학생 글(2013. 12.)

– '사람이 사람을 사랑한다는 게 얼마나 어려운가'를 알고 있던 권정생 선생님은

한 번도 만나 뵙진 못했지만 정말 훌륭한 분이다. 선생님 책을 읽을 때면 선생님은 너무 어려운 걸 아주 쉽게 말씀하시는 것 같아서 그냥 가볍게 읽었는데, 지금 생각해보면 그건 정말 어리고 거만한 생각이었다. 선생님은 정말 힘든 삶을 사셨다. 평생 배부르게 먹어본 적도, 따뜻한 데서 편하게 잠든 적도 없고, 전쟁이 남긴 상처와 사람에 대한 그리움, 잘못된 세상에 대한 분노로 하루하루를 살아오셨다. 남루하고 상처 난, 알맹이 없이 껍데기로 덮인 우리가 권정생 선생님을 떠올릴 때면 박기범 선생님이 지적하셨듯 '진공관 속 맑은 영혼'으로 기억하는 것은 당연해 보일지 모른다.

풀무에서 지내다 보면 그동안 살아온 것과 사뭇 다르게 나를 낯설게 보고 미워할 때가 많아진다. 행동이 느리다든지, 몸이 뚱뚱하다든지, 키가 작다든지 하는 신체적 문제도 밖에서처럼 열등감을 느끼거나 무시하거나 묵인해버리기보다 좀 더 솔직하게 인정하고 그대로 보려는 경험도 한다. 나도 내 모습(겉과 속 모두)을 얼마나 무시하고 미워했는지 이루 말할 수 없을 정도다. 그런 과정을 거쳐 이제야 이 말을 조금 이해할 수 있다. '인간 세상엔 어느 것도 똑같은 건 없지 않은가. 능력에 차이가 나고 여건이 다르고 과정도 다를 수 있다.' 아픔이 위로가 되고 생명이 있는 것은 모두 슬프다는 사실을 삶으로 오롯이 살아내신 선생님이기에 이런 말을 하실 수 있다고 생각한다. 그에 비해 내가 생각한답시고 내뱉는 말은 너무도 시시하고 가볍다. 이제는 나를 내려놓고 겸손하게, 씩씩하게 내가 할 수 있는 만큼 조금씩 나아갈 것이다.

_학생 글(2013. 12.)

– 이번에는 "편지"라는 글이 가장 마음에 들었다. 열 살짜리 어린이들의 일기다. 그 아이들의 눈으로 본 가난과 외로움이 얼마나 슬프고 순수한지 보여준다. 이 글을 읽으며 '아, 나도 저럴 때가 있었는데'라는 생각이 들었다. 어렸을 때 할머니 손에 자라서 그런지 길거리에서 물건 파는 할머니들을 보면 가슴이 아팠다. 그래서 어머니께 할머니들 물건을 사달라고 조르곤 했다. 그 밖에도 『연탄길』이나 『괭이부리말 아이들』 같은 책들을 읽으며 울곤 했다. 그런데 어느 순간부터 그런 감정이 많이 줄어들었다. 나이가 들고 조금 어려운 책들을 읽다 보니 세상의 이모저모에 대해 통감하며 '세상은 썩었다'는 생각이 컸던 나머지, 작고 외롭고 소외받는 것들에 공감하고 같이 아파하는 감정이 많이 줄어든 것 같다. 하지만 요즘 들어 그런 감정이 살아나고 있어 다행이다. 이게 다 풀무 덕분이다.

3학년 내내 깊이 간직하고 산 말이 있다. "매일 가슴 뛰는 삶을 살고, 심장이 저릿거리는 경험을 많이 하고, 눈물 흘리기를 즐겨라"라는 말이다. 그럴 수 있는 힘은 '부끄러움에서 온다'고 생각한다. 가난도, 전쟁도 겪지 않았고 그야말로 부유한 가정에서 사랑받으며 살아왔는데, 어렵게 산 이들을 어떻게 이해할 수 있겠나. 내가 할 수 있는 건 '이 자리에 서 있음이 부끄럽다는 생각뿐'인 것 같다. 그런 생각을 할 때 다시금 인생의 목표가 뚜렷해지는 것 같다.

죽는 날까지 한 점 부끄럼 없이 살아갈 수 있도록 노력할 것을 믿고 싶다. 풀무질의 삶은 계속되리라. 『우리들의 하느님』은, 다시 느끼지만, 마음을 다해 읽을 책인 것 같다. 고맙다, 세 눈!

_학생 글(2013. 12.)

선생님과 함께하는 독서모임의 현장학습. 서산 개심사에서.

인상 깊게 읽은 책을 소개하고, 소감을 발표한다.

동아리 활동
좋아하는 일 즐겨 하며 적성도 찾는 시간

풀무는 동아리 활동이 활발한 학교로 알려져 있다. 학교설명회나 예비교육 때 '동아리 활동하러 온다고 생각하지 말라'는 당부를 특별히 하기도 했다. 협의를 통해 동아리 활동 개수를 제한한 것도 학교생활이 동아리 활동으로 지나치게 기우는 것을 염려한, 생활지도 차원에서 비롯된 일이다.

물론 처음부터 그랬던 것은 아니다. 초창기엔 동아리 개념은 아니지만 좋아하는 사람들이 연극 활동을 한 일이 있다고 들었고, 내가 학생일 때는 그런 취미활동 모임은 없었다. 선생으로 돌아오기 얼마 전부터 한마당의 모태인 풍물반이 활동하기 시작했고, 지금은 없는 탈춤을 별도로 배운 적이 있다고 들었다. 그 뒤 풀농회라는 농사모임이 만들어져 부정기적으로 활동했고, 사진·그림 같은 특별한 재능이 있는 사람들 중심으로 모이다 그치다 하는 식으로 활동했다. 기록으로 남아 있거나 지금까지 연결된 게 없어 아쉽다.

당시는 공부, 실습시간 아니면 끼리끼리 모여 운동을 하며 여가를 보냈다. 학생 자율의 동아리 개념이 생긴 건 한참 뒤의 일이다. 학생 취미활동은 교육과정으로 해야 하는 특별(클럽)활동에서 이루어졌고,

이 영역은 지금 비교과 활동인 창의적 체험활동으로 수렴되었다.

지금 볼 수 있는 학교 특징의 많은 것이 그렇듯 동아리 활동도 전교생 생활관 생활 이후 본격화했다고 볼 수 있다. 처음엔 연극, 노래 동아리로 시작했고, 활동 성과가 좋아 홍성군내 경연대회에 나가 수상을 하기도 했다. 이런 일을 전후로 학생 자율 동아리들이 하나둘 생기기 시작하여 많은 동아리가 사라지고 다시 생기기를 거듭하여, 2021년 현재 16개 동아리와 20여 개 소모임이 꾸려져 있다. 이 또한 여러 모양으로 변화해 가리라 생각한다. 동아리는 학우회에서 활동비를 받고 결과 보고를 해야 하고 인원 제한이 있는 반면 소모임은 그런 규정에서 자유롭고, 하고 싶은 두세 사람이 꾸릴 수도 있어서 전체가 모르고 지나는 것들도 있다.

해마다 사라지고 생기는 이런 모임들로 재능있는 사람의 지도역량, 학생들의 경향, 사고방식을 알 수 있고, 어렴풋하게나마 시대의 변화도 엿볼 수 있어 흥미롭다.

동아리 활동비는 기본적으로 학부모님들이 감당해 주시고, 동아리연합회에서 동아리 대표들과 협의해 예산을 편성하여 행정실 도움을 받아 집행한다. 학기 중 동아리 활동비로 주로 쓰지만 방학 중 연수 비용의 비중이 가장 크다. 그런데 지난 2~3년은 코로나 상황에서 연수를 못 하여 경비지출이 어려워지는 새로운 문제점들이 나타나기도 했다.

한편, 새내기들이 입학한 뒤 한 달 가량은 동아리 홍보를 하며 가입 신청을 받는다. 재학생들도 이때 재가입하거나 탈퇴하는 등, 인원이 조정된다. 물론 동아리 대표 같은 핵심 구성원은 지난 학기말 모임에서 정한 상태다. 알리는 기간에 동아리마다 너무 열을 올려 준비하는 바람에 일상생활에 지장이 있다는 지적이 있어, 지금은 취미생활이라는 원래 목적에 맞게 일상을 제대로 지키는 선에서 하기로 합의되어 있다.

동아리 활동 시간은 연합회에서 중복되지 않게 날짜와 시간, 장소를 조절하고, 활동한 내용은 게시하거나 발표하기도 한다. 대부분 학기마다 큰 행사인 '어버이와 함께하는 5월', 가을 축제인 10월 '풀무제' 때 발표하는 형식으로, 부모님 등 학교에 오시는 손님들과 나눈다. 이 밖에도 아카펠라, 라르고 같은 음악 동아리는 개교기념행사, 자매학교 방문 행사, 학교설명회, 성탄예배 등 크고 작은 학교행사를 풍요롭고 활기 있게 하는 중요한 역할을 하고 있다.

최근 생긴 것으로, 방학 전에 기간을 정해 놓고 자체적으로 발표하는 '동아리의 밤'이 있다. 이런 것의 전신이라면 지금은 소모임이 된 찬양동아리 '주전자'가 성탄절 전야에 '찬양의 밤' 행사를 한 것인 듯하다. 이런 정기적 동아리 말고도 부정기적으로 뜻맞는 사람들이 동아리 지어 음악회를 연다든지 그림 전시를 한다든지 하는 다양한 움직임이 계속 시도되고 있다.

이른바 대동아리로 불리는 풍물동아리 '한마당'은 역사도 깊고 인원도 많다. 가끔 홍동지역이나 멀리 충남지역의 농업인 행사에 초청받는 일도 있다. 혹 사례금을 받으면 복지부에 10%를 기부하는 전통도 있다. 가을에 풀무제 뒤 홍동거리축제 때는 한마당 외에 '무광', '와락'(x-풀무)도 초청받아 공연했고, 연극반은 홍동중 해누리관에서 하는 전야제 행사의 주빈이 되기도 했다.

돌아보면 전인교육을 추구하는 학교답게 계획적·비계획적으로 교과 공부, 농업실습, 취미활동이라는 세 축이 자연스럽게 마련되어 오늘에 이른 것 같다. 어느 쪽도 넘치지 않게 균형을 이루어 전인격적 존재로 성장해 갈 수 있도록 서로 협력해야 한다. 같은 목적으로 여럿이 모여 일정한 활동을 하는 집단인 동아리 활동에서는 좋아하는 활동을 자발적으로 즐겨 하는 중에 개성을 표현하며 적성을 찾기도 한다. 이것을 평생의 진로로 이어가는 사람도 있다. 같은 활동을 통해 우정이 돈독해지기도 하고, 시간 활용 방법을 알며 자연스럽게 저질상업문화를 멀리하여 건강한 생활이 몸에 익게 된다.

크게 보면 동아리 활동은 정신적 소양을 키우는 예술영역에 해당한다. 예술은 감성을 다스리는 역할을 한다. 이런 자연스러운 활동이 일상화하면서 감수성 높은 사람으로 성장하여 다른 사람의 상황을 잘 이해하고, 인류 공통의 아름다움을 구현해 가리라는 원대한 목표를 지향할 일이다. 가깝게는 몸을 건강하게 하는 비타민 같은 역할의 다양한 동아리 활동을 하며 한결 즐겁고 밝고 맑은 학교생활을 할 수 있길 염원한다.

2008년 동아리 지도 방향을 참고하여 달라진 점을 짚어보고, 아울러 효율적 운영을 고민한 2010년 연합회장의 마음에 접속해 본다.

① 한 사람이 세 동아리 이상 가입하지 않도록 지도한다.
② 학부모회에서 마련해주시는 동아리 보조비는 3월 이내에 학우회 임원과 동아리 대표들이 함께 상의하여 1년 보조금을 결정한다. (각 동아리 운영 1년 예산안을 참고한다.)
③ 추가 예산이 필요할 때는 학우회 임원과 동아리 대표들이 함께 결정한다.
④ 전교회의 때 동아리 지출 내역을 보고한다.
⑤ 교내외 공연이나 교외 활동을 할 때는 담당 선생님, 학생부 선생님과 미리 상의한다.

동아리 활동 충실하도록 돕겠다

우리 학교에서 동아리가 차지하는 비중은 다른 학교에 비해 많이 크다. 방과 후 시간과 저녁 식사 후에도 동아리들이 숨 가쁘게 돌아간다. 그래서 동아리 활동을 많이 해볼 수 있는 시기가 고등학교 때인 것 같다. 나는 이런 동아리들을 잘 굴러가게 만들고 싶었다. 작년에는 너무 자유로워서인지, 동아리에 대한 애착과 유대감이 없어서인지 학생들이 철새처럼 이리저리 동아리를 옮겨 다녔다. 들어가고 나가는 것을 너무 쉽게 여기는 게 문제라고 생각했다. 내가 맡은 일 또는 하고 싶어서 하는 일이라면 적어도 책임 있게 참여해야 하는데, 이런저런 이유로 동아리를 선택하거나 그만두는 것이 너무 쉽게 결정되고, 동아리 선택 이유가 늘 다른 일의 뒷전으로 밀리는 모습이 안타까웠다.

그래서 올해는 새롭게 동아리장을 맡은 2학년 친구들과 지난해 동아리 대표였던 학생들이 고문으로 참여해서 동아리에 잘 참여할 수 있는 방안을 이야기하게 되었다. 그 결과 최저 출석제라는 규정을 만들었고, 연수 후에는 결과물을 만들어 전교생에게 보여주기로 했다. 2월에 이 이야기를 할 때는 3학년 친구들이 있어서 편했는데 새 학기가 시작되고 거의 2학년 친구들과 이야기를 나누어야 해서 힘들었다. 내가 너무 편하게 해주어서 그런가, 아니면 매일 보는 친구들과 이야기하게 되어서 그런가, 여러 가지 생각을 하게 했다. 한 명이 이야기하면 발언권 없이도 이야기하는 등 왁자지껄 무질서한 분위기였다. 물론 삭막한 회의보다 좋기는 하지만 너무 지나치다는 느낌을 받았다. 그런데 이것도 다 학기 초여서 그랬나 보다. 지금은 해달라는 일들도 열심히 잘해주고, 언성을 높이거나 짜증 내지 않고 웃으며 회의할 수 있어 좋다.

동아리가 잘 굴러가고 있는지 한 달에 한 번씩 평가하고, 각자 동아리가 무엇을 어떻게 하고 있는지도 이야기를 나눈다. 학기가 시작할 때 동아리를 강조해서 그런지, 나가는 일이 줄었고 최저 출석제도 잘 활용되었다. 그동안 너무 쉽게 들락날락하던 태도가 책임감 있는 모습으로 바뀌었고, 모일 때도 잘 모이게 되었다. 그래서 큰 어려움 없이 동아리들이 잘 굴러간다. 소모임도 많이 생겼다. 하고 싶은 모임이 있으면 바로바로 만들 수 있기에 소모임 수도 동아리 수와 비슷해졌다. '떠돌이별(여행을 가는 소모임)', '필연(먹으로 자유롭게 표현하는 소모임)', '얼음(어쿠스틱한 음악을 추구하는 소모임)' 등이 새로 생겼다.

동아리와 소모임이 바쁘게 돌아가는 가운데 너무 그것에만 몰두하지 않도록 잠깐 쉬어가기 위한 '동아리 숨 돌리기 기간'을 정해 실행하는 것이 학우회 공약에 나오기도 해서, 동아리장들과 논의를 거쳐 기간을 잡아서 실행하기도 했다. 이번엔 과제 제출과 시험공부에 도움이 될 수 있게 '동아리 숨 돌리기 기간'을 정했다. 학부모님들과도 이야기가 잘 되어서 연수 장소 선택이나 다양한 동아리 활동에 도움을 주신다. 관심이 많으신 듯하다.

학교에서 교과 공부도 중요하지만 하고 싶은 것을 하면서 살아가는 사람들의 모습이 좋아 보인다. 나는 동아리연합회 차원에서 학생들이 즐겁게 동아리나 소모임 활동을 할 수 있게, 그래서 구성원에게 짐이 되지 않고 즐겁게 활동할 수 있게 도울 것이다. 옆에서 든든히 투정 없이 나를 많이 잘 도와주는 우리 동연회 부회장도 고맙고, 내 의견을 잘 받아주는 각 동아리장들도 고맙다. 계속 동아리가 잘 굴러갈 수 있게 모두 힘내길!

_학생 글(2010. 3.)

동아리 활동은 주마다 시간과 장소가 겹치지 않게 정해서 자율적으로 하며, 활동 결과는 게시하거나 행사 때 공연으로 발표하여 공유한다. 동아리연합회에서 전체 진행과 흐름을 조율한다. 밴드동아리 '와락'의 야외무대 공연.

묵학
자기 성찰, 자기 훈련의 시간

생활관 생활 시간표엔 '묵학시간'이라는 게 있다. '묵학(黙學)'은 '말하지 않으며(침묵하며) 공부한다'는 뜻이다. 우리말로는 적당한 낱말이 없어 일본 자매학교인 독립학원에서 배워 온 대로 '혼자 고요하게 공부하는 시간'이라고 설명하는 묵학이라는 말을 쓴다. 일반 학교에서 쓰는 야간자습과도 다른, 자기 성찰과 자기 계발을 위한 시간이다.

함께 먹고 자며 살아가는 풀무학교에서 혼자 지내는 시간을 마련하기란 쉽지 않다. 입학해 얼마간은 함께하는 게 재밌지만 오래가지 않아 혼자만의 시간과 공간을 그리워한다. 사람은 개인과 공동체 양쪽으로 만족을 추구하기에 그럴 수 있다.

그래서 묵학시간은 의미가 크다. 여럿이 있는 공간이지만 조용히 자기 자신을 만나며 인간 본연의 내적 욕구 충족에도 도움이 되고, 말 그대로 다양한 성격의 '공부'를 할 수 있는 시간이라는 목적을 실현할 수 있기 때문이다. 사람들 사이에서 시끌벅적 보낸 낮 시간과 거리를 두고 자기 내면에 깃들어 보는 시간이다. 학교 초창기부터 멀리서 온 사람들이 살던 기숙사 시절에도 이런 묵학시간은 있었고,

지금까지도 하루 중에서 중시하는 시간으로 생각하며 생활관 생활의 특징으로 여기고 있다.

사람 일이 대개 그렇듯 목적에 따라 과정과 내용이 걸맞게 가는 건 흔치 않다. 묵학시간을 보내는 학생들 속내도 그런 듯싶다. 혈기 왕성한 학생들이 두 시간을 고요히 보내기는 현실적으로 쉽지 않아 문제라는 말들이 들리기도 한다. 그 시간을 보낼 자신만의 목적이 뚜렷한 사람들은 시간이 모자라다 싶게 금방 지나도록 충실히 보내기도 하지만, 많은 사람이 지루해하며 무얼 할지 몰라 시간이 지나기만 기다린다고도 한다. 침묵이 이어지기보단 어떤 구실이든 만들어 다른 사람 방에 오가며 들락거리고 시끄러운 소리도 계속된다며 어려워하는 사람도 있다.

그러면서 '왜 반드시 자기 방에만 있어야 하느냐'며, 효율적으로 공부할 수 있게 서로 묻고 설명하며 함께하게 하거나, 본관 교실을 열어주어 악기 연주나 그림 그리기 등 공부의 범위를 넓히자는 요구도 있었다. 이런 문제를 중심으로 묵학을 어떻게 할 것인가 생활관 총회 의제로 나온 일도 여러 번 있다.

이런 논의 시간엔 학생도 선생님도 자기 성찰을 위한 시간은 반드시 필요하며, 이는 훈련 과정이므로 꼭 자기 방에서 일정한 시간을 책을 읽든 편지를 쓰든 숙제를 하든 몰두하게 해야 한다는 의견이 있는가 하면, 문제 제기한 것과 같은 의견을 내며 답답하게 생각하는 사람도 있었다.

그래도 늘 결론은 지금처럼 해보는 것으로 정리되었고, 행사나 회의로 묵학시간이 침해받는 것을 몹시 꺼리는 분위기도 있다. 그럼에도 이 시간에 자는 사람, 돌아다니는 사람, 심지어 누워있는 사람도 있는 게 현실이다. 원론적인 목표를 전제로 개별적 특성을 관찰하고 거기에 맞게 적절히 대응해가며 운영시간과 내용 체제를 내실 있게 채워야 하리라 생각한다. 따라서 그 시간에 할 수 있는 공부 메뉴 개발과 개인지도는 풀어가야 할 큰 과제다. 생활관별 사감 선생님과 학생장단이 섬세한 노력을 기울이고, 정확하게 현실을 파악해서 생활관 운영위원회와 총회에서 합리적인 결정을 수시로 해내야 한다. 학생들은 대체로 바람직한 지향점에 공감하는 경향이 있고, 잘 안 되어 그렇지 좀 더 잘해보고 싶은 마음은 누구나 있기에 그걸 믿고 나아가야 할 일이다.

묵학시간은 전통적으로 저녁 8시부터 10시까지 2시간이었다. 그러다가 10여 년 전부터 동아리 시간, 잠자는 시간 등을 고려하여 일과시간을 조절해 8시 반에 시작하고 10시 반에 마친다. 묵학 마치고 동아리나 운동하는 걸 개선해 보자는 문제 제기가 있어서, 그에 따라 저녁 식사 후 동아리 시간을 배정하고, 전체 학생 의견을 수렴해 시험 운영을 하다가 의결을 거쳐 지금처럼 정착되었다.

그러나 여기에도 문제는 또 있다. 묵학시간을 마치면서 자고 싶은 사람은 조용히 잘 수 있어야 하는데, 그건 여전히 잘 지켜지지 않는 것 같다. 묵학시간 끝나기만 기다렸다가 그때부터 시끄럽게 활동하는 사람들로 수면장애를 호소하는 일도 있어서다. 생활관에서 다른 사람에게 방해되지 않게 발꿈치를 들고 다니고, 볼일 있을 땐 조용히 말하는 등, 상식선에서 고쳐 나가면 좋을 부분도 많다.

묵학시간은 말 그대로 공동체 생활 속에서도 오롯이 자신을 만나며 자기 성찰을 할 수 있는 귀중한 시간이다. 다른 사람에게 피해를 주지 않으며 자기 계발을 위한 자유시간으로 잘 활용하려는 생각과 태도를 더 연습하면 좋겠다. 하루 2시간을 누구나 이렇게 쓸 수 있다면 세상은 조금 덜 소란스러울까? 어쨌든 교육의 본질은 사람에게 깃든 순수한 본성을 계발하고 발전시키는 일이며, 모든 교육적 운영은 이 인간 본성의 계발과 발전을 조성할 수 있게 방향을 잡아야 한다.

생활관 묵학시간은 '날마다 생활을 함께하며 공부하고 일도 협의하는 생활교육'의 한 과정이다. 그렇게 밝히며 시작한 풀무교육 사상을 실천하는 중요한 길목이 된다. 시간 관리 능력과 자기를 조절하는 힘을 기르는 시간으로 유용하게 쓰는 훈련을 하는 사이 저절로 '위대한 정신과 사상의 사람'으로 성장해 갈 힘을 쌓아가리라 생각한다.

문화시간 특강
풀무의 '외식' 같은 시간

풀무에는 '하늘을 우러러 부끄러움이 없고, 땅을 굽어보아 사람에게 부끄러움이 없게 살아야 한다'든지, '양심과 정직, 진실을 추구해야 한다'든지 하는, 보이지 않는 것을 겉모습보다 중시하는 분위기가 있다. 그렇다고 생각한다. 나아가 그러해야 한다고도 생각한다. 학교의 어지간한 일들이 그런 전제로 짜이고, 그 방향으로 운영해 가려고 한다.

늘 이런 가치관을 공부시간에, 아침예배에, 실습시간에, 종례시간에 삼시 세끼 밥 먹듯 대하지만 가끔은 집이 싫고, 부모님이 밉기도 하고, 밥 먹기가 싫기도 하다. 그럴 땐 외식이 제격이다. 학교에서 늘 만나는 것들이 집밥이라면 문화시간은 일종의 '외식' 같다는 생각이다.

교육과정에 '문화'라는 말을 쓴 게 언제부터인지는 모르지만, 외부 선생님들께 특강을 듣는 건 학교의 큰 특색이었다. 학생 땐 따로 시간이 정해져 있었는지 기억에 없지만 특강은 참 많았다. 손님이 오시면 강당에 모였다. 정신적 지향이 남다른 학교여서 그렇겠지만 나라 안팎의 손님이 많았다. 특히 형제학교인 일본의 독립학원 관련 손님을 비롯하여 무교회 중심의 성서연구가, 독립 전도하시는 분들이 많이 오셨던 것 같다. 그럴 때마다 통역 포함 두세 시간씩 새로운 세계를 만났다. 가끔 유럽·미국 분들도 오시면 강의를 하셨다.

교사로 온 뒤부턴 시간표에 문화가 있었고, 담당은 홍순명 선생이었다. '걸어 다니는 백과사전'으로 통하던 선생께서는 다방면으로 끝없이 이어지는 말씀을 자주 하셨다. 그러다가 손님이 오시면 시간을 마련하여 특강을 열었다. 이기백, 이오덕, 신영복 선생 말씀을 들은 것이 기억난다.

홍 선생께서 퇴임하시고부터는 교무부 일이 되어 내가 계획을 짜서 시간을 운영했는데, 이 일이 보통 어려운 게 아니었다. 그때는 매주 1시간씩 편성되어 주미다 강사를 모셔야 했기에 지역 인사, 학부모, 수업생 포함 최소한 한 달 전엔 계획이 잡혀야 하여 많이 긴장되었다. 강사와 주제는 학기말 학생들의 평가를 참고하여 계획하는데, 어디서 강의를 듣거나 신문·잡지 등을 읽다가 관련된 주제 혹은 강사라고 생각되면 메모해두곤 했다. 학부모님들 도움도 많이 받았다. 강사 섭외는 주로 메일을 활용했고, 휴대전화가 없던 때여서 학교 전화로 소통했다. 그러다 연락이 닿지 않거나 제때 협의하지 못해 차질이 생기는 등, 이래저래 어려움을 겪다가 끝내 휴대전화를 마련하기까지 했다. 어쨌든 그런 우여곡절을 거치고 시간을 들여 준비할수록 학생들 만족도는 높아지지만, 멀리서 오는 분들에게 여러 결례되는 일로 잔소리도 많이 듣고 마음고생도 했던 것 같다.

그러다 '좋은 시간이지만 너무 짧아 아쉽다'는 학생들 평가를 반영하여 2010년부터는 격주 2시간으로 바꾸었다. 그 시간에 맞물린 보통교과 또한 격주 2시간이 되어야 해서 과목 조절을 해야 했고, 시간이 지나며 지금은 아주 자연스러운 일이 되었다.

문화시간에 가만히 앉아 듣기만 하면 졸리기도 쉽고 메모하며 들으면 더 잘 기억된다는 걸 강조하며 문화시간 공책을 마련, 강당에 두고 다니며 쓰도록 지도하기도 했다. 몇 년 동안 여러 문제 속에서 유지되다가 지금은 자율로 하고 있다. 그 시간에 공책 정리를 잘한 사람들은 학교를 떠나서도 아주 유용한 자료로 활용한다는 말을 지금도 듣고 있다.

학생들은 이 시간을 많이 좋아하고 기다린다. 학교의 큰 특색이라고 의미를 부여하며 자랑스러워하기도 한다. 문화시간을 진행하면서는 이 시간을 좋아하는 사람만 있는 게 아니다 보니 학생들 태도가 좋지 않거나 지루해하면 어렵게 오신 분께 죄송하고, 가만히 앉아서 귀한 것들을 너무 헐하게 여기는 좋지 않은 태도가 생겨나는 건 아닐까 우려되기도 했다. 그럴 때마다 '한두 사람이라도', '금방 깨닫지 못하더라도' 하며 교육의 본연의 정신을 떠올리고 나부터 제대로 듣고 새기리라 다짐하기도 했다.

또 어려웠던 것은 강의료 문제다. 모셔야 하는 분은 많고 예산은 넉넉지 않기에 섭외할 때마다 '학교 밖 선생님으로 미래 세대 키우는 교육에 협력해 달라'고 부탁드리며 차비 정도의 적은 사례밖에 하지 못한다는 말을 반드시 해야 했다. 그러니까 그동안 학교에 다녀가신 많은 분은 그 뜻에 기꺼이 동의하시고 함께 해주신 셈이다. 그런데도 오히려 많은 분이 학교 도서실용 책을 사라며 강의료를 안 받고 그냥 가시기도 하고, 어떤 학부모님은 강사를 섭외해 주며 부족한 강의료를 개인 비용으로 보태어 더 얹어 드리기도 했다. 지금은 학교 현장에서 현금이 오가는 일이 없고, 강의료 현실화 문제도 중요한 일이어서 약간 어중간한(?) 비용을 드리며 모시고 있다. 어려운 시절의 지나간 일들을 떠올려보면 우리 학교의 특별한 역사 중 하나로 기억될 수도 있겠다. 그런 결례에 손가락질할 분도 있겠지만, 배움과 가르침에 대한 낭만이 있던 시절이라는 느낌이 먼저 드는 것도 사실이다.

긴 세월 지나는 동안 인상 깊은 선생님도, 강의도 많았다. 2007년, 2010년엔 지역 출판사의 협력으로 문화시간 강의 내용을 모아 『풀무 청소년 특강 Ⅰ·Ⅱ·Ⅲ』을 펴내기도 했다. 계속되었으면 좋았겠지만 학교만의 일로는 엄두가 나지 않아 그 뒤의 좋은 강의들을 활자화하지 못하고 널리 나누지 못해 아쉽다. 문화시간 강의 중 함께 나누면 좋을 내용은 학교 소식지《풀무》에 싣고 있다.

그동안 종교, 역사, 사회, 문학, 노동, 과학, 예술, 먹을거리, 인권, 통일, 미디어 등 삶과 연관한 모든 분야의 저명인사들이 다녀가셨다. 일일이 열거할 일은 아니지만 전공부와 연계하여 오신 박완서, 김종철, 한홍구 선생, 고등부만 두 번 이상 다녀가신 이현주, 홍세화, 하종강, 박병상, 김익중 선생을 비롯하여 이이화, 장회익, 이정모 선생 등 쉽게 모시기 어려운 분들, 그리고 학부모들, 정말 쉽지 않은 길에 함께하신, 일일이 열거할 수 없는 많은 분께 고마운 마음을 늘 품고 있다. 이즈음은 젊어진 선생님, 젊은 세대들에 맞는 주제와 선생님들을 맞이하고 있다. 기후 위기, 생태환경, 채식, 마을과 농업, 예술 등이다. 주제는 가능한 한 시의성 있는 문제를 적극 반영하려고 한다. 그나저나 2020, 2021년엔 코로나 상황으로 거의 반쪽 운영이 된 듯하다.

이 문화시간은 교육과정에서 철학에 해당하고, 풀무제 주제 특강, 학생들 현장실습, 배움 나들이 발표, 독서행사 등도 품고 있다. 높은 교양과 깊은 지식, 그에 따른 지혜와 사람답게 살아가는 데 꼭 요구되는 인생관, 가치관, 세계관을 탐구·형성하는 아주 중요한 시간이다. 정신적 생명으로 가는 자양분이 되는 이런 시간에 인생에서 아름다운 것, 지켜야 할 것이 무엇인지 구별하는 힘을 기를 수 있으리라 기대한다.

강사 요청을 하던 당시 메일과, 오래지 않으나 지금과는 또 다른 지나간 시절 학생들 강의 소감을 덧붙여 문화시간의 분위기와 의미를 새겨본다.

문화시간 강의 요청

풀무학교입니다.

○○○ 선생님, 안녕하세요?
저는 충남 홍성에 있는 풀무학교에서 일하고 있는 김현자라고 합니다.
불시에 이렇게 메일로 인사드리는 것을 양해해 주시기 바랍니다.
지난 학기 안건모 선생님을 통하여 문화시간 강의를 부탁드린 적이 있고,
'작은책'을 비롯한 여러 매체를 통해 선생님 글을 읽고
언론에서도 자주 뵈어 선생님을 잘 알고 있는 듯 여겨집니다만,
이렇게 직접 연락드리는 것은 처음이어서 낯설고 어색하기도 합니다.

선생님께 강의를 부탁드리고자 이렇게 편지를 드립니다.

풀무학교는 정식명칭이 풀무농업고등기술학교인데요,
민족의 앞날을 걱정하시던 설립자들이 농촌과 민족을 지키며 세계시민을 키우겠
다는 꿈으로 1958년에 세운 시골의 작은 학교입니다.
기독교 정신을 바탕으로 하고, 농업을 통해 생명과 자연의 가치를, 생활관 생활을
통해 공동체를 배우려 하는 전인교육 지향 학교로, 90년대에 붐을 탄 대안학교와는
태생이 다르다고 할 수 있습니다. 50년 역사가 순조로웠을 리는 없고요,
대안교육 바람에 근년엔 신입생이 몰리는 기현상도 경험했습니다. 한 학년 한 학급
28명씩 3개 학년, 전교생 84명, 교직원까지 100명이 채 안 되는 공동체 학교입니다.

선생님을 모시고 말씀 듣고 싶은 시간은 문화시간이라 하여 초창기부터 운영해온
것인데요, 매주 한 번 학교 밖 선생님께 세상 이야기를 듣는 교양강좌 시간입니다.
학교는 학교 선생님뿐 아니라 학부모, 지역민, 그리고 멀리 학교 밖 선생님도 함께
만들어 간다는 생각을 바탕으로 이런 강의 시간을 운영하고 있습니다.
아이들에게는 가치관의 밑바탕 마련에 매우 뜻깊은 기회가 된다고 생각합니다.

9월 24일(목요일) 2학기 첫 문화시간에 선생님을 모시고

경제 이야기를 중심으로 어떻게 생각하고 어떻게 살아갈 것인지를 듣고 싶습니다.

경제, 막연히 어렵다고 여겨지고 더구나 이 나라에서는 죽어가니 살려야 한다는

등 야단이지만 경제는 그런 게 다가 아닌 거 맞지요?

아이들이 생각을 새롭게 할 수 있는 경제, 재미있고도 쉬운 경제 이야기를 들려주

시면 좋겠습니다.

9월 24일 목요일 12시 시작, 1시간 예정입니다.

시간을 검토하셔서 가부, 또는 변경을 요청해 주시면 계획하기에 좋겠습니다.

그 밖에 궁금하신 게 있으면 무엇이든 의견 주세요.

학교 소재지는 홍성군 홍동면 팔괘리입니다.

장항선(용산역에서 출발) 기차로 홍성까지 2시간 반 정도 걸리고 버스도 가능합니다.

홍성까지는 학교에서 마중도 할 수 있습니다.

홈페이지는 www.poolmoo.or.kr입니다.

시골의 작은 학교, 그러나 교육의 본질을 함께 고민해가려는 풀무에서

선생님을 꼭 뵐 수 있기를 기대합니다.

(2009. 8. 21.)

아, 고등학생 대상인가요?

음… 원론적인 내용을 원하시는 건가요? (예컨대 시장경제가 돌아가는 원리 등)

아니면 지금 세계와 한국경제가 어떻게 돌아가는지에 대해 말씀드릴까요?

아이들은 경제를 배운 지 얼마 안 돼서 더 이해하기 쉬울지도 모릅니다만….

어느 정도 전문적으로 얘기해야 할지, 감이 잘 오지 않네요.

(물론 시골 어르신 상대로도, 또 중학생들에게도 강의한 적이 있습니다^^)

〇〇〇 드림

탈핵, 왜? 어떻게? – 강의 소감

2시간 동안 이야기를 듣는 내내 괴로웠다. 선생님이 강의 중간중간 위트 있는 말씀을 하셨지만 평소처럼 시원하게 웃기가 힘들었다. 2011년 3월, 후쿠시마 원전 사고가 일어나고 나서 떠들썩했던 탈원전, 탈핵 이야기는 2년이라는 시간이 지나는 사이에 무뎌졌고 잊혀갔다. 그리고 2년 동안 대한민국에서는 굴하지도 않고 꾸준하게 원전을 건설해 나갔다. 지금도 하나하나 진행되고 있고, 우리는 다른 일과 마찬가지로 관심 가질 새도 없이 정부가 가져다주는 안도감에 빠져있었다. 무관심 속에서 신 원전 2기가 건설되었다.

그럼 우리나라의 원전 상황은 어떨까? 우선 밀집도는 세계 1위이고, 핵발전소 보유 현황도 세계 5위였다. 우리나라는 핵발전 선진국으로 나아가고 있다. 우리는 우리가 가고 있는 길을 모르고 있는 걸까?

아니다. 우리는 이 길이 잘못되었다는 걸 알고 있다. 핵분열을 통해 전기를 얻으려고 10만 년 동안이나 남을 폐기물을 만들어 가며 낮은 가격으로 전기를 사용하고 있고, 생각하고 판단하는 힘을 지닌 인간으로서 되돌릴 수 없는 문제를 알고도 행하고 있었다. 일본 국토의 70%가 오염되어 있었고, 태평양 해류를 통해 미국, 캐나다를 거치며 조금씩 조금씩 오염되고 있었다. 그리고 후쿠시마와 체르노빌에서 원전 사고가 일어난 그곳에서는 식지 않은 우라늄이 땅을 녹여가며 예측하지 못할 힘으로 아래로, 아래로 뻗어가고 있다.

역사상 단 세 번밖에 일어나지 않은 원전 사고지만 파급효과는 인간이 예측할 수 없는 범위였고, 한 생물의 힘과 지식으로는 그저 지켜보는 게 다였다. 그래서 강의 내내 답답하고 괴로웠고 가슴 아프고 울음이 쏟아져 나올 것 같았다. 일본에서 유기 농업을 하는 농부가 목을 매었다는 사실과, 어린아이들과 내 또래 친구들이 영문도 모른 채 죽어간다는 사실이 더욱 가슴 아프게 했다. 그냥 모든 걸 잊고 살아가고 싶어졌고, 이런 위험이 없으면서 이런 의식이 앞선 유럽 같은 곳으로 이민 가고 싶다는 생각도 들었다. 변하지 않을 것 같은 현재 상황에서 쉽게 쓰러지고 좌절했다.

강의가 끝나고도 그 여운이 가시지 않고 남아 있다. 밖으로 나왔을 때는 더운 여름의 중심이었고, 짙은 햇빛이 세상을 밝게 비추고 있었다. 길옆에 푸르게 자란 나무와 들풀, 편안히 흘러가는 뭉게구름, 식당 앞에서 팔랑거리는 한 쌍의 나비, 그리고 나긋한 점심을 가득 채우는 새소리. 이 모든 것을 온전하게 후세대 사람들에게 넘겨주고 싶었다. 더 많은 이들에게 걱정 없이 먹는 식(食)의 즐거움과 건강한 삶을 나누어 주고 싶었다. 그렇기에 나 혼자 넘쳐나는 공포 속에서 쓰러질 필요가 없었다. 힘을 내서 내가 해야 할 일들을 찾아야겠다고 생각했다.

선생님이 쉬지 않고 이야기하셨듯이, 한 식당 주인이 재생 가능한 에너지로 만든 요리를 나누어 주듯이, 다른 나라가 가고 있는 길을 우리도 갈 수 있도록 포기하지 말아야겠다. 많은 사람이 희망을 갖는 건 이런 고통과 슬픔 가운데서도 작은 변화가 있어서일 거다. 녹색당이 생기고, 어제보다 오늘은 더 많은 이들이 공감하게 되듯이 말이다. 나도 관심을 놓지 않고 읽고 생각해야겠다. 그리고 좀 더 큰 꿈을 가지고 노력해야겠다. 쉽게 단념하지 않도록 말이다.

_ 학생 글(2013. 6. 20.)

무엇을 어떻게 먹을까? – 강의 소감

"You are what you eat."(네가 먹는 것이 곧 너다.)

방학 동안 정말 많이 본 문구다. 방학 동안 소위 '다이어트'를 했다. 밥도 좀 덜 먹고, 좋은 걸 먹고, 먹고 싶은 걸 참고, 운동하고, 규칙적으로 살고, 어떻게 건강하게 먹어야 하는지 공부하고, 그와 동시에 풀무 공동체에서도 실천할 수 있는 것인지 많이 고민도 해 보았다.

아버지도 건강에 관심이 많으셔서 집에는 건강 관련 책이 많을뿐더러 인터넷에도 정말 정보가 많아서 많은 정보를 받고 곱씹으며 공부해보았다. 간헐적 단식, 1일 1식 등에 대한 이야기도 많이 듣고 보았다.

이렇게 관심이 많다 보니 먹을거리에 대한 오늘 강의가 무척이나 잘 다가오고 깊게 들어왔다.

오늘 강의 중 내가 모르던 부분은, 우리가 잘못 먹는 습관으로 인해 무엇이 잘못되어 가는지, 그 결과에 대한 것과 정확한 수치이다. 강의를 들으며 심각한 상태의 식탁을 떠올리고 반성하게 되었다.

사실 오늘 말씀 내용은 반 이상은 다 알던 것이다. 그래서 재미없다는 친구들도 있었지만 난 그래서 더 좋았다. 부분부분 단편적으로 좋지 않다, 좋다고만 알던 사실들을 왜, 그래서 어떻게 되는가까지 알게 해주었기 때문이다.

오늘 말씀을 들으며 나와 관련된 모든 식탁과 내 습관 등이 머릿속을 휘젓고 다녔다. 그중 가장 크게 생각되는 것은 우리 학교 식당이다.

방학 동안 나는 집에서 현미 잡곡 검은 콩밥을 먹었다. 어렸을 땐 흰 쌀밥만 좋아했다. 그러나 현미와 잡곡밥 등이 좋다는 걸 알고 나서인지, 나이가 들고 입맛이 바뀌어서인지 집밥이 정말 맛있었다. 집에 있으니 꼭꼭 씹어서 천천히 먹게 되고 조금만 먹어도 배가 불렀다. 그런데 창업식 등으로 학교에 올 일이 생겨 학교 밥을 먹으며 깨달은 것이 있다. 내가 밥을 매우 허겁지겁 먹고 있었다는 것이다. 습관처럼 무언가에 쫓기듯 빨리 먹는 나를 발견하고 깜짝 놀라며 그 까닭을 생각해 보았다. 여러 가지지만 하나를 꼽자면 쌀밥이다. 집에서 먹는 현미 잡곡과는 차원이 다르다. 내가 본 학교의 '잡곡밥'은 흰 쌀밥에 흑미 조금 넣는 정도다. 학교에서도 30번은 씹어 넘기려고 하지만 밥 먹은 것 같지가 않다. 우리 학교에서도 현미 잡곡을 먹었으면 좋겠다. 건의해야지 해야지 하면서 못했는데, 이번 강의를 들으며 더 간절해졌다.

또한, 이번 강의를 들으며 내가 알던 지식을 다른 사람과도 공유할 수 있는 시간이 되어 기뻤다. 심리적 배고픔에 대해 이번 방학 동안 알게 되어서 그것을 삭이려고 물을 많이 마셨다. 심리적 배고픔은 수분부족, 즉 갈증을 배고픔으로 몸이 착각하는 상태라고도 한다. 그래서 물을 마시고 나면 허기가 가신다니 풀무 사람들에게 물 마시기를 권하고 싶다.

또 이번 강의 중 가장 마음 깊이 들어온 부분은 '감정적 식사'였다. 우리가 왜 과식하는가에 4가지 답이 있는데, 첫째는 환경적 요인, 둘째는 음식이 오기까지의 과정을 잘 몰라서, 셋째는 포만감을 못 느껴서, 넷째가 감정적 식사로, 감정의 적절한 처리가 미숙해서라고 한다. 이 말에 깊이 공감했다. 요즘 봄을 타서인지 뭔지 모르게 답답하고 스트레스 받고 상처받는 일이 많았는데, 그때마다 과식하고, 몸에 좋지 않은 것들을 찾게 되는 나를 발견할 수 있었다.

생활관에 그런 음식들이 없어서 상상에 그쳤지만, 경제적 여유와 장소가 된다면 나는 미친 듯이 신경줄 놓고 음식을 들이마셨을지도 모른다. 이렇게 스트레스를 받자 단 것을 찾고, 단 것을 상상하는 나를 보며 걱정하기도 하고, 자책과 고민도 많이 했다. 그러다 말씀을 들으며 해결법을 찾아내고 마음 한쪽이 편안해졌다. 그 해법 중세 가지는 다음과 같다. 1. 숨어 먹지 않는다.(몰래 먹지 않는다) 2. 체격과 용모의 개인적 차이를 받아들인다. 3. 고통스런 감정을 피하기보다는 맞선다.

큰 위안과 함께 반성이 되었다. 나는 이 세 가지를 다 지키지 못하고 있었기 때문이다. 집에서 조금만 먹어야지 하면서도 계속 무언가 단 것을 입에 (몰래) 넣고 있고, 고통스런 감정을 잊으려 다시 그런 몸에 안 좋은 것을 찾고 있었다. 그리고 이런 걸 먹더라도 즐거우면 될 텐데, 체격과 용모에 신경 쓴다고 먹으면서도 괴로워했다.

이젠 그러지 않으련다. 아직도 머릿속에는 떡볶이, 마카롱, 케이크, 피자, 파스타, 초콜릿, 잼, 식빵, 도넛, 찐 옥수수, 고구마, 단호박, 호박죽, 다양한 떡들, 터키쉬 딜라이트, 궁중타래, 한과, 다식, 견과류, 금귤, 사과, 토마토, 딸기, 모과차, 유자차, 율무차, 코코아, 레몬 꿀절임차, 생강차, 전병 등 무수히 많은 음식 생각이 끊임없이 떠오르지만 이건 상상에 남겨두고 이미 먹어봤던 것들이니 좀 더 새로운 음식을 찾아 참기로 했다.

내 마음을 다스리고 좋은 음식을 먹고, 건강한 생활을 하려는 건 여전히 멀고 험난해 보이지만 누구보다도 나 자신을 위해 열심히 즐겁게 살고 싶다. 그리고 그런 마음이 드는 만큼 다른 사람도 그렇게 즐겁게 살았으면 좋겠다.

_ 학생 글(2014. 3. 20.)

학교 밖 선생님을 모시고 특강을 듣는 문화시간은 학생들의 인생관, 가치관 형성에 큰 영향을 주는 시간으로, 교육과정에서 중요한 부분을 차지한다. 문화시간에 강의하는 홍세화 님.

문화시간은 대개 강당에서 강의식으로 진행하지만 때로는 야외무대에서 활동 형식으로, 또는 저녁에 공연 형식으로 하기도 한다.

문화시간 특강 내용을 모아 엮어 출간한 『풀무청소년특강』 1~3 표지

벽보
흙, 보리, 등대 이야기

벽보란 벽에 붙이는 알림, 이를테면 벽신문이다.

사전엔 벽보를 '어떤 내용을 여러 사람에게 널리 알리기 위하여, 그것을 적어 벽이나 게시판 따위에 붙이는 종이'라고 풀고 있다.

본관 2층 교실 올라가는 계단 위쪽 벽에 게시판 모양처럼 나무틀에 넣은 유리판 세 개가 걸려있다. 왼쪽부터 '흙', '보리', '등대'라는 이름으로 1학년부터 각 학년에서 관리한다. 보통 달마다 발간하고, 학급에서는 모둠별로 돌아가며 만들어 갈아 붙인다.

언제부터 벽보를 시작했는지 정확하지 않고, 사람마다 기억이 다르지만, 고등부 1회 이번영 수업생의 책『풀무학교는 어떻게 지역을 바꾸나』에 "1959년부터 학생들이 만든 교지와 벽보"라는 말을 보면 개교하며 학생 문화로 시작된 듯하다. 이번영 수업생은 이런 활동이 적성에 맞고 너무 재미있어 창업 뒤《수업생회보》,《홍동소식》등 소식지를 발간했고, 나중에는 우리나라 최초의 지역신문인《주간홍성》을 창간했으며, 평생 기자의 삶을 살고 있다.

당시 모든 학생이 참여하기보다 관심 있는 사람들이 모여 만들다 보니 내실 있고 수준 높은 읽을거리가 되었던 것 같다. 내가 학생 때만 해도 하고 싶은 사람들이 모여 내용을 상의하고 학급 소식, 기행문, 인터뷰 기사 등 신문처럼 만들려 머리 맞대던 친구들이 기억난다.

그러고 보니 벽보에 대한 역사나 어떻게 만들어야 하는지를 듣거나 배운 일은 없는 것 같다. 선생으로 온 뒤에도 이어지던 벽보를 보고 그제야 처음 생각해 본 듯하다. 학생들이 만들도록 지도해야 했기에 벽보가 무엇인지부터 내용을 함께 생각해야 해서다.

학년마다 정해진 이름도 나름대로 생각해 설명했다. 1학년 이름이 '흙'인 건 흙이 모든 생명의 기본인 것처럼 1학년은 우리 학교의 기본이자 기초로 흙처럼 살라는 뜻이라고, 2학년 '보리'는 언 땅에서 겨울을 나는 강인한 생명의 상징으로, 아래위에서 치받치고 짓눌리는 가운데 학년으로 씩씩하게 이겨내야 한다는 뜻으로 생각했다. 마침 2학년은 한여름 땡볕 아래 현장실습을 갔기에 여름에 추수하는 보리 이미지와 더 잘 맞는다는 생각도 했다. 3학년 '등대'는 어두운 밤바다에서도 이정표가 되어 주는 등대처럼 학교를 떠나서도 어두운 세상의 등대가 되어 세상을 밝히는 삶을 살자는 뜻으로 이해했다. 누구나 이렇게 학년에 맞추어 그 의미를 나름대로 생각해 보는 것도 괜찮은 것 같다.

학생들이 모두 학교에서 살게 되었고, 학년마다 학생 수도 일정한 이즈음은 학급 활동을 위해 4~5명씩 짝지어 만든 모둠이 돌아가며 벽보를 만든다. 자기들끼리 벽보 차례인데 주제를 무엇으로 할지 상의해 글을 쓴다. 지면이 넓지 않기에 쪽글 수준이고 정하는 주제는 생활 속에서 가볍게 찾는 편이다. 전체가 함께 살기에 학급 소식이라고 딱히 알릴 만한 게 없어 더 그럴 테고, 그러다 보니 신문이라기보다 짤막한 생각글을 모으는 형태로 유지해 간다.

신문처럼 사설 성격을 살려 학교 안팎 문제에 대해 주장하는 글을 써보라거나 내용 구상에 끼어들어 지도하면 조금 나아지기도 한다. 어버이날 행사를 앞둔 5월이면 효라든지 오늘날 가정의 모습을 보며 주장하는 글을 쓰고, 시나 수필, 만평 같은 걸 써보라고 예시를 하며 달마다 조금 거드는 것도 좋으리라 생각한다. 학생들 자율이 제대로 기능하지 못하면 형식, 내용 모두 바로잡기가 더 어려워서다. 남의 시를 아무 설명도 느낌도 없이 베껴 적는다든지, 아주 어린 티의 글과 그림을 심지어 장난스레 붙인다든지…. 지난 벽보들을 생각하면 걱정스러운 것도 꽤 있었다. 학생들의 지적과 건의로 자정작용을 하기도 하지만 무관심한 사람이 더 많은 게 사실이기에 사전 지도가 필요하고, 알게 모르게 안정된 환경에서 좋은 읽을거리를 일상으로 만나며 산다는 건 교육적으로도 큰 의미가 있으리라 생각한다.

그리고 누가, 언제 발행했는지, 몇월 호 벽보인지 기록하는 것, 학생들이 수시로 쓸 수 있게 과학실에 갖추어 둔, 벽보 만들 때 쓰는 종이와 풀 등 문구류 챙기기, 이런 자잘한 일들이 소홀하면 금세 흐트러지는 요즈음이다.

지난 벽보 중 남은 것은 도서실 책꽂이에 보관한다. 학생들이 갈아 붙이면 먼저 것을 가져와 쌓아두는 것이다. 그래도 이렇게 쌓아둔 자료를 아카이빙하여, 2021년 3학년 한 학생이 창업논문으로 벽보의 주제와 횟수를 조사하여 소논문을 남기기도 했다.

지금 쓰는 벽보 틀은 오래전 목공반에서 만들었다. 수십 년 손때가 묻은 역사적인 것이라 하여 낡은 대로 그냥 쓰고 있다. 새것으로 바꾸자는 제안이 있었는데, 누군가의 그런 답변에 예전 것 그대로 오늘에 이어졌다.

2020년부터는 각 학년 교실 이름을 벽보 이름인 '흙', '보리', '등대'로 쓰고 있기도 하다.

자연스러운 학생 문화인 벽보, 작지만 살아가는 사람들의 마음과

정성, 생각의 성장이 일어나는 알뜰하고 다정한 공간으로 자리하길
바란다.

지난 학생들은 벽보에 무엇을 썼나? 하도 많지만 남은 기록 몇을
참고자료로 모아 본다.

등대

각 학년 벽보에는 제각각 이름이 붙어 있다. 1학년은 '흙', 2학년은 '보리', 3학년은 '등대'. 각 학년에 맞는 각자 역할이 있기에 그에 부합한 의미의 이름을 달게 되었을 것이다.

3학년에게 주어진 이름이 '등대'라는 건 무엇일까?! 등대는 해안이나 섬에 탑을 쌓고 밤에 등불을 베풀어 놓아 뱃길의 목표 지점을 향한 방향이나 위험한 곳을 알리는 '대'를 말한다. 3학년이 바로 그런 '대'의 역할을 해야 한다. 3학년이라는 등대가 공동체라는 배에 탄, 처음이라 멀미를 하기도 하고 힘든 뱃일에 어디로 가야 할지 뱃길을 잃은 사람들에게는 꺼지지 않는 든든한 불빛이 되어야 한다고 생각했다. 나 또한 가야 할 곳과 오는 길 그리고 위험한 곳을 환하게 비춰주는 등대가 되어야겠다.

어두운 망망대해에서 보이는 하나의 불빛을 따라 항해하는 것은 어렵지 않을지도 모른다. 그렇지만 고은 시인의 시 「머슴 대길이」의 대길이 아저씨처럼 누군가에게 밤낮 꺼지지 않는 불빛이 되는 것은 분명 어려운 일이다. 우리가 지닌 불빛이 누군가를 비춰주기엔 미약할지라도 깜깜하던 밤이 촛불 하나로 환해지듯이 23개의 불빛을 모으면 바다 위에 베풀 수 있는 환한 빛이 될 것이다.

누군가를 비춰주는 빛이라면 자신을 돌아보며 항해했던 뱃길에서 어려웠던 점을 떠올리고, 지금 항해하는 작은 고깃배들에게 더욱 요긴한 빛이 될 수 있도록 더욱 노력하고 조심해야겠다.

넓은 바다 위 작은 불빛으로 항해하는 배들처럼. 언제나 '작음'으로 세상이 돌아가고 있다는 사실을 기억하면서, 큰 바다에 비하면 너무도 작은 등대지만 그로써 나아갈 수 있도록 하자.

_학생 글(2008. 6.)

찌질함의 극치를 보이며 하루하루를 살아가는 중이다. 어떻게 보든 한심하고 바보 같다. 몸과 정신을 고정하던 나사는 잔뜩 풀려있고 눈빛은 썩은 동태 눈깔 같다. 옳고 그름을 잘 판단하지 못하고, 용기도 잃었고, 자신감은 이제 바닥을 보이려고 한다. 항상 무언가를 꿈꾸던 마음은 허리케인이 휩쓸고 지나간 듯 휑한 바람만 불고 있다. 정신이 없고 자주 답답해진다. 한숨이 많아졌고 기분도 자주 나빠진다. 도대체 어떻게 해야 할지 모르겠다. 조금만 건드리면 '팡' 하고 터질 것만 같다. 모두를 사랑하고 싶은데 자꾸 미운 마음이 든다. 엄청 이기적인 행동들은 오랜 습관처럼 툭 툭 튀어나오고, 그런 내가 보여서 더 화가 난다.

정의로운 척하며 역겹게 웃는 사람들이 무섭다. 아아- 그건 내 모습일 수도 있다. 도대체 어떻게 해야 좋은지 아무에게도 묻고 싶지 않다. 섣부른 판단은 모든 것을 망쳐버리니까.

나는 모순덩어리, 위선덩어리다. 내가 제일 나쁜 것 같다. 그걸 알고 나니까 더 불편하다. 그렇다고 모르고 살았을 때가 좋은 건 아니다. 사람은 '모른다'는 무기로 얼마나 무식해질 수 있는지 알고 있다. 으아-잠깐이라도 날고 싶다!

_학생 글(2012. 6.)

12월, 연말이네요-

모두가 "벌써 12월이야?"라고 말하는 2019년의 마지막 달이 찾아왔어요… 12월이라니- 하며 한 해를 돌아보니 참 크고 작은 일이 많았던 것 같아요. 그런 일들을 겪으며 많은 고민을 하고, 생각을 하고, 경험을 했어요.

처음엔 한 해를 돌아보니 정말 후회되는 일이 많았어요. 미안한 사람도, 일도 많고 내가 왜 그랬을까-? 이런 생각이 들어 슬펐지만, 그래도 좋은 기억도 참 많은 한 해였어요. 즐겁고 행복했던 기억들도 많고요! 이런저런 생각을 하면서 느낀 점도 많은데, 그중 하나는 '나는 아직 많-이 성장해야겠구나-'라는 것이었어요. 돌아보고, 반성하고, 다짐도 많이 하게 돼요. 12월은 한 해를 보내주며 반성하고, 다짐하는 달이면서 새로운 한 해를 맞이하는 달이기도 해요. 그래서 앞으로의 날을 기대하면 후회하며 든 마음도 다시 벅차고 설레요.

12월 풀무는 새로운 날을 준비하고 이번 해를 마무리하는 시간으로 흘러가요. 새로운 학우회장단, 부서장, 동아리장, 서기, 회계 등 임원을 선출하기도 하고, 더 나은 다음 풀무를 위해 남은 사람도, 떠나는 사람도 함께 고민하고 새로운 방도 배정받으며 다음 한 해를 준비해요.

그리고 올해 평가를 하고, 회의를 하고, 동아리 발표를 하고, 대청소도 하고… 그렇게 이번 한 해를 정리해요. 그런 이곳에서 12월에 모두 역시나 다사다난하고 어렵고도 즐거웠던 이번 한 해를 돌아보고, 고민하고, 생각하면서 다음 2020년을 맞이하면 좋겠어요. 2019년 올해도 모두 애썼어요.

_학생 글(2019. 12.)

벽보는 달마다 학년에서 모둠별로 작성하여 본관 2층으로 올라가는 계단 중간에 있는 벽보틀에 넣어 게시한다. 1학년은 '흙', 2학년은 '보리', 3학년은 '등대'라는 제호를 쓰며, 지금은 교실 이름으로도 쓰고 있어 각 학년의 상징이기도 하다.

생활협동조합
거꾸로 사는 또 하나의 길

큰 흐름으로 휩쓸려 오는 물살에서 살아 있는 물살이들은 거슬러 오른다. 인간 역사 속에서 협동조합이 그러했고, 풀무학교 학생 생활협동조합도 그런 정신의 표현이다.

풀무학생 생협은 학교 초창기인 1950년대 말, 홍성 읍내에 가야 일상용품을 살 수 있던 때, 학생들이 문구류 같은 필요한 물품을 쉽게 살 수 있도록 선생님들이 시내 도매상에서 물건을 사 짊어지고 와 구판장처럼 학생들에게 싸게 팔면서 시작했다고 한다. 학생 생협은 시대에 따라, 담당자의 특성에 따라 다른 양상을 보이며 60년 넘게 면면히 이어져 오고 있다.

1980년대 전국적으로, 또 홍동에서 생활협동조합운동이 활발해지면서 학교에서도 새롭게 관심을 두고 협동조합 역사와 정신을 가르치고, 학생들이 참여할 수 있게 지도하며 활성화한 것이 오늘에 이르렀다.

내가 선생으로 왔을 때는 학생들이 필요한 물품을 무인판매 형식으로 운영하고 있었다. 그러다 보니 조합의 정신보다는 사람의 양심과 정직을 더 많이 강조하고, 그날 하루 돈을 분실하거나 물품 대비

착오가 생기면 판매를 중지하고 즉각 비상회의를 연 기억이 있다. 당시 돈통을 놓고 현금을 썼기에 문제가 더 심각하게 다가왔을 것이다. 그래서 무인판매는 곧 정직의 대명사처럼 여겼고, 소중히 여길 가치로 자연스레 인식했다. 그리하여 그 뒤로도 수없이 많은 분실 회의를 하면서 해결하기도 하고, 해결하지 못해 좌절을 겪기도 하면서 포기할 수 없는 양심처럼 명맥을 유지해 온 것이 아닌가 생각한다.

학교가 점점 체제를 갖추고 전교생 생활관 생활을 하며 모든 구성원을 조합원으로 하여 정관을 만들고, 협동조합 형태로 정비해 교육도 하고, 이사회를 조직해 활동을 구체화하며 오늘에 이르렀다. 문화시간에 협동조합과 관련한 강의도 듣고, 이사들은 실무 교육도 따로 받는다. 협동조합 현장견학도 하며 협동조합의 역할을 다하고 조합원 모두의 관심을 불러일으키려 노력하고 있다. 이사장, 이사들의 관심과 열의에 따라 활동 양상 또한 달라진다. 이즈음은 현금을 쓰지 않고 물건을 살 때 장부에 각자 자기 이름으로 사인을 하고 월말, 학기말에 정산하는데, 연말에는 이용 실적에 따라 이용고 배당도 한다.

대부분 생협이라는 게 있는지조차 모른 채 입학해 원론적인 정신부터 실제적인 이용까지 걸음마 떼듯 익혀야 하기에 귀찮고, 물건도 다양하지 않아 이곳을 이용할 자신만의 이유를 찾는 과정이 쉽지 않다. 게다가 무엇이든 언제든 살 수 있는 인터넷쇼핑이라는 신세계를 경험한 사람들에게 일부러 불편함을 견디며 지켜가야 할 일이라고 강조하는 게 아무래도 힘든 것 또한 분명한 현실이다.

그래도 이런 좋은 정신에 공감하며 잘 운영되기를 바라고, 그 일에 어떤 역할이라도 해 보려는 사람들이 있어서 해마다 이사 선출 분위기는 뜨겁다.

2019년에는 생협 환갑을 맞이하여 이사들이 생협의 밤 행사를 계획해 진행했고, 담당자들은 끊임없이 생협 소식과 상황을 알리며 조합원인 우리 모두의 일로 알아야 한다고 강조한다.

작은 몸짓일지라도 살아 있는 생명은 힘이 세다. 그런 꾸준한 실천이 이어져 역사가 된다. 인간 역사의 그늘을 헤쳐가며 다 같이 행복하게, 모두가 평등하게 살 수 있는 구체적이고 실천적인 방안의 하나로 함께 노력해 온 협동조합 운동은 산적한 자본주의의 문제를 풀 대안과 희망이 될 수 있다고 생각한다. 희망을 배우고 말해야 하는 학교에서 조합원 모두는 금방 보이거나 알 수는 없지만 다른 것보다 좀 더 근원에 기까운 이 일에 관심을 갖고 무엇을 어떻게 소비해야 할지 조금씩이라도 생각하며 살아야 한다. 문제는 풀려는 의지 앞에 풀리게 되어 있다. 어떻게 살 것인지, 어떤 문제가 있는지, 사람은 무엇을 해야 하는지 이성과 의지의 힘을 발휘할 일이다.

풀무학생생활협동조합의 목적, 활동 내용, 현실적인 문제와 고민을 포함한 진지한 생각을 담아 쓴 2019년 이사장의 글을 조금 줄여서 덧붙인다.

풀무학생생활협동조합을 생각하며

　이 조합은 협동조합의 원리를 학생들이 생활에서 체험하여 더불어 사는 평민을 실현함을 목적으로 한다고 정관 1장 1조에 밝히고 있습니다.

　학교 학생관에 위치한 풀무학생생활협동조합(이하 생협)은 마을로 뻗어 나간 협동조합들의 뿌리이자 전신입니다. 1959년에 시작되었으니 올해 60년이 되었군요. 60년의 긴 세월에 대해 자세히 알지 못하지만 제가 3년간 생협 일꾼으로 일하면서 그간의 생협에 대해서는 소상히 밝혀드릴 수 있으리라 생각합니다. 그와 함께 생협에 대한 제 생각을 몇 자 적어봅니다. 그러기에 앞서 여러분께 일러두고 싶은 점은, 무엇이든 빛과 그림자가 함께 있으니 제 주관적인 시선과 감상이 담긴 이 글만으로 근 3년간의 생협을 온전히 알았다고 생각하지 않았으면 하는 것입니다.

　2017년 생협은 물품 종류가 많고 식품은 빵이 대부분이었습니다. 컴퓨터 엑셀 장부와 손 장부를 함께 사용해 일이 많았습니다.

　2018년에는 불필요한 소비를 생협이 부추기고 있다는 문제의식을 갖게 되었습니다. 조합원들의 요구에 따라 좋은 것, 편리한 것, 예쁜 것을 들여오면서 느낀 것입니다. 그래서 몇 차례에 걸쳐 이야기를 나누면서 품목 수를 줄였습니다. 그리고 중고물품가게인 '별별창고'를 생협 판매 칸 하나를 비워서 시작했습니다. 학교 구성원 누구나 자기 물건을 팔 수 있도록 했습니다. 연말에는 기존과는 다르게 손장부로 당번활동을 하고 결산 때만 엑셀을 쓰기로 했습니다. 생협이 이대로 가도 될까, 생협이 할 수 있는 것은 무엇일까 모색하기 시작한 해였습니다.

　2019년에는 작년에 생겨난 흐름을 좀 더 이어나갔습니다. 품목 수를 조금 더 간소화하고 기존 품목을 대체할 수 있는 친환경적인 제품이 있다면 그것으로 대체했습니다. 그러다 보니 필기구의 단조로움이 또 문제가 되었습니다. 그래서 논의하다가 마침 어버이날 의무외박이 얼마 남지 않았으니 각자 집으로 가서 쓰지 않는 필기구를 가지고 와서 모아보자고 아이디어를 냈고, 결국 분류 작업을 하고 나서도 600개 이상의 다양한 필기구가 모여 해결하는 데 큰 도움이 되었습니다. 또한 손 장부를 쓰고 결산 때만 컴퓨터를 사용했습니다.

'별별창고'를 운영하며 떠오른 상상력으로 실용적인 물건을 직접 만들어 생산하고 판매하자는 취지로 일상용품 만들기를 함께 배우기 위한 교실도 열고, 별별창고에 물건이 잘 모이지 않아 함께 물건을 사고팔고 나누는 중고장터를 열기로 했습니다.

식품은, 빵은 유통기한이 짧고 그때그때 수요가 확실하지 않아서 행복중심생협의 과자 중심으로 판매했습니다. 그러다가 체육대회 때 판매도 했는데, 너무 잘 팔려서 비닐쓰레기가 많이 나왔습니다. 그때 또다시 문제의식을 느끼게 되었습니다. 게다가 올해 풀무제 공동학습 주제가 플라스틱이었기 때문에 플라스틱 없는 식품을 들여오기로 했습니다. 주형로 선생님의 쌀 뻥튀기 기계로 뻥튀기를 만들어 팔았지만 다양한 식품을 찾고자 하여 마을소식지《마실통신》에 플라스틱 없는 식품을 모색하고 있다고 알렸고, 학부모회장님께서 누룽지기계를 기증해 주셔서 생협에 두고 배고픈 학생들이 식당에서 남은 밥을 가지고 와 누룽지를 해먹을 수 있게 했습니다.

생협은 학년당 4명씩 총 이사 12명과 선생님 한 분이 일을 도맡아 꾸려가는 소중한 학생자치의 현장입니다. 하지만 개인 시간을 내어가며 손발을 맞추고 소통해가며 꾸려나가는 일이 그리 쉽지만은 않습니다. 무엇보다 오랜 기간 이어온 과거와 다른 현재는 너무나도 편리해진 소비생활을 할 수 있는 가운데 더욱더 그 존재감이 미약하고 흐려져 가고 있다는 느낌이 듭니다. 그러나 초창기 수업생이신 이번영 선생님은 "생협의 경제교육과 역사적 책임이 있기에 학생생활협동조합이 계속해서 이어져야 한다"고 하셨습니다. 인터넷 공동구매와 다름없는 물품, 가입과 탈퇴가 자유롭지 않은 협동조합이지만 끝까지 이어가야 한다고 하셨습니다. 그래서 올해 학교 생협을 이어가기 위해 많이 꿈틀거렸습니다. 앞에 간추려 적은 생협의 많은 활동은 엉뚱하게 보이는 상상력에서 구상되어 시작된 것입니다. 그리고 그 상상력은 현 상황에서 생협은 무슨 역할을 해내야 할까, 어떤 일을 할 수 있을까 하는 고민에서 비롯되었다고 할 수 있습니다.

하지만 생협이 학교 교육과정의 일환인 만큼 학교에서 생협을 위한 시간을 좀 더 마련하면 좋겠다는 마음을 지울 수 없었습니다. 전교생과 교직원들이 조합원인 만큼 함께 생협에 대한 고민을 이어가고 싶은데, 지금 생협에게 주어진 상황에서는 생협이 이사들의 논의만으로 진행될 수밖에 없었고 그럴 수밖에 없는 현실이 너무 아쉽게 다가왔기 때문입니다. 그래서 앞으로는 학교가 풀무의 귀중한 자산인 생협에 많은 지원(문화특강, 협동조합 교육, 생협총회, 창체와 생협활동과의 연계 등)과 생각이 있기를 바라는 마음입니다.

이제 2020년이 코앞에 다가왔습니다. 앞으로는 어떤 움직임들이 생협을, 풀무를 가득 채우게 될까 상상하고 그려보는, 그 움직임들을 지지하고 응원하는 마음을 품겠다고 다짐하게 되는 연말입니다.

또한 이 자리를 빌려 2019년 생협에 대한 많은 고민이 만들어낸 여러 시도에 늘 적극 참여해준 친구들과 선생님들께 고마운 마음을 전합니다. 제가 생협 일꾼으로 있는 3년 동안 함께해준 이사 친구, 언니, 동생들에게 함께해서 정말 고맙고 행복했다고 말씀드립니다.

_학생 글(2019. 12.)

아침예배, 일요집회
하나님을 기억하는 시간

누가 뭐래도 풀무학교의 우두머리는 사람이 아니다. 느낌이나 분위기로 그런 게 아니라 '성서의 진리 위에 세워진 학교로 학생이 재학 중 성서를 배우고 그리스도를 만나는 것을 바른 인격교육의 바탕으로 믿'으며, '교직원과 학생은 예수를 교주로 하여 각기 자기 역할을 하면서 유기적 공동체를 이루는 일원이며 동료'라고 풀무학교 교육목표에 명시하고 있어 든든하고 환하다.

이런 정신의 구체적인 실현을 바라며 하루 생활을 예배로 시작하고, 교과 시간에 성서도 가르친다. 일요일에는 지난 일주일을 쉬며 감사하는 마음으로 하나님 중심의 마음을 다져보는 일요집회를 한다. 풀무학교에서는 주일예배라는 말이 아닌 '집회'라고 써 왔다. 여러 사람이 하나님을 경배한다는 공동의 목적을 위하여 성경을 공부하고 나누는 모임이라는 것에 뜻을 두고 있다고 생각한다. '주일성수'라든지 안식일을 지켜야 한다는 의미와는 차별화된 지금의 기독교, 특히 성서 중심의 풀무에서는 구성원 각자가 자유 의지로 성서를 공부하며 하나님을 만나 삶을 새롭게 하는 게 중요하다고 보았기 때문이다.

그런 느낌과 판단으로 내가 겪은 아침예배, 집회시간, 기독교를 가끔 돌아본다. 어린 시절을 보낸 '깡촌'까지 들어온 기독교는 큰 위로이자 힘이었지만 나중에 생각하니 그건 미신의 다른 이름 같았고, 성서를 배우거나 스스로 읽은 기억은 더구나 없다. 사람들과의 친교, 관계, 헌금, 때마다의 행사가 중시되고, 그런 속에서 어떤 역할을 하느냐가 믿음의 척도로 여겨진 것 같다. 그러다 풀무에 와서 만난 기독교는 얼마나 자유롭던지, 깃털처럼 가벼워지는 해방감을 느낀 기억이 어렴풋하지만 있었다.

풀무학교에서 수업시간에 성서를 배웠고, 교회 예배형식과 꽤 다른 일요집회를 했다. 성서를 줄줄 외우며 성서를 만나 인생의 가치관이 바뀐 체험담과 개인의 독립·구원을 강조하시던 성서 선생님이 생각난다. 일요집회는 지금처럼 강당에서 10시에 주옥로 선생의 말씀을 듣는 것이었다. 묵도, 피아노 반주 없이 찬송 하나, 기도, 성경 공부로 진행하는 이 시간은 지루하기가 이루 말할 수 없었다. 성서 구절구절을 읽으며 주해서와 여러 문헌을 인용하며 말씀하시는 내용은 제대로 알기 어려웠지만, 성서 구절 하나로 교훈과 계도 중심의 설교를 하는 교회와는 확실히 다르다는 것만으로도 편안했다. 더구나 일요집회 참석을 강요하지 않는 게 인상 깊었다. 또한 하루 성서 한 장 읽기를 꾸준히 권장했고, 이는 나중에 아침 예배를 시작하며 계승해왔다고 생각한다.

선생으로 돌아온 뒤에도 예배의 중심축은 같았다. 어떻게 구성원 모두가 예배에 함께할 수 있을까를 논의했다. 교직원들이 돌아가며 사회를 맡았고, 전강이라 하여 20분 정도 신앙 간증 혹은 독후감, 살아가는 이야기 같은 것을 발표하고, 본강이라 하여 주옥로 선생의 성경 강해를 들었다. 이런 틀은 지금까지 그대로 이어지고 있다. 이렇게 교직원들이 돌아가며 진행하던 전강에 학우회 부서별 학생들과 마을의 집회 참여자, 교직원이 번갈아 참여하는 것이 달라진 정도다. 본강 말씀은 주옥로 선생을 이은 홍순명 선생이 퇴직 후까지도 맡으시다가 건강 등 여러 문제로 부활절, 성탄절 같은 특별한 날에만 본강 말씀을 해주셨다. 나머지는 교직원, 집회원들이 번갈아 말씀을 맡는다. 어느새 묵도도 피아노 반주도 자연스럽게 예배형식에 들어왔고, 때로 두 시간도 이어지던 시간은 대강 1시간 정도로 정리되고 있다.

일요집회 참석은 자유의지에 맡기고, 전강을 맡은 총무부, 미화부 등 각 부서는 모두 나와 사회, 기도, 전강을 나누어 감당하며 집회에 참석한다. 1년에 두 번, 부활절과 성탄절엔 특별한 사정이 없는 한 모두 집회에 참석하도록 안내한다.

지금은 참석 대상 어린이가 없어 소모임 정도로 남았지만, 한때는 선생님들 자녀, 동네 어린이들이 참석하는 어린이 예배가 있었다. 일요집회보다 1시간 먼저 모여 성서 얘기 듣고 찬송도 배우며 어린이 눈높이에 맞는 모임으로, 당시 어린이들의 만족도가 매우 높았다. 이 모임 지도는 아무래도 기독교와 어린이에 관심 있는 학생들이 자발적으로 모여서 공부하며 준비해 진행했다. 성탄절 예배 때는 어린이 예배에 나오는 학생들의 노래, 율동, 상황극 등 공연도 중요한 한 꼭지였고, 어른들은 기대에 찬 격려를 보내던 인상 깊은 일로 기억한다.

지금도 그렇지만 당시에도 일요집회 참석하는 학생이 너무 적고 선생님들도 일요일에 챙겨야 할 개인 일로 참석하지 못하는 경우가 많아 걱정들을 했고, 그 과정에서 대안으로 나온 것이 월요예배였다. 월요일 아침조회를 예배로 하자, 새로 맞이하는 한 주를 예배로 시작하는 것도 의미가 있겠다는 제안이 있었고, 모두의 협의를 거쳐 꽤 긴 세월 유지했다. 처음엔 선생님들이 돌아가며 자유롭게 준비해 진행하다 이왕이면 성서를 정해 한 장씩 공부하는 게 좋겠다고 하여 신·구약을 돌아가며 공부했다. 이 월요예배는 아침 예배가 지금의 형태로 바뀌기 전까지 있었고, 그런 형식을 이어받아 선생님들은 수요일 아침 예배를 담당하는 셈이다.

아침 예배는 당연히 전교생이 함께 살기 시작하며 시작했다. 생활관에서 아침에 일어나 청소하고 강당에 모여 학생들 모두가 돌아가며 진행했고, 앉은 자리대로 돌아가며 성서 한 장씩 읽고 찬송 기도로 마치는 간단한 형식이었다. 이즈음 학생들은 예배 후 자율적으로 기도하는 시간을 보내기도 했다. 교회 예배형식에 익숙해진 가운데 성장한 친구들은 풀무의 예배에 적응하기 매우 힘들어하기도 하여 이 기도 시간을 의미 있게 여기기도 했다.

이 아침예배가 봄가을과 여름이면 좀 덜했지만 깜깜한 겨울엔 거의 꿈인 듯 생시인 듯, 시작인지 끝인지 모르게 보내는 사람들이 많다며 예배에 임하는 태도를 걱정하고 문제 삼는 일이 잦아졌다. 그즈음 선생님들 모두가 두세 해로 나누어 일본 자매학교 연수를 다녀오는 프로그램이 있었다. 일본의 자매학교들이 대부분 등교해서 선생님들과 아침 예배를 하는 것에 주목해 장단점을 파악하며 여러 차례 논의를 거쳐 지금의 형태에 이르렀다.

예배는 선생님들이 준비하는 수요일을 제외하고는 학생들이 돌아가며 준비하여, 8시 30분에 시작해 45분쯤 마쳐야 하는데, 늦어지는 때도 있어 조금 더 시간을 지키도록 강조하기도 했다.

예배를 통해 선생님 모두와 함께 아침 시작 시간을 차분하게 열어가는 것은 여러모로 장점이 많다. 하루 일과를 생각하면서 마음의 준비도 하고, 속시끄러운 사람은 마음을 읽어보고 다스리는 시간이기도 하다. 교직원들과 함께 준비하고 참여하면서 학생들의 태도도 좋아지고 더욱 정성껏 준비하는 일이 늘어났다. 아침 학급 시간이 줄고, 여러 공지와 전에 쓰던 조회 시간이 줄기도 했지만, 전체 일과 시간을 늘리거나 선생님들 조회 시간을 조정하기 어렵기에 지금의 틀에서 최선을 다하려 힘쓰고 있다. 이 범주에서 시간을 효율적으로 쓰거나 바꾸거나, 어떤 바람직한 방향을 찾고 만들어 가리라 생각한다.

아침이든 일요일이든 예배는 우리 삶을 이끄는 힘이며 주인이 누구인지 새기는 시간이다. 누구든 능력을 행사할 사람이 따로 있지 않고, 예배를 진행하는 한 사람 한 사람이 그 역할을 할 수 있다는 것, 그래야 한다는 것을 생각하는 시간이다. 진행하는 사람의 마음과 말을 통해 각자 진리를 만나고 깨닫는다. 아침에 듣고 생각한 성시에 바탕을 둔 인간과 삶에 대한 성찰이 하루를 살아갈 힘을 준다. 준비한 사람도 듣는 사람도 마찬가지다. 때로는 준비한 그대로 듣는 사람에게 은혜가 된다. 그래서 정성껏, 할 수 있는 대로 충실히 준비해야 한다고 생각한다.

성서에 있는 대로 우리 몸 자체가, 일상의 삶이 하나님이 머무는 집이다. 풀무에서는 일상생활 자체가 예배가 되어야 한다고 말한다. 밥을 먹어 살아갈 에너지를 얻듯 이런 시간에 인간의 위치와 우리를 둘러싼 거대한 우주와 생명의 경이로움에 경배할 수밖에 없다는 것을 아는 태도, 그런 마음으로 허락된 하루하루를 겸허히 살 수 있길 구할 수 있어야겠다. 무사와 안전을 비는 것만이 아닌 이런 마음을 회복하는 기도도 함께할 수 있어야 하리라 생각한다.

인간의 학문 중 가장 크고 근본이 되는 종교를 만날 수 있는 과정에 고마워하며, 영과 진리를 추구하는 풀무학교가 되길 기도한다.

일상이 예배가 되는 것을 목표로 하며 아침예배와 일요집회 시간을 운영한다. 아침예배는 일과의 하나로 누구나 참여하며, 일요집회는 자유롭게 하는데, 성탄절과 부활절을 앞둔 일요집회는 되도록 모두 함께하기를 권장한다. 성탄예배 때 아카펠라반에서 성탄 축하 노래를 부르고 있다.

열 가지 약속
최소한의 보호막, 또는 기둥

풀무는 신정한 '학교'다! 학교에서는 지식과 정보보다 어떻게 살아야 하는지를 배워야 한다. 풀무학교에선 사람이 무엇이며, 그 사람들과 더불어 어떻게 살아야 하는지 쉼 없이 고민하며 깨닫고 배워나가기 때문이다. 그 길에는 입학하며 다짐하는 '열 가지 약속'이 있다. 지나간 시간을 돌아보면 학생 생활로 씨름하듯 어려웠던 것의 대부분은 열 가지 약속과 관련한 것이었다. 개인에 따라 다르겠지만 학교생활의 보람과 후회, 성패도 이 열 가지 약속과 연관이 깊어 보인다.

대부분의 집단과 조직은 목표에 따라 구성원들이 행동하거나 판단할 때 마땅히 따라야 할 법칙과 원리를 제시한다. 일정한 말로 정리되어 있지 않을지라도 관습적으로라도 그 집단에서 옳은 것으로 권장되는 규범과 규정이 있다. 대개는 그 이행 여부에 따라 갈등 양상이 생기고, 앞으로 나아갈 길을 고민하기도 한다.

학생들이 때로는 보호막으로 때로는 족쇄로 여기며 살아가는 지금의 열 가지 약속은 홍순명 선생께서 정리하신 것으로 안다. 그 이전에 문서화된 규정은 알 수 없지만, 요즈음에도 힘들어하며 주로 논의되는 것들은 그때도 끊임없이 문제 제기되던, 해서는 안 되는 것이었다. 음주와 흡연, 연애, 극장 출입 등이 그것인데, 어겼을 때는 회초리를 맞는다든지 반성문을 쓴다든지 하는 식으로 책임을 지게 했고, 더 문제가 되면 가정방문을 해서 부모와 상담하고, 심하면 정학·퇴학도 있었다. 이 중에서 극장 출입 제한은 청소년이 보아선 안 되는 영화의 경우고, 지금 상황에서 보면 열 가지 약속 중 '저질 상업 문화를 멀리'하는 것에 해당한다.

예전에 금지 위주로 지도하던 것과 다르게 지금의 열 가지 약속은 '~하겠다'는 긍정적이고 적극적 의미의 약속이 7개, '~하지 않겠다'는 부정의 종결로 마치는 약속이 3개. 이 셋 중에서도 6번(술 담배)과 9번(이성 교제)이 가장 지도하기도, 접근하기도 어려운 일이었다. 학생들은 열 가지 약속을 두고 '문제가 있어도 아예 고칠 수 없는 불가침 영역인가'라는 문제 제기를 자주 했고, 논의하다 보면 건강한 공동체 유지를 위한 최소한의 보호막과 울타리 같은 것이라는 결론에 이르며 지금까지 지내왔다. 그런 중에도 시대 현실을 반영하여 '이성 교제'는 '일대일 교제'로 용어가 바뀌었고, 앞으로도 열 가지 약속의 취지에 맞는 합당한 문제들이 제기되고 구성원 모두가 동의하는 내용이라면 학생과 교직원 모두의 충분한 협의에 따라 상황에 맞게 고쳐갈 수도 있으리라 생각한다.

위에 말한 두 가지 금지사항은 학교 밖 사람들의 저항과 이의 제기도 적지 않았다. 누구나 우정을 중시하는데 '~그런 친구가 발견되면 덮어 두거나 감싸지 않겠다'는 것은 친구를 배반, 고발하라는 것이냐며 이의를 제기하기도 했다. 보복을 염려하는가 하면, 함께 사는 사람끼리 옳은 태도가 아니라는 것이었다. 이성 교제 금지는 감정과 이성의 발달이 왕성한 때 있을 수 없는 일이라며 인권을 무시하는 것이라고도 했다. 표면적으로 그럴 수도 있는 말이지만 왜 그런 지도를 하는지 배경과 의미를 이해하지 못한 데서 오는 오해라고 설명하고 이해받으며 지금껏 유지하고 있다. 사실 평생을 살아갈 도덕과 윤리의 기준이 이런 성 의식이 어떠한가에 달려 있다는 것을 많은 경우에 느낀다. 지극히 개인적이어서 직면하기 어려운 문제지만 그만큼 인격적 만남과 교류가 중요하다는 것을 절감한다.

학생들은 또 '긍정의 약속은 안 지켜도 크게 문제 삼지 않는데 왜 그 두 가지만 부각하는지' 따지기도 하고, '저질 상업문화'가 무엇이냐, 혹 만화라면 그게 왜 나쁘냐고 트집 잡기도 한다. 충분히 있을 수 있는 일이다. 오히려 그런 사안들로 깊은 대화를 할 수 있고, 학교 전체가 이해의 지평을 넓혀 갈 수도 있어 유용한 기회로 활용할 수 있다.

생각해 보면 이 약속 지도의 길은 환한 꽃길이기보다는 아픔과 상처가 더 많았다. 생활관 학교로서 밤 시간 지도는 신뢰 없이는 어렵고 두렵기도 한 일이다. 특히 술과 담배, 연애 문제가 다들 자는 밤중에 몰래 이루어진다면 이건 학교 존재 여부를 물을 만큼 큰일이다. 파생되는 문제가 한둘이 아니기 때문이다. 그런 문제가 생겼을 때 붙잡고 씨름하는 것은 당사자는 물론 생활 전체가 영향을 받는다. 그러나 그런 일은 쉼 없이 일어난다. 한 번에 해결할 수 없어 반복되고, 그러면서 더 숨게 되고, 나아가 신뢰로 살아가야 할 생활은 삐걱거리게 된다. 그래서 어려워도 놓아선 안 되는 중요한 생활지도 영역이 되어 왔다.

이런 문제를 지도할 땐 가정과의 협력도 필요하고, 어디까지 용서하며 어떤 방법으로 다가가야 할지 고민이 깊은 게 사실이다. 홍순명 선생께서 방향성처럼 기준 삼아 주신 것이 지금까지 이어지고 있다고 생각한다. 마태복음 18장에는 교회(공동체) 구성원들이 자기 제어를 하지 못하고 잘못을 저질렀을 때 어떻게 해야 하는지를 다룬 대목이 있다. 그럴 때는 먼저 개인적 권면을 하라고 되어 있다. 그러니까 우리로 보면 담임 선생님 상담이다. 사실을 확실하게 알아보고 상황을 파악해 판단, 권고할 수 있다. 두 번째는 개인적 차원을 넘어서는 상황이면 한두 사람의 형제들을 대동해 집단 권면하라고 하는데, 이때는 지혜로운 사람이 좋다고 한다. 우리로 보면 학생부 선생님들과의 만남이다. 그래도 해결되지 않으면 공동체 전체 문제로 확대해 모두의 의견을 수렴하라고 한다. 우리로 보면 전교회의 소집이다. 그래도 안 되면 축출(출교)해도 된다고 한 이 단계를 거쳐 지도해온 것 같다. 이즈음엔 마지막 단계의 회의가 좀 더 조심스러워지고, 그에 따라 세분화해 공간 분리, 학교 밖 통학 등 다양한 방법을 적용하며 문제 해결을 위해 애쓰고 있다.

지도 과정에서도 문제 삼고 있는 음주와 흡연 문제는 대체로 반복해 발생한다. 해결하려는 노력보다 다른 사람한테 피해가 가지 않으면 괜찮은 것 아닌가 하며, 끼치는 폐가 무엇인지 범위와 성격을 수긍하기 어려워하기도 한다. 그런 중에 생활관 내부에서 심야에 일어난 음주 흡연 문제로 학교 전체가 몸살을 앓기도 했다.

음주와 흡연은 중독성이 있어 경험한 시간과 분위기에 휩쓸려 제어와 조절이 어려운 것 같다. 그럴 수도 있다는 이해를 넘어 그 일탈 행위에 들이는 시간과 노력, 무엇보다 자기 존엄성을 해치는 일이라는 것을 진심으로 공감하도록 지도할 필요가 있다.

특히 이성(일대일) 교제 문제는 좀 더 개인적 성격이 강해, 문제화하거나 지도하기가 한층 예민하고 어렵다. 개인적으로 권면하면 대부분 잘 이해하는 편이다. 둘만 밀착해 지내면 공동체 안에서 피차 '섬'이 되어 구성원들과 고른 교류가 어렵고, 둘의 관계가 틀어지면 서로 힘든 시간을 보내게 되어 학교 교육과정에 집중하기 어렵게 된다며 설득한다. 또한 서로 호감이 가고 좋은 감정이 생기는 것 자체를 문제 삼는 것이 아니라 공동체 안에서 감정의 절제를 배우며 도덕적 판단의 중요함을 알아가는 데 의미를 두어야 한다고 지도한다. 금방은 어려워도 시간이 좀 지나면 좋은 배움과 깨달음의 기회라고 인정하기도 한다. 그럼에도 서로 조심하는 틈새에 비밀리에 발생한 일로, 개인이나 학교에 씻을 수 없는 자취로 남기도 했다. 참 쉽지 않은 일이다.

이 두 가지를 어떻게 생각하고 경험하는가는 학교생활 3년, 나아가 평생의 정신적 고향이 생기느냐 마느냐의 문제가 되기도 한다. 이즈음은 그런 사람을 모르쇠 하지 않고 건강한 학교를 만들어야 한다고 생각하는 사람이 더 많아진 것 같아 반갑다.

열 가지 약속을 부모님과 연대하여 약속하고, 입학식에서 하나님과 선생님, 언니들, 친구들 앞에서 다짐했는데 막상 살아보니 약속안 지키는 사람이 많아 실망하고, 심지어는 속은 것 같다며 힘들어들 한다. 이제는 이유 없는 결석과 결강, 술과 담배, 연애 등 하지 말아야 할 것 3가지의 반복으로 괴로움 겪는 일이 생기지 않았으면 좋겠다. 나아가 적극적으로 해야 할 7가지에 더 힘을 쏟고 서로서로 격려하며 선순환하는 생활을 꾸려 가는 '풀무질'을 멈추지 않아야 한다고 생각한다. 풀무는 이미 갖추어진 완벽한 청정구역이 아니고, 그런 곳은 있을 수 없으니, 살아가는 구성원 모두의 건강한 생각을 공유하고 확장하는 것이 중요하다는 말이다.

그때 비로소 날마다 하는 인사말은 진실이 된다. 하지 않아야 할 것을 남몰래 하는 거짓과 위선 속에서 밝고 맑고 고요한 내면을 찾긴 어려운 이유다. 실수할지라도, 더디더라도 진실하게, 밝고 맑고 고요한 마음 상태를 그리워하는 그것부터 간절해져야 한다. 청소년기를 살아가는 학생들에게 더 크고 높고 귀한 가치를 알게 하는 학교, 그런 교육이 보편의 일이 되기를 염원한다.

어찌 보면 말도 많고 탈도 많고 아픔도 겪지만 이 약속은 학교를 지탱해 온 기둥이자 최소한의 보호막이었고, 앞으로도 신호등 같은 지침 역할을 하리라 생각한다. 위반하면 안 되는 규칙이나 강제적 의미를 띤 장치가 아니라 공통의 가치를 보장해 줄 수단으로, 함께 살아갈 학교 공동체의 사고방식이자 자연스러운 생활 태도가 되어야 한다. 아무 규정 없이 살아가는 게 이상적이겠지만 약하고 부족한 우리는 그나마 '최소한의 선(線)'을 인정하고 진정한 자유인으로 그 약속들이 있는지 없는지조차 굳이 의식할 것 없이 자유롭게 살아갈 수 있어야 한다. 그런 성숙함이 자연스러워지면 좋겠다.

다음에 덧붙이는 열 가지 약속 내용은 입학의 다짐 때 하는 줄인 말의 원모습이다. 곰곰이 읽어보길! 아울러 2013년 '성공적인 직업생활' 교과 중 '고전독서반'에서 학생이 쓴 글을 나누며 학생들 생각의 지점과 변화를 눈여겨보고 싶다.

열 가지 약속

① 재학 중 성서를 읽고 내용을 성실하게 알아보겠습니다.

② 재학 중 자기를 실현하고 진리를 깨닫기 위해 열심히 공부하고 일도 소중히 여기겠습니다.

③ 남의 인격이나 물건을 존중하고 배려하며 서로 정직하겠습니다.

④ 감사와 사과를 분명히 표시하고 정당한 의견은 꼭 발표하겠습니다.

⑤ 일, 청소, 당번 등 내게 맡겨진 책임을 충실하게 지겠습니다.

⑥ 담배를 피우거나 술을 마시지 않겠으며, 그런 친구가 발견되면 덮어 두거나 감싸지 않겠습니다.

⑦ 몸이 아프거나 사고같이 부득이한 경우가 아니면 결석 또는 결강을 하지 않겠습니다.

⑧ 저질 상업문화를 멀리하고 품성을 높이는 독서와 예술을 감상하며 좋은 취미를 기르겠습니다.

⑨ 다른 사람을 인격으로 존중하며 모든 학우와 예의 바른 우정을 갖되 일대일 교제는 하지 않겠습니다.

⑩ 내게 하늘이 준 적성이나 능력에 맞고 사회에 필요하며 지역과 세계의 평화에 이바지할 천직을 생각하고 준비하겠습니다.

풀무생활 약속 열 가지를 생각하며

함석헌 선생님의 〈살림살이〉를 읽었다. 내용은 12가지 권장 사항으로 이루어져 있다.

늘 하늘을 우러러보자. 몸은 언제나 꼿꼿이 가지자. 닭 울기에 일어나 하루살림 준비를 하자. 내 몸 거둠은 내가 하자. 먹고 입음을 간단히 하자. 술 담배를 하지 말자. 하루 한 번 땀을 흘리자. 날마다 글 읽기를 잊지 말자. 때때로 산과 바다에 가자. 산 물건(생명)을 죽이지 말자. 빚을 지지 말자. 시골을 지키자.

모두 '-하자'로 말을 맺는다. 어떤 삶을 지향하고 있는지 막연하게나마 눈에 들어

온다. 그런데 이 열두 가지 소제목들을 정리하고 나니 이상한 기분이 들었다. 어딘가 익숙하다. 유토피아적이고 이상적인, 그러나 적당히 환상의 선을 넘지 않은, 삶의 더욱 향상된 질을 위한 고민들.

나는 곧바로 본관 2층으로 올라가는 계단으로 내달렸다. 그리고 내 머릿속에 순간적으로 떠오른 추상이 현실로 다가왔다.

풀무 생활 열 가지 약속사항의 요점을 정리해 본다.

성경공부를 열심히 할 것. 일과 공부를 같이 소중히 할 것. 타인의 인격과 물건을 존중할 것. 배려하고 정직하며 책임에 충실할 것. 술·담배를 하지 말 것. 결강하지 말 것. 품성을 높이는 독서와 예술을 감상하고 저질 상업문화를 멀리할 것. 지역, 세계, 평화에 이바지할 천직을 생각하고 준비할 것.

〈살림살이〉에서 말하는 12가지 권장사항과 일치하거나 비슷한 것들이 눈에 많이 들어온다. 자연친화적이면서 종교적이고, 지역 중심 생활을 권장하고, 건강한 몸과 마음을 기르라 한다.

무교회 모임에서 주옥로·이찬갑 선생님이 만나 풀무학교를 개교한 게 1958년이다. 4·19혁명으로 이승만 정권이 물러난 게 1960년, 5·16 군사정변으로 박정희가 권력을 잡은 게 1961년이다. 그리고 〈살림살이〉는 바로 그해에 쓰셨다. 풀무학교에 열 가지 약속사항이 생긴 건 그보다 뒤의 일이지만 당시 학교에 전해 내려오던 풀무의 정신을 정리한 것이 열 가지 약속사항이라고 한다. 그러니 개교 당시의 정신은 풀무 생활의 열 가지 약속사항과 크게 다르지 않을 거라고 본다.

1958년은 이승만이 권력욕에 눈이 멀어 가던 시점이었고, 〈살림살이〉를 쓴 1961년은 4·19 이후 잠시 희망을 가졌던 민주주의가 5·16 군사정변으로 크게 후퇴하고 있을 때였다.

그럼에도 이런 정신을 가슴에 품고 살아가는 사람들이 있었다. 1960년 즈음 이촌(離村) 현상을 걱정하고, 시민의식도 없는 천박한 자본주의가 판을 치는 가운데 하느님의 뜻에 따라 살라고 했다. 그건 분명히 쉬운 일이 아니었을 거다.

지금 내가 살고 있는 풀무학교의 이러한 사상들은 그런 격변하는 시대 속에서 모두가 가려는 길, 더 편한 길을 포기한 채 더 옳은 길을 찾기 위해 애쓴 사람들의 많은 고뇌가 담겨 있을 것이다.

앞서 나는 풀무생활 열 가지 약속과 〈살림살이〉의 12가지 권고 사항을 '유토피아적이고 이상적이며 적당히 환상의 선을 넘지 않았다.'고 표현했다. 그러나 어찌 생각하니 이는 틀린 표현인 듯하다. 유토피아니 이상이니 하는 것들은 닿을 수 없다는 느낌이 너무 강하다. 이는 '목표'일 뿐이다. 유토피아가 존재하기 위해선 '상상'되어야 하지만 목표는 이뤄지기 위해 '노력'하면 된다. 실제 풀무학교는 그렇게 노력하며 살고 있다.

다수의 길이 반드시 옳은 길은 아니다. 옳은 길을 가려는 사람들은 고독해야 할까? 재미있게도 '고독반(고전독서반)'의 인원은 아홉이다. 둘 이상은 고독하다 할 수 없다. 많은 사람이 이해하지 못하고, 무시당해도 그 사람들이 이런 길을 개척할 수 있었던 것은 비록 믿어주는 이들은 적은 수지만, 그게 확실히 옳다는 믿음 때문이 아니었을까.

_학생 글(2013. 3.)

우리말 쓰기
우리말로 써 본 풀무 열두 달 이름

'우리말로 쓰자'는 말에 사람들은 대개 '우리가 우리 글자로 쓰면 우리말이지 우리말이 따로 있나, 어떻게 쓰든 뜻만 통하면 되지 굳이 까탈 부릴 일이 있나' 하고 생각한다. 디지털 시대가 되며 되도록 빠르게 소통하는 게 먼저다 보니 줄인 말, 외국어 따위에서 온 새로운 말들이 많은 이즈음은 더 그런 것 같다. 게다가 요즘은 한자말 문제보다 영어투, 일본어투 낱말과 문장을 아무렇지 않게 쓰는 게 더 문제로 보인다. 어려서부터 영어를 배우고, 일본말 식으로 표현한 매체를 자주 접하다 보니 자연스럽게 영향을 받게 되어 그렇지 않을까 한다. 그러니 이런 걸 문제 삼으면 그걸 왜 따지는지 오히려 비난을 듣게 되고, '언어는 시대의 반영이니 어쩌겠는가, 시간이 해결해 주겠지' 하고 생각하기 쉽다.

보통 하는 이런 생각을 만나면 '그렇지, 그러나~' 하며 되묻게 된다. 문화현상 대부분이 그렇듯, 백범 김구 선생이 휘호로 말씀하신 '변화는 변화하지 않아야 할 것에 비추어 가며 길을 찾아야 한다(不辨 應萬變)'라는 생각을 다시금 하면서 말이다.

풀무학교를 세우신 분들은 처음부터 우리말과 우리 민족을 남달리 사랑하신 듯하다. 학교 옛 사진을 보면 '국어사랑, 나라사랑'이 쓰여 있다. 이찬갑 선생이 중시하신 그룬트비의 "그 나라 말과 역사가 아니고는 그 민족을 깨울 수 없다."라는 말은 학교교육의 일관된 방향으로 설정되어 왔다. 학교 초창기 역사를 보면 "학교 이름을 '신생(新生)'으로 하려고 했다가 마을이 풀무골이어서 그 의미가 앞으로 펼쳐가려는 교육과 걸맞고, 우리말이어서 쓰기로 했다"라는 말이 있다. 당시로선 우리말 이름을 짓고 쓰는 게 개인이든 학교든 낯선 일로, 쉽지 않은 선택이었을 것 같다. 한자말을 우리말보다 더 많이 쓰던 습관과 일본어투 한자말까지 많아져 그걸 더 자연스럽게 여겼을 듯해서다. 큰아드님 이기백 교수를 역사학자로, 둘째 아드님 이기문 교수는 국어학자로 키우신 이찬갑 선생은 '밝고 맑게'를 줄여 '밝맑'이라는 호를 쓰셨고, 주옥로 선생도 '샛별'이라는 호를 쓰셨으니, 두 분 모두 다른 정신과 마찬가지로 우리말 쓰기에서도 선구적인 모습을 보이셨다고 생각한다. 이것으로도 우리가 일상에서 생각할 바와 변하지 않아야 할 뿌리는 무엇인지 되짚어 보게 된다.

나라를 빼앗겨 살아갈 희망을 어디서 어떻게 찾아야 할까 고뇌하며 피로 새기듯 말했을 주시경 선생의 '다 빼앗겨도 말만 잃지 않으면 희망이 있다', '말이 오르면 나라가 오른다'는 말씀도 그런 걱정은 전혀 할 바 없는 듯이 보이는 우리 현실에서 더더욱 정신을 차리게 한다. 말은 곧 생각이고, 그것을 어떻게 쓰느냐가 그 사람이 세계를 보는 방향과 방법을 알 수 있게 하기에 그렇다. 그런지 아닌지 비슷하여 알 수 없는 아리송한 상태야말로 경계할 일이다. 말은 정말 잘 써야 한다. 바르게 말하고 글로 표현할 때 바른 정신으로 바른 생각을 하게 되고, 사람들 사이로 바르게 통하게 되며, 세상은 모르는 새 밝아질 수 있으리라 생각하기 때문이다.

그런 생각은 풀무 밖의 우리 사회에서 시대적·사회적으로 나타나기도 했다. 예를 들면, 1970년대 베트남 전쟁이 끝나면서 은인 이미지로만 알던 미국의 문제를 새롭게 인식할 수 있게 한 것이 이른바 '인디언' 문명이다. 1990년대 후반, 2000년대에 들어서면서 미국 역사는 곧 인디언 학살의 역사임을 밝힌 책들이 나오고, '인디언'들의 언어며 문화에 대한 관심이 드높아졌다. 인디언식 이름을 짓고, 부족마다 달력 이름이 다른 것에 관심을 보이며, 여기저기서 자신들에게 맞는 이름을 새롭게 지어보는 분위기가 있었다. 이를테면 힘없고 무시당하지만 원래 그랬던 것이 아니라는 역사적 자각, 주체성, 정체성 찾기의 표현 같은 것이 우리에게 시사하는 바가 커서였을 듯하다.

게다가 그즈음 이오덕 선생의 글쓰기 교육을 만나게 되어 학교에서도 글쓰기반을 운영했다. 그 시간 활동의 하나로 당연한 듯 쓰던 공간 이름, 모임 이름들을 살펴보며 대부분 한자와 일본어투 말인 것을 알고 되도록 부르기 쉬운 우리말로 바꿔보았다. 그런 말들은 언제부터 어떻게 우리말에 들어와 자리를 차지하게 되었을까, 원래 이 땅에 살던 우리 민족은 어떤 말을 썼을까 상상해 보는 데 뜻을 둔 시도였다. 몇 년을 거쳐 알리고 예쁘게 써서 그 방에 붙이기도 했지만 역사성을 얻은 건 몇 안 된다. 말은 쓰는 사람들의 호응을 얻어 시간의 흐름을 타고 인정받아야 정착되는 것이어서 결과적으로 크게 바뀌진 않았지만 지나간 시간 실재했던 일로 기억하는 것도 의미 있으리라 생각한다. 물론 한자어를 바꿀 때 무리한 우리말 적용으로 의사소통에 문제가 되는 건 지양해야 하며 바람직하지도 않다는 것도 나누었다.

당시 바꿔 쓴 말 중에서 정착한 것은 생활관(기숙사), 하나되기(단합대회), 알림(광고), 사랑방(연구실·교장선생님방), 골방(정보실), 식구(가족), 새내기(신입생), 달불물나무쇠흙해날(월화수목금토일) 정도고, 속말나눔(간담회)은 둘 다 쓴다. 또 당시엔 과목별로 교실을 정해서 수업시간에 맞춰 학생들이 옮겨 다녔고, 교실마다 '다른나라말방(외국어), 공동교실'처럼 교실에서 하는 수업의 특징을 살려 이름을 붙였었다. 그러다가 겨울철 난방 문제 같은 현실적인 사정을 고려해 학년 교실로 바꾸어 살기 시작하며 오늘에 닿았다. 2020년부터는 학교 구성원들의 동의를 얻어 각 학년 벽보 이름인 '흙(1학년), 보리(2학년), 등대(3학년)'를 교실 이름으로 부르면서 이름표도 만들어 붙였다.

앞서 말한 '인디언'식 이름을 우리 삶에 맞게 달마다 붙여보기도 했다. 그들은 6월을 '옥수수수염이 나는 달', 11월은 '모두가 사라진 것은 아닌 달', 이렇게 부른다. 살아가는 땅의 원주민으로서 사람마다 개개인도 태어날 당시 현실과 상황을 반영한 이름을 지어 살다가 성장하면서 상황이 바뀌면 이름도 바꿔 부르며 죽하한다고 한다. 그런 식으로 우리 학교에서 달마다 볼 수 있는 특징을 고려하여 머리를 맞대고 열두 달 이름을 붙여보았다. 해마다 조금씩 바꾸어 온 것을 당시 글쓰기반 활동을 하던 학생이 2007년에 창업하면서 예쁜 글씨로 써서 작품으로 만들어 도서실 벽에 붙였다. 도서실 내부를 다시 꾸밀 때 솜씨꾼 방인성 선생이 나무로 테두리를 해다 건 게 지금 보는 모습이다. 교실 이름표도 방 선생 작품이다.

풀무 열두 달 이름

1월 고요한 달 – 긴 방학으로 학생들이 없어 고요하기만 한 학교. 당시는 창업식을 2월에 했다.

2월 끄트머리 달 – 끝과 시작이 붙어 있는 달. 우리말 끄트머리는 끝과 머리가 이어진 말이다.

3월 설레는 달 – 3월은 학교의 새해. 새로 만나는 모든 것이 예쁘고 설레는 달.

4월 크느라고 아픈 달 – 각자 자리에서 책임을 다하며 커가는 달. 당시 4월엔 감기도 많이 걸리고 향수병도 생기고, 학교에 적응하느라 많이들 힘거워하며 아파하는 것을 긍정적으로 생각한 말.

5월 푸르러지는 달 – 나무와 풀이 여름을 준비하며 싱그러워지는 달.

6월 물에 젖은 솜 같은 달 – 축축 늘어지는 달. 당시 6월은 긴 장마가 이어져 습하고 온몸이 축축 늘어져 있었다.

7월 손톱 밑에 흙내 나는 달 – 풀 뽑느라 손에 흙냄새 가득한 달. 방학을 앞두고 실습장, 학교 둘레 풀 맬 일이 많았다.

8월 땀 흘리며 사는 달 – 1학년은 노느라, 2학년은 현장실습 하느라, 3학년은 공부하느라 열심인 달. 당시에는 현장실습을 이달에 했다.

9월 생각만 많은 달 – 이런저런 생각이 스치는 달. 풀무제 주제는 이미 정해져 있어도 공부할 방향이나 방법을 어떻게 정할까 여러 궁리 때문에 시작은 못 하고 대부분 걱정만 한다는 의미.

10월 거두어서 고마운 달 – 열매와 함께 우리의 노력이 영글어 거두는 달. 추수감사제의 의미로 하는 축제 풀무제에서는 동아리며 학급 활동 등 모든 활동을 전시 발표하며 나눌 수 있어 감사하다는 의미.

11월 첫 마음 새기는 달 – 한 해를 돌아보며 첫 마음을 기억하는 달. 학우회장·학생장 등 임원 선거, 김장 등 다음 해 살아갈 준비를 실제로 하는 달이다.

12월 내려놓는 달 – 내 자리를 가만히 내려놓는 달. 공적인 일들을 일단 내려놓고 자신을 돌아보며 성찰하는 때라는 의미.

학교에 방문하는 사람이든 누구든 언뜻 이걸 보면 뭔가 싶고, 왜 그런지 모르면서도 자의적으로 해석하며 설명을 덧붙이기도 한다. 그런 데다가 기후변화, 학생들 문화 변화 등에 따라 바뀐 모습도 있어 이름을 바꿔보려 했지만 쉽지 않았다. 토요일 수업이었던 농업 독서반에서 2016년에 바꾼 것을 게시하려 했지만 끝내 하지 못한 채다.

조금은 긍정적이고 현실이 잘 반영된 것 같은 2016년 판 풀무 열두 달 이름을 소개한다. 앞으로도 계속 상황과 맥락에 따라 바꿔봐도 좋을 듯하다.

1월 고요한 달 – 방학으로 학교도, 눈이 내려 마음도 고요해지는 달

2월 처음이 되는 달 – 새로운 마음으로 새로운 자리에서 시작하는 달

3월 설렘 가득한 달 – 새로 만나는 모든 것이 예쁘고 설렘으로 가득 차는 달

4월 푸르러지는 달 – 나무와 풀들이 새록새록 올라오고 싱그러워지는 달

5월 몸에 익는 달 – 풀무생활이 몸에 익는 달

6월 무럭무럭 자라는 달 – 모든 생명이 마음껏 자라는 달

7월 손톱 밑에 흙내 나는 달 – 풀 뽑느라 손에 흙냄새 배는 달

8월 땀 흘리며 얻어가는 달 – 1학년은 놀면서, 2학년은 일하면서, 3학년은 공부하면서 얻어가는 달

9월 단단해지는 달 – 다 함께 공부하면서 생각도, 마음도 단단해지는 달

10월 거두어서 고마운 달 – 열매와 함께 우리의 노력이 영글어 거두어 들이는 달

11월 첫 마음을 새기는 달 – 한 해를 돌아보며 처음 마음 기억하는 달

12월 비우는 달 – 내 자리를 내려놓고 내 속을 비우는 달

이 밖에도 초창기부터 쓰던 남녀 통칭 '언니', '밝았습니다, 맑았습니다, 고요합니다'라는 인사말, 2018년부터 학우회에서 학생들 의견을 수렴해 남녀 구분 없이 '~군'으로 부르는 것 등 풀무에서만 쓰는

우리말의 향기가 있다.

　부르거나 가리키는 말을 쓸 때, 인사할 때와 같이 살아가면서 관계를 중시하고, 상황과 맥락에 맞게 적절히 쓰려고 의식하며 그런 힘을 언제든 키워가면 좋겠다. 사람 사이에서 말씨만큼 자신의 됨됨이를 드러내는 것도 드물다. 말은 곧 그 사람이라고 하는 까닭이다. 말을 다스릴 품성과 영성을 모두 함께 기르고 싶다.

학교 이름 '풀무'는 우리말이다. 말은 마음과 정신의 반영이므로 일상에서 되도록 한문, 일본말, 영어 번역투에 물들지 않은 말을 쓰려고 노력한다. 도서실에 있는 풀무 열두 달 이름 모습. 앞으로 상황과 실정에 맞게 바꾸어 가면 좋겠다.

유기농업
생명을 살리는 드높은 일, 농사

농촌, 농사를 '무엇'이라고 규정해 생각해 본 일 없는 어린 날을 살 았다. 밥을 먹게 하는 일이 농사였지만 그게 귀한 일인 줄 몰랐고, 땡볕 아래 농사일은 벗어나고 싶기만 한 지겨운 일이었다. 쌀밥이면 더 좋고 보리밥이라도 맘껏 먹을 수 있길 바라면서도 그 가능성을 어떻게든 농촌을 떠나는 데서부터 찾아야 하리라고 자연스럽게 생 각했다. 학교들은 결국 그런 길을 가르치려 했고, 양상만 다르지 본 질적으로는 온 나라가 그랬던 것도 같다.

그러다가 학교 이름에까지 농업이 들어간 풀무에 왔다. 농사가 모든 것의 근본이라고 배우며 학교에서도 보리밟기, 모판 만들기, 모찌기, 모내기, 벼 베기 등의 농사일을 했다. 당시는 녹색혁명이라 하여 전통적 농법과 달리 품종개량, 화학비료, 살충제와 제초제 따 위의 과학기술을 농업에 적용하여 식량 생산량의 획기적 증가를 꾀 하던 시절이다. 화학비료와 농약, 이름도 웃긴 '농약'을 얼마나 쓰느 냐가 농사의 성패를 좌우한다고 생각하는 것이 당연했고, 이러다 보 니 그 영향은 농사가 직접 이루어지는 논밭의 농산물에만 국한된 일 이 아니었다. 개울에서 미역을 감고, 개구리와 메뚜기가 논둑에 발을 디딜 수 없을 만큼 많던 자연의 모습을 얼마 안 가 확 바꾸어버렸다. 사람들에게 암을 비롯해 전에 없던 병이 많아진 것은 말할 나위도 없다.

그런 시절 풀무는 화학비료와 농약을 쓰지 않는 무공해 농법으로 농사를 지었고, 나중에는 그게 유기농업이라고 하여 개념도 현상도 확대되었다. 그러면서 '무공해 농산물'은 많은 사람의 이야깃거리가 되었다. 건강과 생태 측면에서는 긍정의 의미로, '값이 비싸니 부자들이나 먹을 수밖에 없다'는 주장이나 생산성과 농작업의 어려움 측면에서는 부정의 의미로 그러했다. 식량증산이라는 국시(國是)와도 같은 시류를 거스르는 일이어서 비난과 질시를 받으며 어려움도 겪었다고 들었다.

이렇게 녹색혁명이 한창이던 1975년, 풀무에는 우리나라 유기농업 시작의 단초가 되는 일본 애농회(愛農會)의 고다니 준이치(小谷純一, 1910~2004) 선생이 다녀가셨다. 고다니 선생은 아와지시마 몽키센터의 원숭이들에게 나타나는 기형 출산 등의 심각한 장애 현상을 예로 들며, 머잖아 사람에게도 닥칠 일이므로 한국 농업이 일본처럼 되지 말길 바라는 당부의 말씀으로 일본의 죄에 대해 용서를 구하셨다고 한다. 그 앞뒤로 풀무원 농장은 화학비료와 제초제를 쓰지 않는 유기농법을 시작하고, 국내 최초의 유기농업 농민단체 '정농회'도 설립되었다. 풀무학교도 원론적으로 확실한 근거를 바탕으로 유기농업을 실천할 동력을 얻었으리라 생각한다. 그 뒤 유기농업, 오리농법으로 크게 이름난 주형로 선배(고등부 13회)의 실천과 교육적·문화적 효과는 또 다른 역사가 되었다.

이런 큰 흐름 속에서 나는 농사와 농촌이 사회의 근간이 됨을 막연하게나마 배웠고, 식량과 생명 문제를 소홀히 생각하지 않으려 노력했다. 농업과 농촌이 어떻게 수탈당하며 무너졌는지를 알아가며 어려서부터 모순에 처했으면서도 어디서도 짚어지지 않는 이유를 따져보며 교육이 제 역할을 하지 못한 문제와 함께 그만큼 중대함을 생각하는 시간을 보냈다. 그런가 하면 농(農)은 자연과학, 철학, 예술, 문학 등 모든 학문과 사상의 원천이 되며 생명의 종합적인 협력이 이루어지는 멋진 일이라는 추상적, 낭만적인 특성도 배워 신비롭기까지 했다. 그럴수록 누구나 다 이 중요한 농사를 지으며 농촌을 살려야 하지 않나 깊은 고민도 했다.

그러면서 다다른 곳이 교육이었다. 실무적인 책임을 지는 것이 우선 필요하지만 연결된 다른 일들 또한 중요해서다. 내가 먹는 밥이 생명인지, 밥은 어떤 환경에서 수많은 생명들과 어우러지며 내 입까지 오는지를 바르게 아는 것, 그 기준에 서서 선택할 수 있게 되고, 나아가 그 뒤까지 생각하며 책임있게 살아가도록 하는 것이 먼저라고 생각했다. 그래서 할 수 있는 대로 관련 자료를 읽고 나누며 때마다 좋은 소비자가 되어야 하리라 역설했다. 농사와 무관한 삶을 살아온 새내기들에겐 쌀, 밥이 되기까지 생명들의 협력을 알 만한 글을 골라 읽게 하고, 소설 〈봄 봄〉을 통해서라도 농촌의 현실과 시대의 문제를 생각하길 바랐다. 여건상 턱없는 소리일 때도 많았고, 모순투성이 속에서 타협할 수밖에 없어 괴롭기도 했지만 '그럼에도~' 할 수 있는 대로 새로 힘을 내어 인간 생명의 근본을 알아야 한다고 생각했다.

밥은 흙으로 이어진다. 흙이 유린당하는 이 문명의 조건과 한계 안에서 그래도 할 수 있는 게 무엇인가 찾으며 깨어나야 한다. 인간(human)과 겸손(humble)은 흙(humus)에 어원이 있다고 한다. 흙에서 온 생명으로 먹고 숨 쉬고 사는 인간은 기본적으로 이 땅의 최고, 최상위 존재가 아니다. 교육은 가장 먼저 생명의 연결고리에서 어떤 위치인가를 아는 겸손에서 시작해야 한다.

특히 코로나라는 전대미문의 상황을 겪으며 흙을 근원으로 하는 이런 생명의 문제를 어느 때보다 깊게 사유할 수밖에 없는 날들이다. 생명이라는 말을 떠올리면 답 없는 절망과 '그래도~' 하는 희망이라는, 극과 극을 뜻하는 말 앞에 서게 된다. 날마다 버려지는 마스크, 비닐장갑, 방호복, 배달음식 쓰레기…. 눈을 돌리면 그걸 생산하는 물질과 과정들의 반생명성…. 살아야 하니, 사람이 먼저이니 타협할 수밖에 없지만, 그냥 무심히 먹고 쓰고 버릴 일은 아니다. 할 수 있는 대로, 할 수 있는 만큼은 해야 한다.

인간 정신의 숭고함을 그린 타르코프스키 감독의 유명한 영화 〈희생〉에는 죽은 나무에 물을 주어 살린다는 전설에 대한 이야기가 나온다. 어찌 될지 알 수 없는 결과를 미리 계산하지 말고 마음의 소리에 따라 살 힘을 길러야 한다. 그런 마음을 어려서부터 길러주어야 한다. 그게 교육이 할 일이다. 그래서 누군가는 교육을 희망의 다른 이름이라고도 했다. 내가 하는 모든 행동이 궁극에 무엇으로 이어지는지 알게 가르치는 일에 예민해야 한다. 농부이자 사상가, 시인이기도 한 웬델 베리는 "교육은 뒷일을 책임지게 하는 것, 내가 하는 일의 끝을 아는 것"이라 했다. 모든 것은 이어져 있고, 사람은 그 이어짐의 어디 즈음에 있으며, 함부로 그 원을 깨거나 부수어선 안 된다는 것을 쉬운 예를 들어, 또는 밥 먹는 일에서부터 알게 해야 한다.

학생 시절, '생명을 지키는 이는 누구냐?'는 물음에 당연한 듯 의사를 떠올린 적이 있다. 죽어가는 생명을 의사가 구해줄 수 있다는 생각을 저절로 하게 한 것이 당시 교육이었는지도 모른다. 의사는 생명을 지켜주기도 하지만 생명의 연결고리에서 알아채기 어렵게 반대쪽 역할도 한다는 걸 이제는 안다. 생명을 지키는 자는 누구인가? 농부다. 농사, 농촌, 농부는 생명과 직결된 핵심인 것이 사실이다.

그러나 갈 길의 끝을 알 수 없는 이 산업, 전자 문명 속에서 생명을 지키는 이는 바로 자신이 되어야 할 듯싶다. 먼저 생명의 공동체인 자신을 잘 알고 지키려 애써야 한다. 내가 날마다 먹는 것은 어디서 왔고, 다른 생명과 어떻게 연결되어 있는지 생각하는 일상에서 시작해 적어도 밥, 물, 김치를 '언제든 살 수 있는 상품'처럼 생각하지 않는 데까지 배우고 익혀야 한다. 이런 작은 몸짓을 기적을 바라며 죽은 나무에 물 주듯 정성껏 할 뿐이다.

아울러 우리 사회의 모든 일이 농적(農的) 기반 위에 세워지길, 교육 현장에서 누구나 흙의 생명을 알게 되길, 언제가 될지 모르지만 그런 날이 꼭 이르길 염원한다.

풀무학교 식당, 채소포, 논, 둘레 작은 밭들 모두에서 넘치는 생명을 발견하며 맘속 깊이 또아리 틀듯 서려놓은 냉소와 무관심을 걷어내고, 생각하는 '나'가 희망임을 알았으면 좋겠다.

자매학교 교류
같은 사람, 다른 나라

돌아보면 나를 지배하는 생각의 큰 흐름은 어디선가 와서 자리를 잡았을 것이다. 일본을 생각하는 마음도 그중 하나다.

풀무학교에서 살며 편협한 국수주의, 일방적인 매도나 편견에 빠지지 않아야 한다는 것을 배웠다. 일제강점기를 벗어난 뒤의 알 수 없는 분노, 원망, 무조건적 애국심 같은 분위기에 사로잡히지 않고 균형 있게 생각하며, 한 사람으로서 적절한 인식을 할 수 있게 배운 것 같아 다행이다.

내가 풀무 학생일 때, 기독교 신앙을 바탕으로 삼아 온몸으로 진지함과 진실함을 보여주신 일본의 몇몇 어른들이 자주 풀무를 방문하여 말씀을 들려주었다. 일제강점기에 잘못을 저지른 선배와 조상들을 대신하여 사죄하며, 그리스도 이름으로 젊은 청년들이 교류하여 평화로운 앞날을 가꾸어가자, 그런 말씀을 눈물 흘리며 하셨다. 방문 목적과 양상은 달라도 기본 줄기는 늘 그랬다고 기억한다. 우리나라뿐 아니라 일본에게 피해를 입은 다른 나라도 그렇게 지원하려는 듯했다. 그건 누구의 강요나 의무에 의해서가 아니라 전적으로 개인의 신앙에 바탕을 두고 소명을 다하려는 모습으로 느껴져서 놀라웠다. 그 시작이 1964년 마사이케 징(池政 仁) 선생의 방문부터였다고 한다. 아직 한·일 수교도 맺지 않은 때, 속된 말로 맞아 죽을 각오로 민간 차원의 사죄를 한 일을 시작으로 그런 방문이 많았다고 들었다.

그런 일이 이어지며 풀무가 형님 학교로 생각하는 일본 야마가타현(山形縣)의 독립학원고등학교(獨立學園高等學校)와 1976년 자매결연(상호결연)을 맺고, 학생들은 문통(文通)이라고 하는 편지 교류를 했다. 그 뒤 이 학교 학생들은 여름방학에 대략 2년에 한 번씩 한국을 방문하여 아픈 역사가 서린 역사 유적지를 답사하고 학교를 방문했다.

애농회(愛農會) 중심으로 농업 중심 교육을 하는 미에(三重)현의 애농학원 고등학교(愛農學園高等學校)와도 1995년 자매결연을 맺어 비정기적으로 학생과 교직원들이 방문, 교류해 왔다. 무교회 신앙을 토대로 오랜 기간 준비해 1993년 문을 연 시마네(島根)현의 애진학원 고등학교(愛眞學園高等學校)는 1997년 풀무와 자매결연을 맺고 해마다 한국을 찾아 교류했다. 애진학교 학생들은 그들이 방학인 3월에 방문했기에 풀무학교에선 기간을 옮기는 문제며 감당할 일들로 어려움이 있어 여러 차례 논의했지만 그들의 선의와 상황을 이해하기에 코로나로 멈추기 전까진 늘 3월 마지막 주에 다녀갔다. 일본의 이들 세 학교와 풀무학교가 좀더 적극적으로 교류하며 교육 내용을 공유하고 연합하여 방향과 이상을 추구하려는 교직원 협의회를 몇 차례 하기도 했다. 그런 상황에선 그 세 학교 학생들이 다 같이 방문한 해도 있다.

이와 같은 교류엔 말처럼 간단치 않은 일들이 많았다. 그럼에도 특별한 목표를 지향하는 학교들로서 서로 보고 배울 것이 많다는 판단에서 방문과 교류는 끊이지 않았다. 일본에선 위에 언급한 대로 수학여행이라는 이름으로 희망 학생을 선발해 미리 공부하고 지도 선생님과 한국의 역사 유적, 근현대사의 아픈 기억이 있는 곳들을 견학하고 풀무를 방문했다. 풀무에서도 학생들이 가고 싶다는 제안이 있었지만 몇몇만 그런 기회를 갖는 것엔 쉽게 동의되지 않는 분위기였다. 경제적 문제 중심의 형평성과 위화감을 우려한 듯하다. 그 뒤 사회 환경이 바뀌어 그런지 2017, 2018년엔 우리 학교에서 희망하는 학생들이 애진학교와 독립학원고등학교를 방문했으니, 자연스러운 변화에 격세지감까지 느낀다.

이런 분위기에서 선생님들이 배워야 한다는 의욕이 생겨 2005년엔 모든 교직원이 이들 세 학교를 방문하고 온 일이 있다. 물론 그 전에 몇몇 선생님들의 방문은 계속 있었지만 이처럼 대규모 방문 교류는 좀처럼 쉽지 않을 듯하다. 그래서 2017년부터 3년 동안은 새로 온 선생님을 포함하여 모든 교직원이 돌아가며 연수 차원의 방문 교류를 했다.

이전엔 구제역, 2020년 이후는 코로나로 방문 자체가 막히는 경험을 했다. 코로나 상황에선 교류하지 못하는 시간이 길어짐에 따라 온라인 협의도 하고, 3학년들은 한국사 통합수업을 하기도 했다.

일본 학생들이 풀무에 온 데로 조금 더 거슬러 가본다.

독립학원은 여름방학에 주로 오고, 애진학원은 3월에 오는데, 학생들과 교류하는 게 무척 중요한 내용인 듯했다. 제암리교회, 나눔의 집, 독립기념관 등, 지난 시절 조상들의 만행을 공부하고 왔지만 막상 현장에서는 전시를 보고 설명을 들으며 많이들 고통스러워한다고 한다. 그러다가 여행 마지막 일정으로 학교에 와서 환영회를 하고, 수업도 같이 하고 동아리 교류도 하며 즐겁게 놀고 같이 잠자고 먹는 일상의 나눔 속에 마음도 편해지고, 앞으로 어떻게 살아야 하는지도 정리하는 듯하다. 애진 학생들은 여행을 마치고 꼼꼼하게 기록한 문집을 내는데, 거기에는 대개 이런 내용으로 소감을 적는다고 들었다.

이들은 방문할 때마다 한 마디씩 한국말로 자기소개와 인사를 하고, 합창을 한다. 고운 소리로 화음에 맞추어 노래하는 모습이 풀무학교엔 큰 도전이 되었다. 자매학교 모두 합창을 중시한다. 풀무학교도 과제라 여기며 할 수 있는 대로 노력했다고 생각한다. 멀리 보면 풀무가 지금 그나마 합창을 할 수 있게 된 시초는 독립학원과의 방문 교류에 있다고 생각한다.

생활관 건물이 없던 시절엔 선생님들 집, 지역의 수업생 등 학교와 관계된 가정에 나누어 방문한 사람들을 묵게 하는 계획을 짜 실행하는 것도 큰일이었다. 그러고 보니 손님맞이 음식을 고민하며 손짓, 발짓으로 소통하고 교류하던 시절이 까마득한 옛일같아 이래저래 묘한 느낌이다.

그런가 하면 역사가 깊은 독립학원은 교류의 자취도 깊다. 독립학원 출신 선생님이 학교에 교사로 온 적이 있고, 학생 때 방문했던 사람이 풀무에 와서 일본어를 가르치다가 지금은 풀무 학부모가 되기도 했다. 내가 미처 모르는 것도 있을 것이기에 그런 것까지 하면 연구 거리도 많을 듯싶다.

가장 방문 횟수가 많았고, 최근까지 이어진 건 애진학교 방문이어서 독립학원과 애진학원 두 학교가 교류의 중심으로 떠오른다. 일본 학생들이 방문하는 시기가 우리 학생들에게는 학기 초여서 번거로운 점도 있지만 그동안 낯설게 생각하던 일본, 더구나 또래 학생 손님을 맞이하며 생각의 변화가 크게 일어난다. 우리 세대보다는 문화적으로 열린 경험을 많이 한 친구들이지만 대부분 일본을 새롭게 생각하게 되었다는 말을 많이 한다. 무조건 배척하고 미워할 대상이라는 선입견이 문제라고 생각하는가 하면, 한 나라의 국민이 아닌 사람 자체로서 같고 다름을 경험하는 일이 뜻깊다고들 한다. 젊은이들이 지난 과거를 바로 보며 어떤 미래를 만들어갈지 궁리하게 될 씨앗이 뿌려지는 시간이라 생각하며 지나왔다.

애진학교 방문과 함께 잊을 수 없는 분은 오다 코헤이 선생님이다. 국어 선생님인 이분은 윤동주를 사랑하여 윤동주 시를 수업시간에 가르치고, 북간도 윤동주 유적을 찾아 여행도 다녀오셨단다. 풀무 방문 초기엔 국어 시간에 윤동주 시로 함께 수업을 한 일도 있다. 온화한 성품으로 학생들을 대하는 모습, 한국말을 열심히 공부하며, 무엇보다 귀찮고 어려울 평화여행을 사명인 듯 해내는 모습이 인상 깊고 존경스러웠다. 자신의 이름인 '오다'를 한국말 '오다', '가다'와 연결해 썰렁한 농담을 하기도 하는 소년 같은 어른이었다.

또 하나 기억할 것은, 선생님들의 실질적인 교류를 바라며 애진학교에서 1년 동안 교류연수를 한 선생님이다. 1년간 기숙사에서 지내며 영어 교과를 가르치고, 애진 학생들의 생활을 보고 배웠다. 손빨래하기, 휴대전화 안 쓰기, 토의 분위기, 선생님들이 기다려주며 생활지도하는 것들이 인상 깊었다고 했다. 그 뒤 애진 선생님의 교류로 이어지지 못했고, 이분도 배운 것을 이어 펼치지 못하고 학교를 떠나게 되어 결말 없는 숙제처럼 되었지만, 분명히 있었던 사실이기에 기억하고 싶다.

이렇게 되돌려보니 너무 방대하고 연결된 것도 많은 데다가 관련 인물도 많아 기억과 정리가 쉽지 않다. 이 교류는 현재진행형이어서 새로운 방향으로 더 낫게 이어지리라 생각한다.

2019년 3월 애진·애농학원 두 학교 학생틀이 함께 수학여행으로 방문했다. 학생들과 교류하고 나서 떠나는 날 아침에 우리 교직원, 학생들과 기념사진을 찍었다. 그 뒤 코로나로 방문과 교류가 없어 지금까지 기억하는 가장 최근의 일이 되었다.

학생 때는 독립학원이 대단한 학교인 건 알겠는데 우리 선생님들이 풀무 학생들과 비교하고 일방적으로 예찬만 하는 듯해 은근히 반발하며 나의 일로 수용하지 못한 것 같다. 그런 걸 발단으로 일본 역사며 문학 같은, 공부할 게 많은 걸 깨닫지 못하고 자만했기에 부끄럽고 아쉽다.

선생으로 교류를 진행하고 겪으며 사람을 통한 이해가 중요하다는 생각을 했다. 사람을 만나 사귀며 다름과 같음을 느끼고, 나아가 같은 문화와 신앙으로 연결된 한마음의 의미를 생각했다. 속 깊이는 모르겠지만 일단 그들은 정성으로 사람을 대하고, 생활이 검소하다는 것, 사람에 대한 겸손과 진리에 대한 순종도 우리가 배워야 할 남다른 모습이었다.

교육은 처한 환경과 뗄 수 없음을 실감하면서, 풀무와 일본의 자매학교들이 학교교육의 목적을 공유하고, 반생명, 반지성적인 현대 문명의 한계를 극복하는 일에 함께하여 생명력이 넘치는 교육활동에 매진할 수 있으면 좋겠다.

이런 경험과 생각의 갈피마다 함께한 모든 인연, 풀무여서 가능했던 일들이 더없이 고맙다.

앞서 말했듯, 2005년에 전 교직원이 자매학교 세 군데를 방문했다. 현장의 모습들과 함께 절실하던 분위기를 상상해 보길 바라며, 좀 긴 기행문이지만 덧붙인다.

일본의 자매학교를 다녀와서

2004학년도 초반부터 계획했던 일본 자매학교 연수. 2005년 1월 21일, 많은 토론을 거쳐 결국 '가깝고도 먼 나라' 일본 땅을 찾았다. 28일 부산 땅을 밟을 때까지 조선시대 통신사쯤 되는(?) 공인의 마음으로 퍽 조심스럽게 다른 사람의 삶을 들여다보며 때로는 부럽고 안타깝고, 안쓰러워했다.

그즈음은 40년 만에 공개된 한일협정문서로 말이 많았다. 한쪽에서는 환경 파괴를 더 이상 두고 볼 수 없다며 지율 스님이 85일 넘게 단식을 하고 있었고, 교육방송에서는 『일본은 있다』를 쓴 김현구 선생이 강의를 하고 있었다.

나는 일본을 지구상에서 가장 무시하고 싶은 나라, 깔보고 싶은 나라로 생각하는 백성의 하나로, 일본과 우리나라의 역사적 배경에 의해 형성된 뿌리 깊은 반일 감정으로 일본의 모든 것을 별것 아닌 것으로, '그래봤자 사무라이 근성이지 뭘' 하는 식으로 생각하고 있었다.

그런저런 마음이 뒤얽혀 떠난 길, 평일 공항은 웬 사람이 그리 많은지, 별로 나다니지 않는 시골 사람 눈에는 퍽 낯선 광경이었다.

어디든 자기가 살던 곳을 떠난 길은 결국 그곳에 비추어 자기를 보기 위함이다. 우리나라, 우리 학교를 떠나 우리보다 훨씬 앞서 있는 나라(이유야 복잡하지만 현실은 그렇다!), 우리보다 앞서 있는 학교의 모습을 돌아보며 우리 모습을 애정으로 찾으려 애썼다.

독립학원—교육의 성지로 불릴 만한 곳

내가 인식하는 독립학원은 수준이 퍽 높은 곳이다. 풀무보다 10년 먼저 시작한 이곳은 학교를 시작한 사상적 배경이나 입지 조건, 일본이라는 교육·사회적 환경에서 참교육으로 자리매김한 곳임을 누구도 부인하지 못하며, 작은 학교를 시작하려는 사람은 누구나 참고할 '본'으로 여기는 곳으로 알려져 있다.

야마가타 현 니시오키타마(西置賜) 군(郡)에 있는 눈 쌓인 독립학원 이야기는 자주 들었고, 학생들에게서 오는 편지에도 눈 이야기가 많아 가보고 싶던 겨울의 독립학

원은 말 그대로 '설국'이었다. 먼 길 마중 나오신 선생님들은 인사말에서도 "눈이 많은 오쿠니(お國, '지방', '지역'의 뜻)에 잘 오셨다", "쌓인 눈이 풀무 선생님들을 환영하는 듯하다"고들 하시는데, 말마디마다 눈 이야기가 꼭 들어갔다. 많은 적설량에 대비한 집짓기 방식을 궁리해야 하는 이 지역에는 집집마다 눈 치우는 작은 기계가 있다. 도로에는 새벽부터 눈 치우는 차가 수시로 오간다. 학생들도 일어나면 눈 치우는 일을 시작으로 쉬는 시간엔 눈과 놀고, 수업 하나 쉬는 날에는 스키를 타는데, 일상의 많은 부분이 눈과 관련짓지 않을 수 없는 곳 같았다. 2미터는 족히 쌓였음직한 길옆의 눈 더미, 지붕 위에 올라앉은 눈은 과연 먼 곳, 이국땅에 와 있음을 실감하게 했다.

독립학원 입구에 자리한, 특별한 뜻을 지니는 집 '세키토칸'에서 아침을 맞이하며 6시부터 분야대로 맡은 일을 하는 학생들의 일상을 돌아보았다. 젖소, 돼지, 닭을 비롯한 동물 관리부터 식사 준비, 목욕탕 청소 등 자기 맡은 자리에서 아침식사 전까지 1시간 남짓 일을 한다. 조용히, 열심히 일하는 모습이 인상적이었다. 아침식사 시간에 풀무 선생님들이 인사하는 것으로 시작하여, 하루 동안 독립학원의 일정은 우리를 중심으로 움직이는 듯했다.

8시 35분 환영예배(감사예배), 9시 50분부터 학생들과 교류회, 납골당 참배, 음악 수업 견학, 점심 뒤에는 교직원 간담회(합동, 그룹별), 시설 안내, 저녁식사 후 환영회, 자유 간담으로 빡빡한 일정이었다.

'환영예배'가 아닌 '감사회'라고 써 붙이고 감사예배 드리는 것을 진심으로 '감사하는' 사토 시로 선생님 말씀과 기도는 높은 목소리만큼 높이 울려 하늘에 닿는 듯, 마음 깊이 스며오는 듯했다. 그 자리에서 스케가와 교장 선생님은 기념 선물로 독립학원에서 가장 아낀다는 우메코 선생님의 '모퉁잇돌'이라는 한자 글씨 액자를 소개하셨다. '건축가가 버린 돌이 모퉁이의 머릿돌이 되었다'는 성경 말씀을 쓴 것으로, 풀무와 독립학원이 평화 교류의 머릿돌이 되자는 의미로 주고 싶다며 건네셨다. 말씀 중에 두 학원이 교류하기 시작한 근원을 짚어주셨다. 자주 듣던 바지만 감동적이었다. 한·일협정 논의 전에 방문하며(1964년) 교류의 물꼬를 트신 마사이께 징, 송두용 선생님, 그분들이 오늘 이런 만남의 초석이 되었음을 실감했다.

오후 교직원 교류회에서 하나님의 밭, 하나님의 집으로 학교를 만들어가고자 하는 기독교 독립학원의 정신적인 기반, 교육 내용, 행사, 야외활동, 과외, 노작 활동, 학교생활의 약속, 생활공동체로서의 기숙사 생활, 진로 등에 대해 소개받았다. 학교

입지 조건이나 사회 특성에 따라 조금씩 달라도 기본 정신과 교육활동이 많이 비슷하다고 느끼면서도 과연 형님·언니 학교라고 생각했다. 소개자료에 적힌 '세상이 문화적으로 혼란스러운 이 시대에 젊은 사람들에게 유기적인 통일성이 있는 생활공동체라는 작은 우주가 필요하다'는 독일 교육자 게헤프의 말대로 학생과 교직원이 힘 모아 생활공동체를 꾸려가려 하며, 그래서 그 공동체는 곧 하나님의 밭이며 신령이 함께 계시는 하나님의 집으로, 바람이 부는 것처럼 학교 안에 고루 미쳐 바른 사람이 되도록 한다는 학교의 기본 정신에 동의하며 우리도 그 방향으로 힘을 모아야 한다고 생각했다. 학교에서 미리 짜 놓은 대로 3모둠으로 나누어 1시간 남짓 이야기를 나누었다. 자신을 소개하는 짧은 시간은 각자 오늘 왜 이 자리에 있는지 돌아보는, 겸허하고 감사한 교감의 시간이었다.

저녁식사 때는 특별 음식으로 '비푸가스'를 먹으며, 학생회가 진행하는 환영회가 열렸다. 학생들 한해살이를 슬라이드로 보고, 독립학원 주요 교육활동 중 하나인 합창을 학년별로 들었다. 음악을 맡은 하나코 선생님은 소리를 낼 때 그 소리가 하늘에 닿아 하나님을 찬양하고 우주와 하모니를 이루는 데 목적이 있다고 가르치신단다. 학생들은 누구나 지휘를 하고, 피아노로 음만 잡으면 기막힌 화음을 쏟아 낸다. 특별히 3학년은 우리가 히로시마에 간다고 〈히로시마〉라는 노래를 더 불러 주었다. 김희옥 선생님이 풀무는 이렇게 합창을 잘할 수 있을 때까지 기다려야겠다고, 초조해하지 말고 기도하며 열심히 해야겠다고 하셨다. 밖에 쌓인 눈만큼 은혜의 깊이와 높이가 두툼한 시간이었다.

다음날 '여호와를 경외하는 것이 학문의 시작'이라고 쓰인 본관 건물 앞에서 기념사진을 찍고 일찍 떠났다. 다시 이곳에 오기는 쉽지 않겠지만 마음으로, 기도로 납골당 언덕부터 독립학원 이곳저곳을 자주 오르내릴 것 같다.

애농학원—사람을 살리는 하나님 사랑, 땅 사랑을 가르치는 곳

두 번째 방문한 곳은 미에 현 아오야마(靑山)에 있는 애농학원이다. 독립학원에서 아침녘에 떠나 저녁 어스름에 도착했다. 남북으로 워낙 긴 나라여서 남쪽으로 내려올수록 봄에 피는 수선화를 비롯하여 다양한 온대 식물들을 만나며 신기했다.

개교 40주년 기념으로 졸업생들이 지었다는 동창회관에 짐을 풀고, 학생들과 식

당에서 저녁을 먹고 일정 안내를 받았다. 고추장을 내주어 반가웠다.

다음 날 아침, 학생들과 예배드리고 나서 교장 선생님께 학교 설립 정신을 비롯하여 자세한 학교 안내를 받고, 교감 선생님께 운영 상황에 대한 설명을 들었다. 설립자 고다니 준이치 선생은 모든 책 이상의 것이 성서에 담겨있다는 말을 접한 뒤 성서 공부를 한 결과 학교 정신의 근본을 성서에서 찾고, 덴마크의 그룬트비 생각에서 영향을 받아 삼애(하나님, 땅, 사람) 정신을 건학이념으로 1963년 개교했다고 했다. 물론 학교 이전 기도회 형태의 모임, 성서공부 모임 등이 20여 년 지속된 결과였다. 일본의 식량자급률이 40%(곡물 28%)인데(우리나라 25%, 곡물 15%-2005.1.), 애농은 65. 7%를 자급하며 학생들에게 음식의 근본을 알게 하는 교육을 중시한다고 하신 말씀이 오래 기억에 남는다. 이 모든 바탕은 성서에 기초하고 있다고 힘주어 하시던 말씀이 들리는 듯하다. 이어서 오쿠다 교감 선생님이 학교 운영 상황을 말씀하시며 학생들 입학 지원이 줄어드는 현상을 걱정하셨다.

학생들은 채소, 작물, 양계, 낙농, 양돈, 과수 분야로 나누어 농업 경영 교육을 받는데, 그중에서 우리를 위해 과수 프로젝트 부문 발표를 들려주었다. 미에현 영농발표대회에서 우수상을 받은 프로젝트다. 6년 동안 계속해온 유기농 포도 농사에 관한 것인데, 학생들의 애정 어린 수고가 묻어 있는 귀한 발표였다. 특별히 시간을 내준 학교와 학생들에게 고맙고 미안했다.

점심은 특별 요리로 돼지고기 샤브샤브가 준비되었고, 그 자리에서 환영회를 베풀어주었다. 학생들이 여러 명 나와서 한국말 인사를 해주었고, 합창반의 합창이 또 일품이었다. 덕 있어 보이는 음악 선생님을 눈여겨보니 부부 교사로 5년째 일하고 있단다. 음악과 신학을 공부하여 음악으로 사람의 영혼에 다가가는 문제를 깊이 생각하는 분이었다.

오후에는 농장과 기숙사 등 학교 시설을 안내받았다. 채소, 작물, 양계, 낙농, 양돈, 과수 분야의 농장에서 학생들은 1주일에 세 번 실습을 하고 시간 외로 당번 활동을 하는데, 생각보다 규모가 크다. 사료를 배합하여 먹이고, 퇴비장이나 건조기를 관리하는 등, 웬만한 일은 학생들이 다 한다고 한다. 원래 애농회 중심 농장운영을 하던 곳으로 농사가 먼저였는데, 지금도 전공부나 애농회 사무실이 학교 안에 있다. 애농회 주최로 1년에 두 차례씩 단기대학을 운영하는 등, 농사 부분에서 애농학원이 차지하는 상징적인 위치는 상당하다는 생각이 들었다.

학생들이 집처럼 안정적으로 지낼 수 있는 기숙사 시설이 무엇보다 부러웠고, 가까이에서 선생님들이 함께할 수 있도록 설계된 구조도 여간 좋아 보이지 않았다. 우리의 인력, 에너지, 경제가 효율적이지 못한 것은 어디에 문제가 있는 것일까, 무엇을 탓해야 할까, 많은 생각이 가슴을 두드려댔다.

이어 졸업생들이 지어준(졸업생들이 학교에 관심을 표현한 게 많다.) 통나무집 로그하우스에서 그곳 선생님들과 좌담회를 했다. 교육과정이나 학생 지도에 따른 질의응답, 현안인 학생 모집이나 수학여행에 관한 이야기들을 밤까지 나누었다.

이튿날 아침예배는 정승관 선생님이 말씀을 하시고, 애농 출신으로 풀무전공부에서 공부하는 핫도리 미츠키 씨가 통역을 했다. 그 자리를 끝으로 애농을 떠났다. 숙소인 동창회관을 관리하며 이부자리 등 필요한 것들을 세세히 살펴주시던 교감 선생님 사모님을 비롯하여 음악선생님, 국어(일본어)선생님은 아오야마 역까지 나오셔서 차가 떠날 때까지 손을 흔들었다. 농사를 사랑하는 생명의 원천으로 사는 길과 그렇게 사는 사람들의 모습으로 애농학원은 애농 전경과 함께 오래 기억에 남을 것이다.

그리스도 애진학원—생활 속에서 평화를 실천하는 곳

하루 종일 차를 타고 해넘이 뒤 시마네 현 하마다에 있는 애진(愛眞)학교에 도착했다. 히로시마에서 하마다 가는 길은 높은 산간 지대로 꼬불꼬불 험했다. 남쪽인데도 해발 고도가 높아서인지 눈 쌓인 데가 군데군데 보였다. 하마다 역까지 마중 나오신 오다 선생님의 한국말 실력이 많이 늘었다고 모두 놀라워하니 "아직 멀었어요"라며 한국어 급수 시험에도 합격했다고 하셨다. 교장 선생님이 "오다 선생이 일본말을 잊을까 염려된다"고 농담하실 정도로 오다 선생님의 한국말 사랑이 대단한 것 같다.

하마다에서도 산길을 오래 달려 애진학교에 도착했다. 어두워서 밖이 안 보였지만 상당히 외지고 깊은 곳이라는 생각이 들었다. 학교에 들어서니 학생들이 "안녕하세요?"라며 여기저기서 반기고, 강당이며 게시판에 우리를 맞이하려는 세심한 준비가 한눈에 들어온다. 저녁부터 먹자고 들어간 식당에는 제대로 담근 포기김치가 있고 김치찌개까지 보글보글 끓는다. 감탄이 절로 나왔다. 넉넉한 마음을 지닌 사람만이 할 수 있는 베풂의 미덕이라 할지, 여러 가지 생각이 머리를 스쳐갔다.

저녁에 가본 온천지대는 색다른 경험이었다. 〈센과 치히로〉에서 본 듯한 전통적인 일본의 남쪽 집 모양, 정원, 2층에 자리한 온천, 여관, 사람들 옷 모양…, 모든 게 우리가 찾아온 자매학교 사람들과는 또 다른 낯섦이었다.

아침밥 먹을 때 식탁에 우리 선생님들이 나눠 앉아 학생들과 몇 마디 인사를 하고 8시 20분에 전체 아침예배 자리에서 간단히 우리 소개를 했다. 예배 시간에 우리말 찬송가와 성경 말씀을 복사해 주시는 건 물론, 일정표 등 우리에게 주는 자료는 오다 선생님이 우리말로 써 주셨다. '수업경학(수업견학), 화영회(환영회)', 이런 말이 고맙고 친근하게 느껴지는 건 왜일지….

오다 선생님과 교장 선생님이 학교 안내를 해주셨다. 식당이며 양호실, 도서실, 체육관, 운동장, 교실, 목공실, 도예실, 미술실, 빵가마, 닭집, 음식물 처리 장소, 밭, 기숙사, 납골당 등을 어떤 뜻으로 누가 지었고, 어떤 용도로 쓰인다고 설명해 주셨다. 한가지 퍽 색다른 것은, 멧돼지가 하도 많아 밭에 철제 담을 쳤는데도 담 주변에 커다란 나무를 심어도 될 정도의 구덩이들이었다. 그게 다 멧돼지들 작품이란다. 학교 규모는 거의 대학 수준 아닌가 싶을 정도로 넓고 컸다. 전체적으로 건물이 자리잡은 위치며 쓰임새, 연결 지점들이 합리적이고 계획성 있게 되어 있어 편리하고 효율적인 활동 장소가 될 것 같았다. 이런 건물이라면 '돈이?' 하는 생각이 먼저 들기에 재원을 여쭈었더니 학생들 수업료와 정부 지원, 후원회가 각각 1/3씩 맡는단다.

점심 뒤 학생들이 여름에 가서 논다는 바닷가를 안내해 주셨는데, 그곳에는 우리나라 쓰레기가 흔하게 보였다. 우리나라 동해와 이어져 있는 그 바다 끝에 애진학원이 자리하고 있다. 학교 뒤 해발 200미터 남짓한 아사리 후지산까지 안내해 주셨다. 학교 전경과 고츠 시내, 바다를 낀 마을이 굽이굽이 펼쳐진 아름다운 광경을 볼 수 있는 나지막한 산이었다. 산을 오르는 길은 지역 사람들의 산책로이기도 해 정리가 잘 되어 있었다. 오다 선생님은 윤동주의 「새길」을 읊조리며 걸으면 딱 좋은 길이라고 하셨다.

오후에는 애진학교 교직원과 간담회 시간. 서로 학교에서 궁금한 것과 지도 방향 등을 나누었다. '오나지데스(같아요).'라고 할 부분이 많다고 소녀같이 웃으시는 선생님들!

저녁에는 환영예배를 드렸다. 환영의 말씀, 방문의 말씀, 우리 각자의 소감, 학생들 환영사, 한국 연수에 왔던 학생들의 말, 학년별 합창으로 이어졌는데, 마음 깊은 곳까지 울리는 감동이 있었다. 신앙심 깊어 보이는 인자한 교장 선생님, 학교의 궂은 일을 묵묵히 감당하시는 듯한 어머니 같은 오다 선생님 사모님, 그 학교 졸업생인 총 각 음악 선생님, 통역해 주신 한국어 강사 선생님, 선생님들 부부가 같이 일하는 모습, 밝게 노래하던 아이들의 모습까지… 아름다운 애진학교의 자연환경과 함께 잊지 못할 기억으로 남는다.

히로시마 평화공원, 우리가 가야 할 생명과 평화의 길

인류 역사에서 가장 가슴 아픈, 있어서는 안 될 일이기에 입에 올리기에도 뭔가 두려운 원폭의 현장 히로시마의 평화공원, 마지막 날 오다 선생님 설명으로 그곳을 둘러보았다.

1945년 8월 6일 오전 8시 15분, 3미터 크기의 핵폭탄이 몰고 온 지옥, 아직도 끝나지 않은 이 참상은 누가 무엇을 위해 한 일이었나, 역사는 이 일을 어떻게 성리할 것인가, 이곳을 들르는 수많은 사람은 각각 무슨 생각을 하며 무엇을 어떻게 하고 싶은 것일까, 많은 생각이 꼬리에 꼬리를 물었다.

공원 뒤쪽엔 사진으로도 너무 유명한, 당시 모습을 기억하게 하는 히로시마 돔이 있다. 시민들의 요청으로 보존하게 되었고, 1996년에는 유엔에서 인류의 죄악을 상기시키는 의미에서 세계문화유산으로 지정했다는데, 폭격 이전 건물은 산업장려진흥관으로, 서양식 경제와 산업의 위용을 자랑하던 곳이었단다. 시민들의 요청으로 평화의 땅으로 지정된 히로시마 평화기념 자료관에는 '원폭 피해 상황', '원폭이란 무엇인가' 등에 대한 자세한 설명과 평화를 향한 시민들의 발자취가 함께 전시되어 있다. 그곳에는 많은 젊은이의 발길이 끊이질 않는데, 특히 나라와 인종을 넘어선 세계 각국 시민들과 세대를 넘어선 남녀노소, 특히 어린 초등학생들의 현장학습 모습이 인상깊었다.

공원 안으로 한국인 위령비가 들어온 지 얼마 되지 않았다는 것, 위령탑에 '편히 잠드소서, 과거의 잘못을 다시는 반복하지 않겠다'고 쓰인 말에 누가 반복하지 않겠다는 것인지 주체가 분명하지 않아 비판받고 있는 것, 일본 정부는 전쟁이 잘못된 일이었음을 아직도 공식 표명하지 않았다는 것 등이 마음을 힘들게 했다. 보이지 않는 힘에 의해 평화라는 말과 어긋나는 일들이 그곳에서도 우리에게서도 여전히 일어나는, 참회를 모르는 아둔한 인간의 갑갑한 현실을 생각하게 했다.

그러면서 계속 떠오른 것은 히로시마의 참상(사망자 20만)보다 더 끔찍한, 아직도 끝나지 않은 서남아시아의 지진해일 피해였다. 25만이 넘는 희생자를 낸 이곳의 피해는 아직도 진행형이다. 정신적인 피해까지 고려하면 상식과 상상을 넘어서는 일이 벌어진 셈이다. 그런 상황은 얼마든지 또 일어날 수 있으며, '자연 쓰나미'에 이어 '자본 쓰나미'도 연쇄적으로 일어날 수 있는 현실 아닌가. 그것은 누구에 의해 왜 일어나는 일인가, 우리가 중시해야 할 것은 무엇인가. 생태계가 신음하게 된 바탕을 돌아보며 생명과 평화를 찾아가야 한다고 히로시마는 가르치고 있다.

세 자매학교를 다녀와서

이번에 다녀온 세 학교는 풀무에 있으면 자주 듣게 되는 이름이다. 그 학교 학생들과 자매학교로 교류하는 일은 풀무에 처음 오는 학생들에게 일본에 대한 좋지 않은 인상을 거두는 계기가 되기도 한다. 나는 예전에 그 학교에 다녀오신 선생님들을 통해 '예찬'처럼 듣는 것이 거북하여 친절하기는커녕 애써 낮추어(?) 생각하려고 하기도 했다.

이번에 풀무 전 교직원이 긴 이동 경로와 많은 경비 부담 등을 감내하며 연수를 다녀온 것은, 공감대를 넓히고 일을 함께 풀어가는 힘을 기르며 학교의 방향성을 잡아가는 데 큰 도움이 되리라 생각한다.

세 학교를 통해 기독교 신자가 적은 일본에서, 그것도 무교회 신앙이, 얼마나 깊고 넓게 자리했는지 생각해 볼 수 있었다. 가는 곳마다 철저한 준비와 친절에 감탄했는데, 이 역시 일본이라는 나라의 특성이라고 당연히 여기던 것들이다. 그러나 그건 진정이었고, 사랑의 발로임을 절로 느끼게 되었다. 만나면서 바로 그렇게 반가울 수가 없고, 가깝게 느껴지고, 헤어지면서 그렇게 아쉬워하는 마음은 무엇일까, 그것은 같은 목표를 바라고 간다는, 보이지 않는 끈으로 맺어주신 하나님의 사랑이라는 것, 그것밖에는 설명할 길이 없었다.

세 학교는 신앙을 바탕으로 하면서도 학교 나름의 특성이 분명했다. 독립학원의 철저한 신앙과 생활공동체의 모습, 애농학원의 농사경영을 중심으로 한 생활공동체, 애진학원의 전인교육을 지향하는 생활공동체, 풀무는 이 세 학교의 특성을 모두 조금씩 지니고 있다.

또 세 학교 모두 부부 교사가 많고, 교직원 가족이 함께 협력하며 일상 속에서 생활공동체로 스며 있었다. 하나님 신앙을 삶의 바탕으로 하는 것이 자기를 분명하게 보고 다른 생명을 사랑할 수 있기 위함일진대, 이 학교들은 일본 어디서도 가르치거나 드러내려 하지 않는 한국과 관련한 아픈 역사를 가르치고, 한국말과 음식을 가르치고, 연수를 통해 공부를 시키고, 자연과 평화를 주제로 공동학습을 한다. 풀무에서도 앞으로 지향해야 할 신앙, 평화, 생태, 생활공동체의 올바른 모습을 갖춰나가기 위해 좀더 공부하고 사람마다 정성과 마음을 모아가면 좋겠다.

이번 연수를 다녀오면서 영원한 숙제인 두 나라의 관계를 어린 학생들과 함께 용서와 사랑으로 기본부터 풀어가려 한 자매학교 교류의 깊은 뜻을 다시 새겨본다. 용서하는 마음이 큰마음이다. 거기서 베풀 수 있는 마음이 나온다. 한국말을 배우고 써보고 한국 음식을 먹고, 한국 시를 읽듯이 우리도 일본 말을 생활 속에서 쓰고 음식을 먹고 일본 시를 읽을 수 있을까? 아직 나는 어렵다. 이번 연수에서도 나를 소개할 때 그들처럼 써서라도 일본말로 인사를 하지 못했다. 역사를 일구어 가는 것은 의식 있는 사람들의 '지금 여기'의 삶이다. 생각하고 공부하며 실천할 것들이 많아 기대되고 걱정도 되는 긴 여행이었다.

(2005. 2. 1.)

2005년. 역사적인 방문이 된 눈 쌓인 독립학원 본관 앞에서 기념사진을 찍었다. 건물에는 '여호와를 경외하는 것이 학문의 시작'이라는 성경 구절로 독립학원이 지향하는 정신을 밝히고 있다.

애진학원고등학교 방문 기념사진. 오다 선생은 "학교 바로 앞 바다와 부산 앞바다가 이어져 있다."고 설명했다. 앞줄 왼쪽이 오다 선생.

여행 마지막 날, 우리 궁극의 목표인 평화를 생각하며 오다 선생 안내로 히로시마 평화공원을 견학했다. 세계문화유산으로 지정한 히로시마 돔 앞에서 함께한 모습.

저녁모임
'나'라고 '선언'하는 시간

　모두 함께 생활관에서 살기 시작하며 자연스럽게 하루 일과시간 마련이 필요해졌다. 일어나서 잠자기까지 어떻게든 알차게, 그리고 페스탈로치의 말처럼 '생활이 도야(陶冶)한다(Leben ist bildet.)'라는 명분에 맞는 생활 속에서 단련되고 재구성하며 형식과 내용을 갖추어 가야 했다.

　1991년 여름, 선생님들 연수로 자매학교인 독립학원, 애농학원, 우리 학교 출신들이 진학하던 게이센여자단기대학을 방문한 일이 있다. 그때는 선생님들의 관심이 온통 '생활관 학교를 어떻게 운영할지'에 쏠려 있었다 해도 과언이 아니다. 방 배치며 시설은 물론 시간 운영 내용을 어떻게 채워 갈지 보고 배우며 고민하던 즈음이다.

　게이센대학에서 저녁모임을 했을 때, 한 학생이 농가에서 실습하며 겪은 일을 이야기하는 것으로 하루를 정리하고 감사기도로 마무리하는 걸 보며 모두 감동을 받았다. 아침에 예배로 시작하고 저녁 마무리로 학생 개개인이 경험한 것, 생각한 것을 이야기하면서 하루를 닫으면 참 좋겠다는 것에 동의했던 듯하다. 돌아와서 그에 맞는 실질적인 것을 포함해 여러 가지로 협의하며 여러 번 고치고 쌓이는 역사를 거쳐 지금의 하루 일과에 이르지 않았나 돌아본다. 자기 이야기—그 범주는 넓고, 이해 또한 자의적이어서 저마다 다양한 표현을 하며 저녁모임의 역사를 써 왔다.

1993년부터 시작한 생활관 생활에서 저녁모임의 처음은 어떠했는지 날마다 현장에 있지 못한 터에 잘 알진 못하지만, 이 모임의 내용과 현실이 자주 언급되어 온 건 사실이다. 모든 일이 그렇듯 문제가 있으면 자꾸 오르내리기 마련이니까. 학생들이 준비를 제때 제대로 하지 못하기 일쑤고, 생각을 많이 해서 표현하길 바라시는 선생님들 생각과 거리가 생기기도 했다. 그래서 당시 교장이던 홍순명 선생께서 저녁모임에 말할 거리의 다양한 예시와 써낼 양식을 주시고, 글을 받아서 파일에 보관해 운영한 일이 있다. 그 또한 순조롭진 않았다. 성실하게 준비를 잘한 사람들도 있지만, 발표 때 긴장하거나 과잉 행동으로 준비한 것을 잘 전달하지 못하는 경우도 있었다. 자기 차례인 줄도 모르고 있다가 제대로 준비하지 못하고 부랴부랴 서둘러 쓴 엉성한 글을 꺼내 읽게 되니 엇박자가 나는 일도 잦아졌다. 원래 의도와 달리 원고 써내는 일이 힘들고 실효성이 떨어진다고 판단하여, 몇 년 그렇게 하다 써내는 건 그만하고 학생들이 스스로 준비하게 하여 오늘에 이르렀다.

그동안 학생들이 이해한 저녁모임대로 여러 모습이 펼쳐졌다. 사회 현상에 대한 다양한 생각이나 철학적인 글 쓰기, 읽은 책 소개, 좋아하는 노래 부르기, 어린 시절 사진 보여주기, 방 식구 소개, 악기 연주, 입체낭독 같은 형식을 선택해 자신을 드러내 보이려 마음 다해 준비했다. 가끔 아무 준비 없이 나와 만담하듯 진행하거나 자기에게 질문하라며 시간을 보내는 사람도 있었다. 어쩌면 당연할 수밖에 없지 않나 싶기도 하다. 생각하면 다 자기표현 아닌 게 없으니 일방적인 비난도 곤란하긴 하다. 지도할 때 너무 구체적이든, 두루뭉

술 추상적이든 어느 경우나 나름대로 또 문제가 된다. 답이 정해져 있는 길을 그대로 가지 않는, 자발성이 중요한 사람의 특성을 발견하는 흥미로운 대목이기도 하다.

그런 가운데 시간이 흐르며 어느덧 자연스럽게 변화가 생겼다고 한다. 발표하는 사람이 무대 뒤에 숨어 자기 생각을 보태지 않고 책에 있는 글 또는 편지를 읽거나 유튜브를 보여주는 일이 잦아진 것이다. 그런 게 불편하고 제대로 갈 길을 벗어난 게 아닌가 하는 염려의 소리가 들려 왔다. 강당에서 왜 자기 자리에 꼭 앉아야 하는지 문제가 제기되기도 했다. 자유석을 주장하며 친한 사람하고만 앉는다거나, 지정된 자리가 아닌 곳에 앉는 사람이 많다는 지적도 있었다. 맘에 드는 얘기면 듣고 아니면 자거나 떠드는 등, 저녁모임 자체가 문제 아닌가 걱정하는 지경에 이른 적도 있다. 아까운 시간에 함량 미달의 이런 모임을 억지로 하게 하는 부작용을 겪으니 없애는 게 낫겠다는 의견도 있었다. 그럼에도 학생들은 다른 사람을 이해할 수 있고, 모든 사람이 각자 자신을 표현할 수 있어서 하루 중 가장 좋은 시간이라며, 이 시간을 통해 반성 및 자정(自淨)작용을 계속해 오고 있다고 생각한다. '되도록 자유석을 지양하고, 얼굴을 드러내고 하자', '내실 있게 준비하자', '정성을 들이자' 등등, 평가회 때마다 저녁모임은 주요 이야깃거리가 되기 때문이다.

선생님들이 먼저 본을 보여 달라며 선생님들 저녁모임을 제안하기도 했다. 모든 선생님이 참여하기도 했고, 희망하는 분들 중심으로 꾸리기도 했지만, 2020~2021년도엔 코로나까지 겹쳐 그조차 여의치 않았다. 2022학년도 학생장들은 선생님들과 더 넓고 깊은 교류와 이해를 위해 선생님들 저녁모임을 활성화하고 싶다는 제안도 했으니 적절히 조화를 이루어가면 좋으리라 생각한다.

학기초엔 동아리장들이 동아리 홍보로 이 시간을 활용하기도 하고, 학기말엔 창업대상 학생들이 심혈을 기울여 자신을 표현하기도 하는, 참으로 여러 모양을 띤 자기 '선언'의 시간, 자기를 알리고 소통하며 이해받기도 하는 시간이다. 하루를 돌아보며 자신과 학교 공동체를 깊이 생각하는 마무리 시간이라는 의미도 어떻게든 살려내면 좋겠다.

·부끄럽고, 쑥스럽고, 힘들어도 해야 하고, 어떻게 하는 게 낫다, 바람직하다는 것도 마음으로는 이미 다 안다. '나'가 건전하게 살아야 '우리'가 아름답게 피어날 수 있다. 때에 맞는 적절한 지도도 필요하고, 서로 수용하고 이해하며 소중하게 가꾸어가야 할 중요한 영역의 하나로 성장해 가길 기원한다.

선생님들 저녁모임 때 한 내 이야기를 학교 역사와 연관지어 보고자 덧붙인다.

추억을 따라가 본 젊은 나

선생님들 저녁모임 주제를 '추억을 따라서' 정도로 하고 사진을 내든 뭘 하든 하라고 한동혁 선생(당시 사감)이 몇 차례 말했어요. 아무리 그래도 별생각이 떠오르지 않은 채 며칠이 지나고, 말 안 듣는 사람이 되진 말아야겠다며 낸 사진이 이것입니다.

추억—지나간 일을 돌이켜 생각해 보는 이 일을 나는 별로 좋아하지 않아요. 난 무척 쌀쌀하거든요. 추억은 사람들에게 이야기하며 새록새록 새로워지고, 가끔 덧칠도 하며 더 푸짐해지고 그러는 법인데, 생각해 보니 난 그런 걸 별로 좋아하지 않는다는 걸 깨달았어요. 그래서인지 지난날의 일들이 기억나는 게 별로 없어요. 초등학교 때 친구 얼굴이나 경험 같은 것도 안 떠오르고, 누구 말대로 최초의 기억이 엄마 품이라거나, 병아리를 밟아 울었다든가, 그런 게 전혀 없어요. 참 재미없는 사람이지요. 기억은 얘기하며 생성되고 그에 따라 오래 기억에 남게 되고 그러는데 말이지요.

사설이 길었습니다.

학교에서 꽤 긴 시간 살아왔는데, 그중에서 이 사진 석 장은 학교에 처음 부임해 왔을 때쯤의 일을 잡아둔 것으로, 여러분이 학교 역사의 한 조각쯤을 상상해 보면 어떨까 하며 고른 것입니다.

세월은 가고 남는 건 사진뿐이라고, 그런 생각을 하게 되는, 맘에 남는 사진입니다.

처음 와서 담임을 했던 2학년 학생들과 봄소풍 가서 찍은 것입니다. 처음 담임이라는 의미가 있는 사진인데 모두 10명, 지금은 40대 중반쯤으로 사회의 중추 역할을 할 때죠. 어쩌다 보면 나보다 더 어른 같은 건 말할 것도 없고, 학교 다닐 때도 나랑 나이 차가 별로 안 나는 친구도 있었고, 그러다 보니 어디 나가고 그러면 보호자 노릇을 해주었어요. 그땐 지역에 어깨 쓰는 깡패무리들이 있어서 학교끼리 붙는다든지 하는 이상한 소문도 있었는데, 협상을 한다든지 하면서 나한텐 쉬쉬하거나 자랑스러워하거나 하는 일들이 가끔 있었어요. 그럴 땐 걱정도 되고 무서웠는데 별 큰일은 없었어요. 나한테 잘 보이고 싶은 과장된 치기 같은 게 있었던 게 아닌가, 나중에 생각하게 되더군요.

그리고 이건 참 좋아하는 광경인데, 생활관 앞 솔숲입니다.

지금보다 소나무가 가느다랗고 뭔가 엉성해 보이는 솔숲입니다. 그땐 진달래꽃이 참 많이 피었어요. 함께한 사람들은 기숙사 식구들입니다. 일요일 오후쯤 한가하게 나들이하며 사진을 찍었는데, 사진에 관심이 많던 같이 살던 선생 덕에 남은 겁니다. 당시 우리 중에 카메라 있는 사람은 없었고, 학교행사 때는 마을에 살던 사진사가 와서 찍어주었죠. 중요한 행사 사진이나 창업식 사진 등은 홍성읍내 사진관에서 직원이 나와 찍어 줄 때니까요.

그 선생님은 식구들 다 나오라고 해서 여기저기 끌고 다니며 나무를 하나씩 끌어안게 하거나 나름의 자연스러운 모습을 연출하게 하고 그랬어요. 그땐 식구가 얼마 안 되어 '기숙사 엄마'를 모실 형편이 안 되어 선생님들이 밥을 해 먹었어요. 개도 한 마리 키웠어요. 앞에 개를 끌고 간 친구는 이광수였는데 어디서 뭘 하고 사는지…. 김장을 해야 하는데 홍성 장날을 잘 못 챙겨서 갈산 장까지 가서 고추를 사 오고, 일주일에 한 번씩 먹을거리 장을 봐서 버스에 싣고 오면 학생들이 외발차인가, 리어카인가 그런 걸 끌고 나와 기다려 가져오고 그랬지요. 식구가 적을 때는 선생님들은 '엄마 아버지', 학년순으로 '큰아들, 작은아들, 큰딸, 작은딸' 하며 진짜 한 식구같이 지냈어요. 그때 내가 아버지였고, 같이 지내던 영어 선생이 엄마여서 요즘도 연락하게 되면 그는 영감이라고 날 불러요. 봄에는 빼뽀나 예당저수지, 그런 데로 솥단지 싸 들고 기숙사 소풍 가서 밥해 먹고 오고 그랬어요. 차도 없을 때니까 다 버스 타고 다녔는데 어찌 다녔는지 상상이 안 돼요.

그리고 이건 지금 샛별채 앞마당인 것 알겠지요? 당시 기숙사 모습이 남아 있는 건 샛별채뿐이고, 이 모양을 그대로 살려 리모델링한 것을 알 수 있겠지요. 이 집 뒤쪽이 내 방이었어요. 참 오붓한, 바로 문 열면 산으로 이어지는, 연탄 때는 조그만 방이었어요. 지금 현관 왼쪽으로 부엌이었고, 앞쪽이 식당이었어요. 지금 그때를 떠올리면 엄청 추웠던 생각만 나는데, 어쨌든 이 건물이 생긴 이유가—내가 기억하는 게 맞나 모르겠지만—학교 역사에서 꽤 의미 있는 일이라 생각합니다. 내가 학생 때 일 같은데, 공동생활의 일환으로 공동식사를 시도한 일이 있습니다. 그때 한참 우리나라에 공동생활 연구와 그런 시도가 유행이었나 봐요. 홍 선생님은 공동체 관련 연구를 많이 하셨고, 그 때문에 어려움도 겪으셨단 얘길 들었어요. 그런 실천으로 주옥로 선생님부터 학교 근처 사는 선생님 가족들이 아침저녁 식사 공간을 만든 게 이곳이었어요. 선생님들은 오셔서 드시고, 초등 2~3학년 작은 아이들은 엄마 따라오기도 하지만, 여러분만 한 청소년쯤의 자녀들은 안 오니까 사모님들이 밥 가지러 오시고, 그랬던 생각이 나요. 그것도 현미밥에 풀반찬이니 애들 불만이 말이 아니었겠지요. 결국 얼마 안 되어 그 방식을 접고 다시 기숙사 식당으로 운영되었지요.

이 건물 얘길 하고 싶어 고른 사진입니다.

이런 여러 가지 추억을 따라가다 보면 미시사(微視史)가 참 중요하게 여겨지기도 하고, 건물 중심으로 학교 역사를 정리하는 것도 시도해보면 좋겠다는 생각도 듭니다.

어쨌든 추억을 따라 뒤로 가 보았습니다. 젊을 때 일이지요. 그때가 좋았다거나 다시 돌아간다면 더 잘 살 것 같다거나 하는 생각은 아시 않습니다.

나는 젊은 그때로 돌아가고 싶지 않아요. 지금 이대로가 좋고, 저때 친구들이 지금보다 나았다든지, 그런 생각도 하지 않습니다. 나는 지금 만나는 여러분이 최고이고, 지금 사는 때를 최고로 여기며 살고 싶습니다. '동안(童顔)' 콤플렉스라는 말이 있듯 우리나라 사람들은 다 젊어지고 싶어 야단이고, 애고 어른이고 젊은이를 좋아합니다. 인생의 다양한 층을 인정하지 않는, 정신적 수준이 낮은 상업문화의 영향이라고 생각합니다. 아침은 아침대로 좋고, 대낮의 활기는 대낮대로 좋고, 고즈넉하게 노을이 지는 저녁 무렵은 그 나름의 아름다움이 있는 법입니다. 나는 대낮으로 돌아가고 싶지 않고 저녁으로, 깊어가는 밤으로 한발씩 고요하게 접어들고 싶습니다.

이런 시간을 주어 추억을 따라가 보니 아련한 흑백사진처럼 그리운 일들이 떠오르네요. 당시 2학년 열 명—아저씨와 아줌마가 되었을 이들은 무슨 생각을 하며 어떤 마음으로 이 저녁을 맞을지 궁금하네요. 여기 파릇한 여러분들의 20년, 30년 뒤 모습은 어떨까 기대가 큽니다.

(2014. 12. 5.)

저녁모임 발표 자료 사진

(왼쪽) 앞서 소개한 교직원 가족들과 생활관 학생들이 공동식사를 하며 공동체생활을 도모하던 때의 모습. 생활관이던 지금의 샛별채 앞마당에서 찍은 사진으로, 당시 모습이 남아 있는 귀한 자료다.

저녁모임 발표 자료 사진

(위) 1976년 고등부 1학년 때 생활관 나들이 모습과 1980년대 중반 부임 초기 생활관 나들이에서 학생들과 함께
(왼쪽) 부임 초기 생활관 앞 솔숲에서 여유로운 주말 한때

저녁모임에서 풍물동아리 '한마당'의 공연 모습.

전교회의
모두의 문제를 짚어보는 자리

진교회의. 구성원 모두가 모여 하는 회의다. 한때 '다모임'으로 하자는 제안이 있었지만 정착되지 못해 그냥 전교회의라고 한다.

전교회의는 언제부터 해 왔을까? 지금 학교생활의 여러 틀이 잡힌 시기가 생활관 생활만큼 정확하진 않지만, 전교회의도 그렇게 모두 함께 살게 되며 필요에 따라 시작해 오늘에 이르렀을 것이다.

동네에서 통학하는 학생들이 있던 때 전체 의견 수렴은 '교학연석회의'라는 것을 통해서였던 듯하다. '교'는 선생님들, '학'은 학생 대표를 줄인 말로, 선생님과 학생 임원들이 함께 둘러앉아 이야기 나눈 일이 전교회의의 전신일 것이다. 어쨌든 일방적 지도 편달이 아니라 구성원 모두가 함께 협의하며 가는 교육을 지향하는 길을 걸어온 것만은 틀림없어 보인다.

풀무는 회의 많기로 유명하다. 교육과정에 정해진 자치활동 시간에 구애받지 않고 필요하면 여는 회의 말고 정기적으로 하는 회의도 다양하다. 주마다 목요일 7교시에 학급회, 학우회, 전교회의, 생활관 총회 순서로 번갈아 연다. 이중 전교회의와 생활관 총회는 전교생과 선생님들 모두가 참여한다. 전교회의는 주로 학교생활에 관한 내용을, 총회는 생활관 생활에서 문제되거나 개선해야 할 것들을 다룬다. 두 회의 다 생활과 직결된 문제를 상의하는데, 때로 결론 내리기 예민한 문제를 통해 학생 대 선생님들이 대결하는 듯한 모습이 드러나기도 하는 게 이즈음 모습이었다.

회의 지도는 학생부에서 주로 하고, 의제 정하기, 진행 방법 등은 월요모임을 거치거나 학우회장단과 미리 협의하여 준비한다. 학생들 건의에서 나온 것으로 주제를 정하기도 한다. 혼자 해결하기 어렵거나 학교 정신이나 운영상 문제가 있다고 판단하면 '전교회의 해야 한다', '전교회의 거리네'라는 말을 하기도 한다.

10여 년 전 전교회의는 각 학년, 각 부서에서 지난 한 달 삶을 평가한 뒤 주제를 이야기하는 식으로 진행했다. 그러다 보니 동아리 활동과 관련한 평가도 큰 부분을 차지했는데, 동아리 수가 많아지며 동아리 연합회가 생겼다. 그러다 보니 전교회의는 생활 돌아보기 발표라기보다 주제 토론이 주가 되고, 무엇을 결정하기보다 전체가 지향할 방향을 돌아보고 공유하는 형태가 많았던 것 같다.

그동안 다룬 주제는 다양하고, 3년 단위로 바뀌는 게 학교인 만큼 반복해 나오는 것도 많다. 학기초엔 교육 삼아 열 가지 약속을 비롯해 각 부서들의 활동 등 학생들이 어떻게 자치적으로 살아가게 되나를 알리는 내용으로, 학기말에는 학급을 비롯해 학교 전반적 활동의 구체적인 평가를 중심으로 진행한다. 그 밖에 학기 중 다룬 주제 중에서 떠오르는 것은 아무래도 학생들이 피부로 느끼는 약속사항 가운데 음주, 흡연, 이성(일대일)교제, 옷차림, 언어사용, 나눔날(금식) 문제다. 주제어 표현과 접근 방법이 다를 뿐, 자신들의 생활 현장에서 선후배 사이나 남녀 사이에 불편하고, 이해하기 어렵고, 실망하고 걱정하는 마음들을 나누는 시간이 되지 않았나 생각한다. 물론 풀무제 주제를 정하는 등 중요한 결정을 내리는 회의이기도 하다.

회의는 학우회장단에서 기도로 시작하고, 진행은 회장과 부회장이 번갈아 한다. 발언하는 사람이 적고 참여율이 낮아 일종의 해결책처럼 3학년 전체의 의장화(?)로 돌아가면서 사회를 본 적도 있다. 결과는? 염려하던 대로 어느 때는 회의가 진행되지 못할 만큼 준비도 안 되고 진행도 매끄럽지 못해 회의 자체가 잘 이루어지지 않았다. 평가를 거쳐 그다음부턴 다시 회장단이 책임지고 준비해 이끄는 지금의 형태가 되었다.

이 일은 민주주의 작동원리, 학생 자치의 원론을 생각하게 하는 중요한 시사점이 있는 문제이기도 하다. 구성원의 의견을 수렴하고 그 의견에 따라 일이 이루어지도록 역할을 하는 책임자가 필요한 현실에선 구성원 누구나 다 하는 게 이상적이다. 그러나 그건 제비뽑기 원리 같은 것일 텐데, 누구나 맡게 되면 할 수 있는 역량이 될 때 가능하다. 그런 인성을 기르고, 공적 문제에 대한 책임 완수와 역할 수행에 대한 교육이 어려서부터 이루어져야 가능하리란 생각이 든다.

어찌 보면 이와 비슷한 연습을 학생들이 먼저 하고 있는 건 아닌가 돌아보게도 된다. 전교생 원탁회의에서는 발언하려면 용기가 필요하고, 그런 예열시간(?)을 거쳐 어느 정도 얘기가 나올라치면 시간이 거의 다 가고 만다. 이런 문제를 해소하기 위해, 소수일 때 말하기 편하니 어떻게든 전체 구성원이 한 마디씩이라도 참여할 수 있도록 적은 수로 나누어 진행하는 식으로 점점 가고 있는 것 같아서다. 그럴 때 소수의 이야기를 전체로 수렴하기 위해 언급한 내용을 게시하거나 대표 한 사람이 발표하게도 하지만 충분한 것 같진 않다. 다룬 내용에 맞게 마무리 짓고 생활로 이어지게 하는 방안을 학생과 교사모두 함께 연구해 볼 일이다.

그래서 선생님들은 전교회의는 물론 학생들이 모이는 회의엔 일단 참석해야 한다. 나중에 설명을 듣는 것과 현장에서 논의된 것과는 달라도 많이 다르기 때문이다. 서로 이해하고 교감하며 신뢰를 기반으로 하는 학교의 특성상 학생들 얘기를 듣는 회의에 함께하는 것부터가 중요하다. 중요한 일을 결정할 때 교사이지만 똑같이 한 표를 행사할 뿐인 전교회의의 기능은 더 강화되고, 더 활력 있게 되어 실질적 효과를 발휘할 수 있으면 좋겠다.

이미 형태를 갖춘 좋은 제도일지라도 처음 겪는 사람이 이해하고 적응하는 데는 적절한 안내와 지도가 필요하다. '원래부터 하던 것이기에 해야 한다'는 것이 아니라, 거시적으로 민주주의 구현부터 작게는 몸담고 사는 생활의 주인으로서 참여의식까지 갖춰가려면 쉬운 일이 아니다. 그래서 그 길은 허리 펴고 두 발로 굴려야 가는 자전거와도 같은 것. 거저, 스스로 신나게 굴러가지는 않는다. 그게 실제임을 알고, 열 사람이 함께 한 걸음씩 걸으려 애쓰는 노력에 의미가 있는 게 아닐까.

몇 해 전 전교회의에 참여한 소감으로 전교회의 모습을 구체적으로 상상하며, 그 의미와 앞날의 과제를 생각해 보고자 한다.

학교 정체성을 생각한 시간 — 9월 전교회의를 마치고

이미 알려진 대로 풀무학교에서는 달마다 한 번 학생 전체와 선생님들 모두가 전교회의라는 이름으로 강당에 모인다. 이달에도 22일에 학생과 선생님과 학우회 운영위원들이 미리 상의해 정한 주제로 모였다. 그동안 살면서 문제가 된다고 생각하는 것이 대체로 주제로 채택되는데, 이번 주제는 2년 전부턴가 학생들이 원해서 정해 지켜오던 2교시 뒤의 티타임 폐지와 동아리비 사용 문제, 외출 시 차 손들어 타는 문제였다. 회의에 참석하면서 풀무에 사는 구성원 모두가 다시 돌아보아야 할 풀무의 원래 모습과 처음 시작할 때 생각은 무엇인지, 가슴이 답답해지며 많은 생각이 떠올랐다. 그 자리에서 말 안 하고 뒤에 말하면 비난받는 분위기(여름방학 때 학교 홈페이지 게시판을 통한 토론 뒤)지만, 학생들 말로 '얘기할 분위기가 아니어서' 말하지 않은 그때의 생각을 정리해 보고 싶었다. 회의 자리에서 일회성으로 끝내서는 안 될 중요한 의미가 있다는 생각이 떠나지 않았다.

이 모임에서는 한 달 동안 살아온 결과를 돌아보며 반성하고, 다음 달 살 계획을 먼저 이야기한다. 그러다 보면 1시간은 금방 지나간다. 이번에도 학우회 각 부서 활동상황 보고와 각 동아리 상황, 각 학년의 일정과 계획까지 수박 겉핥기일지언정 하나도 안 빠지고 모두 발표했다. 각 학년 출석 상황과 봉사활동 시간, 저축 실적도 점검된다. 대체로 잘 안 듣지만 자기 이름이 나오면 귀 기울이게 될 것이고, 한 달 동안의 자기 생활에 대한 점검의 기회로 소중한 시간이라고 생각한다. 물론 발표 내용을 더욱 충실히 하고, 발표 태도를 개선해야 한다.

주제 토론, 그러니까 퍽 거창해 보이지만 토론다운 토론을 하는 것은 아니다. 회의 진행은 3학년이 두 명씩 돌아가며 한다. 진행이 매끄럽지 않을 때도 있고, 학생들도 자발적으로 손들어 이야기하기보다는 지적받아 말하는 경우가 많다. "의견 있습니까?" 진행자가 말하면 잠깐 침묵. 숨소리만 들린다. 그러다가도 지적받고 일어서면 곧잘 의견을 말한다.

이번에도 그런 면이 좀 있긴 했지만, 대체로 활발하게 의견을 말하며 순서를 밟아 결정을 본 바람직한 회의였다는 느낌을 주는 주제였다. '2교시 후 뭘 먹으며 20분을 쉬어 보니 여러 가지 문제가 있더라', 예를 들면 '3교시 시작 시간에 늦는다', '안 먹어도 될 것을 습관적으로 먹게 돼 건강에도 안 좋고 돈을 낭비하게 된다', '주변에 사탕 막대 등 쓰레기가 널린다', '기숙사에 올라가 자는 경우도 있다'는 등의 이유를 들어 2교시 후 중간 간식 시간을 없애면 좋겠다는 의견을 냈다. 그 대책으로 점심시간을 10분 늘리느냐 마느냐를 토론한 뒤 찬반 표결에 부쳐 그 시간을 없애기로 하고, 점심시간은 그대로 두어, 결국 하루 일과가 10분 단축되는 쪽으로 결론을 보았다. 자신들의 일상에 직결되는 문제여서인지 분위기가 활발했고, 과정도 좋아 보였다.

다음 주제는 동아리 비용 문제. 한 학생이 "학부모님이 동아리 활동 지원을 위해 내주신 돈이 학생들과 상의 없이 한 동아리에만 전용되었다."라는 의견을 내자 웅성웅성 동조하는 분위기로 흘러갔다. 학생과 선생님들이 그렇게 된 과정을 설명하시고, '없는 살림 탓이다', '선생님들이 동아리에서 필요하다는 것을 나 몰라라 하지는 않을 것이다', '최선을 다해 도우려는 선생님들의 마음을 알아달라'는 등의 부연 설명과 약속으로 학생들이 이해하게 되었다.

세 번째 이야깃거리는 시내 나갈 때 차 잡아타는 문제였다. 주말을 비롯해 시내 나갈 때 버스 시간이 안 맞으면 아무 차나 손들어 타고 나가서는 안 된다고 여러 번 지도해 오던 문제다. 학생들이 이것을 주제로 낸 것은 이 문제를 아예 허용해 주었으면 하는 건 아닌가 하는 느낌이었다. 한 학생이 자신이 아주 위험한 일을 겪을 뻔했다는 이유를 들며 차를 잡아타지 않으면 좋겠다고 했고, 대부분 주장은 '그런 걸 문제 삼는 게 고루하다', '경제적으로 절약이 되고 시간을 줄일 수 있다', '이왕 빈 차로 나가는데 얘기도 하며 세상 돌아가는 얘기도 듣고, 도시에선 카풀도 하는데 얼마나 바람직한 일이냐?'라는 것이었다.

선생님들 몇 분이 그래선 안 되는 까닭을 말씀하셨다. '실제로 무척 위험한 일이며 사고라도 생기면 아주 곤란한 일로, 만에 하나라도 일어날 염려가 있는 일은 안 해야 한다', '카풀의 원래 의미는 그런 게 아니다', '돈이 절약된다는 얘기도 안 했으면 좋겠다', '기차 시간이 급하거나 피치 못할 사정이면 선생님께 부탁드리라'며 이해를 촉구하시는 말씀으로 마쳤다. '더 의견 있습니까?', '없습니다.' 그럼 전교회의를 마치겠습니다. 짝짝짝.(언제부턴가 회의를 마칠 때 박수를 보낸다.)

회의시간 내내 가슴이 답답하고 조마조마했다. 이 아이들이 무슨 엉뚱한 이야기를 할까, 바른 결정을 하기는 할까, 선배들이 후배 앞에서 본이 되지 않는 말과 행동을 하지 않을까 해서다. 그러나 노심초사일 뿐, 학생들은 토론 끝에 좋은 결론을 내리곤 한다. '결정된 것을 세부적으로 어떻게 지키며, 상의대로 되지 않을 땐 어떻게 한다는 게 없다'며, 실제로 지켜지지 않아서 마음고생을 하며 바라보는 사람들도 많지만, '이런 과정을 통해 생각하는 힘을 기르고 판단 기준도 세우게 되는구나' 하고 생각하게 된다.

회의를 마치면서 이런 바람을 적어본다. 급하게 시내에 나갈 때 낯선 이의 차를 잡아타는 문제의 위험성을 되새김은 물론, 풀무에 살면서 토론 과정을 통해 생각하는 힘을 기르고 나름의 판단 기준을 세워가자는 자세로 이런저런 주장과 운동을 펼칠 수 있다면 좋겠다는….

먼저 풀무학교에 와서 사는 목적을 점검해 보자는 것이다. 풀무학교는 주변에 학교가 부족해 머릿수 채우려고 세운 학교가 아니라고 설립자 선생님들이 말씀하셨다. 풀무학교 설립 목적은, 도시 문명의 편리함만 추구하고 모든 일을 물질적인 기준으로 판단하며 겉치장만 중시하는 풍토를 직시하고, 농촌에서 정신을 소중히 여기며 명실공히 실력 있는 평민을 길러야겠다고 마음먹고 세운 학교라고 나는 이해한다.

그런 바탕에서 우리의 오늘을 바라보면 고쳐야 할 것이 한둘이 아니다. 차는 당연히 내 돈을 지불하고 타야 하며, 안 되면 걷겠다는 마음가짐이 필요하다고 생각한다. 불편을 겪으며 정신이 크는 것이다. 부모님께 차비 아끼려고 차 잡아타고 다닌다고 하면 기겁하시지 않을까? 빨래도 가능하면 손으로 빨아보자. 핸드폰이 웬 말이냐, 목걸이나 반지 귀고리도 집어치우자, 방 온도를 조금 낮추고 내복을 입자, 이런 주장을 학생들이 하며 운동을 일으켜 전개할 수 있다면 얼마나 좋을까 생각해 보았다. 아주 간단한 생활문제이고, '세상이 지금 어떤데 이만하면 그래도 낫지'라고 생각할 수도 있지만, 이런 문제는 그리 간단한 문제가 아니다. 풀무학교는 어떤 학교여야 하는가, 곧 정체성 문제와 직결되는 일이기에 마음이 조금 무겁다. '개성을 꽃피우며 자신을 표현하는 시기'라는 반론 이전에 젊음과 기상, 패기, 정신, 이상 등의 문제는 고민할 가치도 없게 되지 않았나 해서 더욱 그렇다.

(2011. 9. 22.)

한 달에 한 번 전교생과 교직원 모두 함께하는 전교회의는 대개 미리 주제를 정해 원탁
회의 형식으로 진행한다. 이즈음은 되도록 많은 사람이 의견을 말할 수 있도록 모둠별
로 나누어 진행하고, 나중에 전체가 다시 모여 모둠에서 나눈 내용을 수렴하는 방식으
로 하기도 한다.

진로지도
무얼 하며 어떻게 살 것인가, 풀무학교 직업 10계

대부분 진로지도는 무슨 직업을 선택할 것인가, 그 선엔 어떤 대학 무슨 과를 선택할 것인가에 맞춰진다. 풀무학교에서는 진학지도라는 말은 거의 쓰지 않는다. 대신 진로지도라는 말을 쓰고, 어찌 보면 그조차도 매우 소극적으로 느껴진다. 농업계 학교지만 반드시 농업을 해야 한다고 강조하지도 않는다. 학교 전 과정이 그렇듯 '나는 누구인가' 생각하고 부딪치는 다양한 경험을 통해 자신을 잘 알 수 있게 하고, 나아가 사람에 대한 이해를 넓혀가도록 노력한다. 다시 말하면 무엇을 하느냐보다 먼저 사람이 되어야 한다는 학교의 교육 정신이 전제되어 있다고 생각한다. 그런 바탕 위에 어떻게 살 것인지 고민하고, 그 선상에서 무슨 일을 하며 살지 선택할 수 있게 돕고자 한다. 나는 그렇다고 생각하며 살아왔다.

그런 방향성을 생각하게 하는 게 풀무학교 직업 10계다. 그 이전의 모든 공부와 생활 체험, 즉 성서와 교과시간, 학교생활 전체를 통해 자연스럽게 건전한 직업관을 형성해야 한다. 그 기반 위에서 자신의 진로 방향을 점검하고, 적성과 가치관에 맞는 진로를 찾아가도록 도와야 한다. 교과 중 3학년 과정에서 자기 자신을 알아가는 '임

상역사' 수업, 실제적인 경험을 하는 농업교과 수업, '성공직업' 교과, 다양한 동아리 활동, 현장실습 등 모든 과정이 이런 가치관 형성에 유무형의 영향을 주는 것은 당연하다. 배우며 알아갈수록 생각의 지평이 달라지고 진로선택의 층위는 다양할 수밖에 없다. 1학년 때는 확실하게 필요한 일이라고 생각하던 것이 점차 시야가 넓어지며 그 일은 오히려 사회적 폐해가 될 수도 있다는 것을 깨닫고 전혀 다른 분야를 살펴보게 되기도 한다. 미처 깨닫지 못했던 자신의 적성을 동아리 활동을 통해 발견하여 직업으로 이어가는 일도 있다. 이렇게 역동적으로 변화하고 자주 바뀌는 청소년기의 특징을 제대로 파악한 진로지도는 한 사람의 삶의 방향을 좌우하고, 나아가 이런 일들이 모여 우리 사회 저변이 튼실해지는 밑바탕이 될 수도 있다.

생활기록부에 1학년 때 정한 진로가 3학년 때까지 지속적으로 이어져 기록되면 대입에서 유리하게 평가하는 입시 정책도 있었다. 좋은 점이 없지 않겠지만 어떤 면에선 불행을 초래하게 될 수도 있어, 이른 나이부터 특정 직업에 가치를 부여하는 진로지도와 사회 분위기는 크게 우려할 점이다.

또 하나 덧붙이고 싶은 것은, 아이들에게 진로선택의 큰 방향처럼 영향을 끼치고 있는 구호들—가령 '가슴 뛰는 일을 하라', '네가 좋아하는 걸 찾으라'라는 말들의 부작용이다. 멋진 말, 맞는 말이지만 일방적으로 지나치게 강조되다 보니 오히려 문제가 크다는 느낌이다. 나이 들어서도 힘든 일은 물론 웬만한 일도 하려 하지 않고, 스스로 아무것도 해낼 수 없는 유아 같은 상태에 머무는 걸 자주 봤다. 몸은 힘들지만 의미 있는 일이 있고, 보람 있지만 지루하여 꾸준히 인내해야 하는 일도 있다. 그런 생각을 하며 세상을 바라볼 때, 풀무학교 직업 십계는 진로 결정에 꼭 필요하며 더없이 소중한 지침이 된다고 생각한다.

풀무학교 직업 십계는 학교 교육 목표 실현을 위해 홍순명 선생이 정하셨다. 당시 유명하던 거창고등학교의 직업 십계를 언급하시며 그보단 좀 더 현실성 있게 정했다고 하셨다. 거창고등학교의 직업 십계는 훌륭한 교육의 표상처럼 찬사받으며 언론에도 많이 오르내렸다.

참고로 풀무학교 직업 십계와 거창고의 '직업 선택 10계명'을 인용한다. 비교해보시길!

풀무학교 직업 십계

① 직업을 결정하기 전에 천성과 장점, 능력을 잘 파악하자.

② 이 직업은 낮은 생활, 높은 정신을 실현하고 더불어 사는 평민의 목표에 맞는 직업인가 생각해 보자.

③ 준비는 길수록 좋다. 예수는 3년의 공적 생애를 위해 30년을 준비했다.

④ 학교는 직업 선택과 준비 기간으로 알되, 직업을 통해 일생 배우고 향상할 수 있어야 한다.

⑤ 수입이나 명예보다 이웃사랑의 실천도를 기준으로 하라.

⑥ 내게 맞는 직업보다 우리 사회가 필요로 하는 직업이 무엇인가 찾아보라.

⑦ 편한 곳보다 되도록 힘든 곳을 택하라. 그만한 가치가 분명히 있다.

⑧ 인생을 어떻게 살까 큰 틀을 생각하고 직업문제를 채우도록 하라.

⑨ 남이 닦아 놓은 길보다 새로운 길을 개척하라.

⑩ 직업에 귀천이 없다. 어떤 직업이고 하나님의 영광을 나타낼 수 있다.

거창고등학교 직업 선택 10계명

① 월급이 적은 쪽을 택하라.
② 내가 원하는 곳이 아니라, 나를 필요로 하는 곳을 택하라.
③ 승진의 기회가 거의 없는 곳을 택하라.
④ 모든 조건이 갖춰진 곳을 피하고 처음부터 시작해야 하는 황무지를 택하라.
⑤ 앞다투어 모여드는 곳에는 절대 가지 마라, 아무도 가지 않은 곳으로 가라.
⑥ 장래성이 전혀 없다고 생각되는 곳으로 가라.
⑦ 사회적 존경을 바라볼 수 없는 곳으로 가라.
⑧ 한가운데가 아니라 가장자리로 가라.
⑨ 부모나 아내나 약혼자가 결사반대하는 곳이면 틀림없다, 의심치 말고 가라.
⑩ 왕관이 아니라 단두대가 기다리고 있는 곳으로 가라.

학교에 1학년 학생들이 들어오면 풀무학교 직업 십계를 소개하며 이야기를 나눴다. 학생들은 이들 대부분을 어색하게 생각하고, 이해하기 어려운 것들을 말한다. 그중 가장 문제 삼는 것은 여섯째 '내게 맞는 직업보다 우리 사회가 필요로 하는 직업이 무엇인가 찾아보라.'이고, 마지막에 말하는 '직업에 귀천이 없다'는 것도 수긍하기 어려워한다. 앞서 말했듯 내가 좋아하는 걸 해야 한다고 줄곧 들어왔는데 그보다 사회가 필요로 하는 걸 생각하라니, 쉽게 동의가 안 되는 것이고, 직업의 귀천은 눈앞의 현실에서 보고 듣는 바가 그러하니 당연한 일일 수 있다. 사회적으로 필수적인 농업을 비롯해 사회 기반이 되는 일이 무엇보다 중요하고 그런 일을 통해 자아를 실현해

가고 싶다는 소망을 말하는 학생들도 있다.

이런 이야기에서 내리는 결론은 '좋아하는 일을 하며 생계도 해결하는 일이 가장 이상적'이라는 것이며, '자신을 탐구하는 것과 사회 현상을 함께 살피는 공부에 게으르지 말 것'을 당부한다. 아울러 무슨 일을 하든 신뢰를 바탕으로 성실히 임하는 태도의 문제가 중요함을 언급하며 김교신 선생의 글 "최대중요사업"을 함께 읽는다. '민족과 사회와 인류를 위하여 어떤 일을 하는 것이 가장 유익하냐? 내 일생의 천직으로 무엇을 택할 것이냐? — 일의 크고 작음, 요긴함 따위는 보이는 겉모습과 종류에 있는 것이 아니고 그 일을 하는 태도에 달려 있다….'

이야기를 주고받으며 이해도 하지만 어린 학생들이 수용하기엔 현실적으로 어려운 말일 수 있다. 점차 변화해 가고 모르는 새 내면화해 갈 가치이기에 학년마다, 특히 진로 선택을 앞둔 3학년 때는 조목조목 토론하며 점검해 볼 수 있으면 좋겠다.

이찬갑 선생은 1958년 풀무학교 개교기념식에서 "지금까지는 현대문명의 총아인 도시를 중심으로 한 그 도시교육, 선발교육, 물질교육, 간판교육, 출세교육에서 이 인간이 멸망하고 이 민족이 썩어 가고 있었던 것입니다. 그러나 이제부터의 새 교육은 새로운 시대의 총아일 농촌을 중심으로 한 농촌교육으로, 민중교육으로, 정신교육으로, 실력교육으로, 인격교육으로 이 민족을 소생시키고 이 인간을 새로 나게 해야 할 것입니다."라고 건학정신을 밝힌 바 있다. 이러한 정신을 바탕에 두고 정한 '풀무학교 직업 십계'를 창업 후 자신의 진로를 정할 때 중요한 방향으로, 큰 그림을 그릴 수 있는 지침으로 생각하도록 학교의 모든 교육과정에서 살펴 갖추어가게 하면 좋겠다. 이는 학교와 학생들의 책임이자 권리여야 하기 때문이다.

작은 일이 곧 큰일이라는 인식, 작은 일을 제대로 감당하는 사람이 큰일도 충실히 감당할 수 있다는 태도를 생활 속에서 먼저 익히는 것이야말로 진로 결정의 선결 조건이다.

《풀무》지
글로 보는 풀무학교

　학교에서는 계간으로 《풀무》지를 펴낸다. 《풀무》지를 '교지', '학교 소식지'라고 하지만, 정확히는 둘 이상의 성격을 지니는 발간물 같다. 교지라 하기엔 학교 소식을 담거니와 펴내는 주체가 학생들이 아니고, 그렇다고 학교 홍보나 안내물 정도의 가벼운 소식지라고 하기엔 학생들 글, 특강 초록 등 생각할 것이 많은 묵직한 성격도 있어서다.

　학교 업무에 따라 교무부에서 주관하고, 되도록 학교 운영의 주체라고 하는 다섯 바퀴의 일을 골고루 담으려 하지만 대개는 학생 이야기를 중심으로 교직원, 부모님, 수업생들 목소리를 빠짐없이 담으려 노력한다. 봄(1~3월), 여름(4~6월), 가을(7~9월), 겨울(10~12월)에 펴내는 걸 목표로 각각 포함하는 지난 석 달 동안의 학교행사 관련 내용과 참여한 학생들의 생각과 느낌, 새로 오신 선생님들 인사, 문화 특강, 풀무와 나, 창업 소감과 입학 소감, 학원일지 등을 싣는다. 이때 되도록 학교 구성원들 대부분의 목소리가 담기게 한다. 대개 《풀무》지마다 전교생의 반 정도는 참여하게 되는 것 같다. 그렇다고 목적한 만큼 읽히고 제 역할을 하고 있는지 자신이 없어지기도 한다. 그러면서도 당대의 기록과 정리로서도 소중한 매체가 되리라 의미 부여하며 꾸준히 만들고 있다.

해당하는 달 초순에 교무부에서 내용 및 구성에 관해 협의하여 글 쓸 사람들에게 원고 부탁을 하고, 문화시간 강의 원고를 정리하는 등 업무를 나눈다. 원고가 모이는 대로 편집해서 그물코출판사에 의뢰하여 책으로 만든다. 표지는 그림이나 사진으로 해당 호 주제를 상징적으로 표현하고, 무슨 내용을 누가 그릴지는 편집회의 때 정한다. 미술반, 사진반이 있던 때는 그 반에서 맡아주기도 했다.

다른 것도 그렇지만 학원일지 같은 건 특히 학교 역사가 될 기록이므로 되도록 객관적인 서술이 되게 했다. 학생들 글을 포함하여 다른 이들의 글들도 어느 쪽으로 치우치지 않는 보편적인 시각에서 취사선택하려고 신경을 썼다. 명확히 그럴 수는 없는 일이고, 그게 꼭 맞는 것도 아니지만 맘 편히(?) 그런 생각을 할 수 있는 시절이었던 것 같다.

지금《풀무》지는 800부를 제작하여 교직원과 각 학급 학생 수 대로 나누고, 도서부 중심으로 날을 정해 배송작업을 한다. 전국의 재학생 학부모, 주소가 확인된 수업생, 풀무교육에 관심이 있어 받아보길 원하는 사람 600여 명에게 무료로 보내드린다. 남은 것은 보관해 두었다가 학교를 방문하는 손님들에게 학교 안내용으로 드리거나, 설명회 등 학교행사 때 나누기도 한다.

'풀무'라는 이름은 1989년부터 썼다. 당시엔 편집과 인쇄를 읍내 인쇄소에서 했고, 늘 비용 문제를 고민했기에 되도록 원고를 줄이며 작은 글씨로 행간을 좁게 편집했다. 그때는 전국적으로 교육을 걱정하는 분위기가 이어졌고, 문제 많은 교육의 대안으로 대안학교를 구상하는 이들이 많았는데, 풀무교육의 이론적 배경이나 교육철학을 공유하려는 요구가 넘쳤다. 홍순명 선생은 이와 관련하여 교육의 이상을 연구하는 분으로 널리 알려져 강의도 많이 하시고 교육잡지나 기독교 관련 잡지에 글도 자주 쓰셨다. 이런 글이 《풀무》지에 먼저 실리거나 나중에 실리거나 하여, 당시 대두된 문제들의 답처럼 여겨져서 《풀무》지는 중요한 읽을거리가 되었다. 또한 대안학교를 구상하며 풀무학교 교육과정과 일과시간 운영 등을 배우겠다고 오는 탐방객들이 많았는데, 오랜 세월이 흘러 주소 확인이 어려운 경우도 있지만, 주소를 남기며 《풀무》지를 받아보고 싶다는 분들께는 꼭 보내드렸다. 이 무렵 홍 선생이 《풀무》지에 실었던 글이 나중에 『풀무학교 이야기』, 『들풀들이 들려주는 위대한 백성 이야기』 등 단행본으로 출간되었다.

그전에 나온 《풀무》시 비슷한 성격의 잡지는 1970년부터 시작한 격월간 《새벽별》이었고, 지금처럼 우편 배송을 하지는 않은 것 같다. 초창기엔 문집반에서 등사기로 밀어 《불꽃》이라는 문집을 낸 적이 있고, 그 뒤로도 부정기적이지만 글 쓰고 읽을거리를 펴내는 일은 꾸준히 이어졌다. 인문과 실질의 균형을 이상으로 하는 학교 정신의 면면한 흐름이라고 믿고 싶다.

다시 《풀무》지 이야기로 돌아와 배송 관련 이야기를 해본다. 아까 썼듯, 손님들이 요청해 주소가 쌓이고 수업생들 주소를 확보하면 그들이 배송 대상자가 된다. 처음에는 일간신문 배송에 쓰는 띠지에 반으로 접어 보냈다. 타자기나 컴퓨터 자판으로 입력하기 전엔 주소를 다 손으로 썼다. 처음 이 일을 맡아 하던 사람은 이 번거로운 일을 어떻게 하느냐는 물음에 그 사람 얼굴을 떠올리며 한 글자씩 쓰니 오히려 좋다고 했다. 지금이야 낭만으로 여겨지는 일이지만 부수나 쪽수로나 양이 적어서 가능하던 시절이기도 했다. 《풀무》지를 반으로 접어 엉덩이로 깔고 앉아 납작하게 누른 뒤 띠지에 넣어 우체국으로 가져가던 시절. 이때 수업생들은 《풀무》지를 받으면 학원일지부터 찾아 읽으며 일지에 적힌 내용을 구체적으로 상상하면서 학교를 그리워했다는 말을 전하기도 했다. 우편함에서 뜯어 집 앞까지 걸어가며 읽었다는 말과 함께.

전교생이 생활관 생활을 하며 학교생활이 궁금한 재학생 학부모를 포함하게 되어 우편 발송 부수도 늘어나고, 《풀무》지 쪽수도 많아져서 여러 어려움이 많았는데, 다행히도 컴퓨터로 내용을 편집하고 배송관리도 하면서 일이 조금 수월해졌다. 학교 밖 사회는 그런 흐름이 훨씬 빨랐고, 풀무도 그런 흐름을 탔다. 가령, 배송 봉투는 자동화 시스템에서 주문해서 쓰고 있다. 수첩에 적으며 챙기던 주소는 주소정리 시스템으로 관리하고, 접착라벨로 출력한다. 봉투에 주소 라벨을 붙인 뒤 《풀무》지를 넣고 접착 부분을 봉하기만 하면 된다. 무게에 따라 달라지는 우편 배송료도 큰 부담이었는데, 잡지 배송처럼 조금 할인받으며 일괄 지불하고 있다.

도서부 학생뿐 아니라 교내봉사활동 인정 영역이어서 그런지 배송작업엔 많이들 참여한다. 빠른 손놀림으로 아름다운 협력을 배운다. 가끔 자기 집 주소나 아는 언니 이름이 나오면 즉석 편지도 써넣는다. 알게 모르게 《풀무》지가 나오는 것에 자부심이 있고, 자신의 글이라도 실리면 그런 마음은 더 커지는 것 같다. 과정이 조금 더 불편해도, 편집이 좀 촌스러워도 꼭 필요한 내실 있는 읽을거리여서 읽는 사람들 마음을 울리는 품격있는 《풀무》지로 이어가길 기대한다.

덧붙이는 213호 "펴내는 말"로 《풀무》지의 목적, 기능, 내용을 되짚어 본다.

펴내는 글

새 학년도를 시작한 지 한 달이 되었습니다.

그동안 학년마다 나름의 빛깔대로 참 열심히들 살았습니다. 맏언니 노릇을 하느라 여러 자리에서 바쁘고 힘들었을 3학년들부터 각각의 상황과 처지에 맞게 자리 잡느라 애써온 2학년, 1학년 모두 귀한 시간을 보냈습니다. 이제쯤은 조금씩 새로움은 익숙함이 되어 편안할 수도, 신선하던 것은 당연한 일처럼 여겨져 심하면 지루할 수도 있을 것입니다.

그러나 자연과 사람의 일 모두는 겉보기에 맥없는 반복 같지만 어느 것 하나도 같은 반복은 없습니다. 그 반복 같아 보이는 것들에 무한한 힘이 있다는 것을 알고, 그런 겉보기에 지치지 않는 힘을 안에서부터 끌어낼 수 있어야겠다고 생각해 봅니다.

《풀무》지 213호를 펴냅니다.

1월부터 3월의 학교 이야기를 담는 '봄'호로 3월 말에 나와야 하는데, 이런저런 사정으로 늦어져 죄송합니다.

올해엔 일도 나누고, 글을 모으거나 편집하는 데서 다양성을 살려보고, 고정된 듯한 시각도 좀 다르게 해보자는 뜻으로 여럿이 함께 참여했습니다. 이런 앞뒤 사정을 알리고자 '엮은이'가 아닌 '펴내는 이'의 글을 씁니다. 다음 호부터는 실제로 엮은이의 글을 보시게 될 듯합니다.

《풀무》지 전체적인 틀은 유지하되 실은 내용 협의와 원고 부탁, 정리도 교무 교사들이 나누어서 했고, 편집은 배지현 선생이 했습니다.

표지는 여전히 미술반에서 맡아주었는데, 올해는 미술반에서 몇 명씩 나누어 계절별로 한 번씩 구성한다고 합니다.

오 선생님이 입학식에서 새내기들에게 하신 당부와 새로 오신 선생님들 인사로 선생님들 글을 대신합니다. '성서 위의 학원' 난에는 집회 때 이재혁 님과 공부한 주기도문 관련 말씀을 싣습니다.

학생들 글은 늘 그렇듯 '봄'호의 주인공인 새내기들의 '풀무에 첫발을 디디고'가 있고, 독서기록장, 생각공책 등에서 함께 보면 좋을 글 몇 편을 골라 실었습니다.

그리고 겨울방학 동안 진행한 3, 2학년 대상 진로캠프와 농진로 캠프의 취지와 내용 소개, 참가한 학생들의 소감을 실었습니다. 늘 생각이 많은 진로 문제를 어떻게 해야 하나 돌아볼 수 있을 것입니다. 문화시간 특강 또한 공부뿐 아니라 진로 문제와 연관이 있는 내용이어서 조금 줄여 실었습니다.

한동안 쓰지 않았던 '풀무와 나' 꼭지를 살려 풀무와 오랫동안 인연을 맺어 오신 권술룡 님께 부탁드려 귀한 글을 받았습니다. 한 사람이 맺은 인연의 뿌리와 줄기를 돌아볼 수 있게 해 주셔서 고맙습니다!

또한 겨울방학 교사연수 때 홍 선생님께서 말씀하셨던 '미리 다녀온 2020년의 풀무학교'를 정리해 주셨습니다. 현재를 중심으로 과거와 미래가 연결되어 있는 듯한 시간의 의미를 돌아볼 수 있으리라 생각합니다.

이 시대의 보통의 읽을거리와는 좀 다른 《풀무》지의 의미와 역할은 무엇일지 고민하겠습니다. 읽는 분들의 관심과 의견도 부탁드립니다. 아울러 이곳이 건강하고 당당하게 살아가는 학교 공동체가 되고, 여기 사는 이야기가 조금씩 퍼져 세상의 보편적인 것이 될 수 있으면 참 좋겠습니다.

생명의 부활이 찬란하게 일어나는, '천국의 계절'이라고도 하는 이즈음, 죽은 것 같던 땅과 나무에서 피워 올리는 꽃과 잎들처럼 숨겨진 진실이 모양 갖추어 피어나길, '티 없이 맑은 영원의 하늘' 볼 수 있기를, 마음 모아 빕니다.

(2015. 4. 9.)

학교 소식지 《풀무》. 계간으로 발행하여 학생, 학부모, 수업생은 물론 교육에 관심이 있어 받아보길 희망하는 사람들에게 무료 배송한다. 현재 240호(2022·여름)까지 나왔고, 학교 누리집에 파일로 올려져 있다.

풀무골 소식
학교 누리집에서 본 지난 10년
(2010, 2021학년도)

　풀무골 소식은 학교 누리집이 생기며 시작되었다. 뭐든 변화의 바람이 불어들 땐 두렵고, 저항과 경계도 하게 된다. 그중 하나가 컴퓨터. 이 컴퓨터야말로 나같은 사람에게는 거의 '괴물'같이 등장했고, 학교 사회로도 컴퓨터 속도만큼이나 빠르게 들어와 자리를 잡았다. 컴퓨터 용어, 사양 등 관련 내용을 거의 이해하지 못하며 기계적으로 접근할 수밖에 없었고, 관련 기술은 하루가 다르게 작동하기 쉽도록 진화해 오늘까지 왔다. 내가 메일로 소식을 주고받기 시작한 것은 2002년이고, 학교 업무는 2003년부터였던 것 같다.

　학교에 누리집을 만든 것은 2003년인데, 그즈음은 정부 정책으로 정부 종합 행정 전산망을 만들어 운영하며 그 일환으로 학교의 각종 행정 처리를 전산화하도록 하는 일이 마무리되었다. 그 서버가 지금의 골방에 있었고, 학교의 심장인 양 여기며 귀하게 대하던 일이 기억난다. 모르면 두려우니까!

　기술, 돈 모두 쉬운 일이 아니어서 고민도 컸다. 재능 있는 정민철 선생 지원으로 학교 누리집을 만드는 등, 학교는 컴퓨터 관련하여 많은 도움을 받았다. 그렇게 학교별로 운영하던 누리집은 2012년부터 교육청에서 주관, 통합해 운영하고 있다. 처음엔 모두 신기한 가상의 공간이어서 방학을 맞이하는 선생님 말씀이며 학생들이 생각공책에 쓴 글도 자주 올렸다. 특히 자유게시판엔 학생들이 무기명·기명 할 것 없이 자유롭게 글을 많이 올렸다. 방학엔 10가지 약속 관련 토론장이 되기도 했는데, 그에 따른 장단점과 부작용 등을 주제로 큰 논의거리가 되기도 했다. 물론 지금은 실명 인증을 해야 글을 작성할 수 있다. 여러 이유가 있겠지만 학생들은 거의 찾지 않고, 학교 알림 정도가 자주 올라가는 공식적 통로로 쓰이고 있다.

2003년에 처음 올리기 시작한 풀무골 소식과 풀무 소식지는 지금까지 꾸준히 계속하고 있다. 풀무골 소식은 대략 한 달 동안의 소식을 부모님을 비롯해 학교 소식이 궁금하신 분들을 대상으로 쓴다. 그때그때 일어난 일에 대한 걱정이나 생각, 교육현장에서 지향해 갈 방향을 담기도 한다. 대개 한 달, 1년이 비슷하게 운영되지만 협의를 거쳐 바꾸기도 한다. 그런 모습대로 역사가 되어 오늘을 이어간다. 참고로 2010년과 2021년에 올린 풀무골 소식을 옮겨본다. 앞에 서술한 항목들이 달마다 어떻게 이루어지는지도 살펴볼 수 있는 자료가 되리라 생각해서다. 아울러 현재를 기준으로 10년 전은 어떠했는지 살펴보며 일관되게 실천하는 일들과 변화한 일을 찾아보고, 바람직한 방향도 함께 생각하면 좋겠다.

2010학년도

학교의 새해 3월, 다시 새롭게

3월 8일(월) 생활관 남녀모임
10일(화) 3학년 전국연합학력평가
11일(목) 문화—이경란 님('학교와 지역')
18일(목) 전교회의 생활관 총회
19일(금) 풀무 하나되기(새내기 환영모임)
24일(수)~26일(금) 일본 자매학교 애진학생 방문
26일(금) 식목행사
27일(토)~28일(일) 학우회 운영위원 연수

"이젠 정말 내 반성, 내 회개로써 그 영원의 것으로 다시 나는 것이어야 하며, 거기서 오는 참 근본의 것, 참 새로운 것으로 비롯하지 않으면 아니 된다."

이찬갑 선생 문집에서 옮겨온 말입니다.

1951년 봄 새싹 움터나는 봄에 쓰셨다는 글 가운데 있는데요, 새내기뿐 아니라 우리 모두 각자의 자리에서 새로워진다는 것이 무엇인가, 날마다 새날로 맞아 사는 태도는 어떠해야 하나 생각해 봅니다.

지난 3일 입학식(예배)을 했습니다.

모든 게 낯설고 어설픈 1학년들은 "밝았습니다!" 인사도 힘차고 어떻게든 열심히 살아보려 맘먹는 대견한 모습입니다. 2, 3학년들도 새 학년이 되어 다짐한 대로 각자의 자리에서 언니의 삶을 잘 감당해 가고 있습니다. 홀로 그리고 여럿이 함께 살아가야 하는 삶을 제대로 배워나갈 수 있길 바랍니다. 어떤 경우든 감당할 힘을 구하며 삶의 주인이 되어가면 좋겠습니다.

위에 3월 한 달의 주요 일정을 적었습니다.

문화시간 2시간 격주 운영, 1학년 요가 등 지난해와 운영이 달라진 것도 있고, 생활관 엄마가 바뀌고 특수 선생님이 오시는 등 인적 변화도 있습니다.

또 이번 주부터는 계발 활동, 주5일제 토요일 수업도 시작할 예정입니다.

각 동아리는 전체 소개에 이어 각 동아리별로 자세히, 널리 알리는 중이니 곧 새내기 회원들을 모을 것입니다. 모쪼록 서로의 조화 속에서 계획한 대로 순조롭게 이루어지길 바랍니다.

'우리에게 누군가에게 다가가 기쁨이 되고 희망이 되라고 재촉하는' 봄,
서로에게 봄 같은 마음, 봄 같은 사람이 되어 볼 꿈을 꾸며 살아가면 좋겠습니다.

▶▶▷ 4월을 맞이하며

3월   31일(수) 식목행사
4월   1일(목) 문화—박성자 님('슬로푸드')
       4일(일) 부활절 예배
       5일(월) 김강산 군(42회) 교육실습 시작
       13일(화) 3학년 전국학력평가
       15일(목) 문화—한재훈 님('고전의 의미')
       23일(금) 개교 52주년 기념일

기후도, 사람 일도 스산한 가운데 기어이 봄은 산수유, 수선화 노란빛으로 오고 있습니다. 학교의 새해 같은 3월 한 달을 바쁘게 달려와 4월을 코앞에 두고 있습니다.

회의 등 자세한 일정은 교사회의에서 검토해야 하기에 정해진 것만 위에 적었습니다. 지난주엔 자매학교인 애진학교 평화여행단이 다녀갔고, 이번 주엔 학교 둘레 환경을 가꾸고 살피는 식목행사가 예정되어 있습니다.

새내기들도 이제 풀무골 어디서든 그럴듯한 자취를 남기며 맡은 책임을 절감하며 (?) 열심히 살고 있습니다. 2·3학년들도 각자의 자리에서 자신의 몫을 다하려 애쓰며

지냅니다. 축사당번, 한복짓기, 생활반, 공부시간 발표… 참 할 일이 많지만 하는 공부와 일에서 의미를 찾으며 주체적으로 살려고 마음먹는 모습이 대견하고, 때론 감동적이기까지 합니다.

엊그제 교사 공부모임에서는 임세영 선생님과 함께 학교의 역사 속에서 논의되어 온 풀무교육의 이상과 목표를 정리하고, 그것들이 각 교과와 할 일들 속에서 어떻게 이루어지고 있는지 이야기 나누었습니다. 그리고 선생님들이 생각하는 교육목표를 신앙, 사랑, 평화, 농업과 생태, 생활실천 등의 영역별로 수렴해 보았습니다. 임 선생님은 교과와 업무에 그 목표는 어떻게 반영되어 있고, 그것을 어떻게 구현해 가는지 사례를 만들어보면 좋겠다고 정리해 주셨습니다.

이런 일들이 풀무교육의 뿌리와 줄기를 잡아가는 꼭 필요한 과정으로 의미있게 쓰일 수 있으면 좋겠습니다.

이번 주 문화시간(4월 1일)에는 슬로우푸드 문화원에 계신 박성자 님을 모시고 우리 음식문화를 돌아보는 말씀을 들으려 합니다. 먹는 게 사람이라고 할 만큼 중요한 음식을 어떻게 먹고 있으며 먹을 것인가에 관심이 있으신 분들은 함께 들으시면 좋겠습니다.

올해부터 2시간, 격주로 운영합니다. 늘 시간이 모자라는 문제를 해소하기 위해 정한 것인데, 더 많은 분을 만날 수 없어 아쉽지만 알찬 내용으로 진행되리라 생각합니다. 11시 시작, 12시 50분까지 2시간입니다.

앞으로도 문화시간에는 지역에 계신 분들이 함께 오셔서 들을 수 있으면 좋겠습니다.

우리가 처한 현실을 예민하게 읽으며 생각하며 사는 사람으로 살아야겠습니다. 현실에 무감하고, 진리를 사유하지 않는 것이 곧 죄악임을 새겨보아야겠습니다. 이번 주는 무엇보다 생명의 부활을 생각해야겠습니다.

4월   16일(금) 생활관 문화행사 꽃길 걷기

22일(목) 헌혈, 전교회의(학교교육목표 공동학습)

23일(금) 개교 52주년 기념일(예배, 특강)

27일(화)~29일(목) 1차 고사

5월   7일(금) 어버이와 함께

조금 전 생활관 총회를 마쳤습니다. 학생장들 사회로 남녀모임, 야식 문제를 중심으로 의견을 나누었습니다. 미리 설문을 해서 모은 의견을 바탕으로 나눈 이야기는 '한 달에 한 번 하는 남녀모임은 서로를 알아가는 기회가 되어 좋다', '야식(바깥에서 들어오는 음식-소문난 분식 포함)은 문제가 많으니 자제하자'는 정도였습니다. 학생들에게 요일과 시간을 정해 간식을 제공하는 방안, 식당 음식 개선 등은 식당모임에서 논의하기로 했고, 그밖에 소소한 의견이 많이 나왔습니다. 모든 문제의 근간을 우리 집, 우리 식구라고 생각하는 데 두면 참 좋겠습니다.

오늘 문화시간에는 젊은(?) 훈장님 한재훈 선생님을 모시고 '동양고전에서 말하는 배움'이라는 주제의 말씀을 들었습니다. 진정한 배움의 의미, 배움은 어떻게 일어나는가, 어떻게 살아야 하는가를 생각하게 하는 참 귀한 시간이었습니다. 학생들이 강의 후기를 쓴 게 있으면 올리겠습니다.

요즘 학우회에서는 개교기념일을 앞두고 교육목표 공동학습을 하고 있습니다. 학급 모둠끼리 아침저녁 여기저기서 만나 이야기하는 모습을 보며 기특하다는 생각이 듭니다. 일상에서 이미 당연한 듯 실천하며 지내다 보면 그런 게 있는지조차 생각하거나 느끼지 못하는 풀무의 교육 '목표' 같은 걸 공부하며 그 과정에서 자신의 위치를 생각할 수 있기 때문입니다. 역시 자각은 자존을, 자긍을 주는 것 같습니다. 이 내용은 다음 주 전교회의 시간에 모둠별로 발표한다고 합니다.

개교기념일에는 10시부터 기념예배를 드리고, 10시 30분부터 고등부 3회 수업생 주정오 언니의 특강을 들으려 합니다. 52주년을 맞이하는 날, 초창기 수업생의 재학 당시 회고와 학교의 존재 의미를 새겨보는 일은 뜻깊은 일이라 생각합니다. 가까이 사시는 수업생들은 함께 학교 생일을 축하하며 처음 마음을 돌아보아도 좋겠습니다. 오후에는 풍물동아리의 공연이 있습니다.

다시 알리겠지만, 부득이 5월 어버이날 행사를 7일로 바꾸었습니다. 학부모님들께서는 일정계획에 참고하시기 바랍니다.

내일은 예정대로 생활관 문화행사인 꽃길 걷기 행사를 하려고 합니다. 날이 추워 아직 꽃은 덜 피었지만 여러 일정으로 미루기 어렵다는 의견에 따라 진행합니다. 화신리 저수지 둑까지 벚꽃길을 따라 걸어가서 주먹밥으로 함께 저녁을 먹고 학급끼리 친목을 다지고 옵니다.

날씨도, 사람들의 여러 일로도 많이 스산하지만 목련이 피고, 복숭아꽃, 살구꽃, 진달래까지 꽃대궐을 만듭니다. 그 감격 새기며 날마다 새날인 것 고맙게 생각해야겠습니다. 우리의 존엄성은 생각에서 오는 것임을 믿고 우리 스스로의 격을 높여가야겠습니다.

▶▶▷ 새달 6월도 내 삶의 주인으로…

6월   3일(목)~5일(토) 1학년 수련활동, 2·3학년 모내기
5일(토)~12일(토) 2학년 수학여행(중국)
7일(월)~8일(화) 영농학생경진대회
10일(목) 3학년 수능 모의평가
15일(화), 18일(금) 조경·종자 기능사 시험
17일(목) 독서발표, 2학년 간담회
18일(금) 장학지도
24일(목) 문화—권정숙 님('인권, 여성'), 전교회의, 교사공부모임

아이들이 6월을 '물 젖은 솜 같은 달'이라 이름 지은 적이 있지만 아직은 바람과

신록이 좋은 싱그러운 때입니다. 멀리 산과 들에 찔레꽃과 아까시꽃이 만발했고, 학교 정원에도 때죽, 산딸나무 등 흰 꽃이 한창이고, 들판엔 1주일여 사이 모내기가 거의 끝나갑니다.

어제 교사회의에서 상의한 6월에 하는 일들의 대강을 위에 적었습니다.

날짜가 아직 정해지지 않은 학부모진로지도를 비롯하여 빼놓은 것도 많아 6월 한 달도 여러 가지 일로 숨 가쁘게 지날 듯합니다.

특히 6월 중에 강당 바닥공사가 예정되어 있어 우리가 하는 일들의 내용을 채워가는 데 놓치는 것 없도록 정신 차려야겠습니다. 차분하게, 긴밀하게 챙겨가야 하리란 생각이 듭니다.

1학년은 이번 주에 청소년과 놀이문화연구소에서 주관하는 수련활동에 참여하고자 충북 증평으로 떠납니다. 그동안 학교에서 사느라 지치고 힘든 것들 내려놓고 서로 귀한 존재라는 것을 새롭게 배우고 깨닫는 기회가 되리라 생각합니다.

2학년들이 떠나는 먼 여행길 또한 소중한 경험이 될 것입니다. 우리 조상들의 자취를 더듬으며, 평화를 기도하며, 갈라진 나라로 사는 아픔을 이겨낼 소망과 의지를 키우게 되겠지요. 여러 사람의 수고와 협력 속에서 그렇게 간섭하고 섭리하시는 힘을 느낄 수 있으면 좋겠습니다.

3학년들은 요즘 모내기를 두 차례 했고 이번 주에 마무리합니다. 진로와 창업논문을 구체적으로 생각해야 하고, 새로운 기대와 희망으로 첫발을 뗀 3학년 생활을 더듬어 이제 1학기 내리막길까지 알차게 걸어가야겠지요.

날마다 만나는 성경을 비롯해 책, 교과공부, 실습시간 활동, 생활관에서 하는 당번 등 여러 활동, 음식, 만나는 사람들, 눈을 기쁘게 하는 자연… 이 모든 것, 이 모든 과정이 모르는 사이 우리를 자라게 할 것입니다.

세상 돌아가는 일 하나하나, 나와 관련되는 일 하나하나를 깊이 생각하며 주인이 되며, 관성이 아닌 마음으로 다가가는 습관을 들이면 좋겠습니다. 6월의 역사를 짚으며 겨레 생각도 많이 해야겠습니다. 민주주의와 자연 생태계를 위한 기도도 할 수 있어야겠습니다.

무엇보다 자기 자신을 변화시킬 생각을 중심에 두고, 자신을 포함하여 둘레 모든 것에 공감, 동정, 존경, 사랑의 마음을 품고 살아가면 참 좋겠습니다.

▶▶ 시나브로 학기말~정신 차려!

6월   18일(목) 문화―학생독서발표, 2학년 속말나눔(간담회)
      21일(월) 이웃돕기 금식, 1학년 건강검진
      22일(화) 2학년 수학여행 발표, 학부모진로지도―교육(류지남 님: 42회 하늬
            아버지)
      24일(목) 문화―권정숙 님(여성, 인권), 전교회의, 교사공부모임, 학부모진로
            지도―농업(한주희 님: 43회 지영 아버지)
      25일(금) 생활관 문화행사―숨은 친구 찾기, 생활관 소방안전훈련
      28일(월) 학부모진로지도―방송(최상일 님: 39회 덕렬 아버지)
      30일(수) 학부모진로지도―문화(이윤신 님: 31회 수업생)
7월   5일(월)~7일(수) 2차고사 예정

맑았습니다!
다가올 장마를 알리듯 며칠째 후텁지근하고 흐릿한 하늘이 이어집니다. 자연이든 사람의 일이든 풀무인사처럼 '맑았으면' 참 좋겠습니다.

다음 주부터 하려는 학부모진로지도 일정을 비롯하여 대강의 할 일을 위에 적었습니다. 작은 학교지만 하루도 그냥 지나는 날은 없는 듯, 바쁜 일 많습니다. 같은 날을 사는 것 같아도 같은 날은 결코 없다는 이치를 자연스럽게 배우고 몸으로 느낄 수 있으면 좋으련만, 모두들 어떤지 모르겠습니다.

이번 학부모진로지도는 예년과 달리 학부모회와 학우회 중심으로 준비했고, 강의도 선택의 어려움을 덜고 내실 있게 하고자 하루 한 강좌씩만 배치했습니다. 인생의 진로를 정하기 위한 가치관 정립과 실제적인 준비도 생각해 볼 유익한 기회가 되리라 생각합니다. 귀한 시간 내주시는 전 학부모님을 포함하여 수업생까지, 함께 만들

어가는 학교를 바라며 마음 써 주시는 것을 고맙게 생각합니다.

관심 있는 분들은 함께하셔도 좋을 듯싶습니다.

저녁 8시 시작, 1시간 반에서 두 시간 정도 진행됩니다.

다음 주에는 2학년들이 멀리 중국 땅으로 학습기행 다녀온 수학여행 결과를 발표하고, 바쁜 가운데서도 생활관 문화모둠에서는 전교생 숨은친구 찾기도 합니다. 여기저기 따뜻한 인사말을 써 붙인 것도 보이고, 청소를 몰래(?) 해주는 선행도 보입니다.

다음 주말까지는 미처 하지 못한 과제를 해결하도록 독려하고 있습니다. 성큼 다가온 듯한 학기말 분위기입니다. 때 이르게 유행한다는 눈병으로 집에 가 있는 1학년들도 어서 돌아오면 좋겠고, 자칫 걸리기 쉬운 여름감기에도 더욱 유의해야겠습니다. 날이 더워지고 쉽사리 의욕을 내기에 몸이 무겁지만 그럴수록 힘을 내야겠습니다.

온 나라, 아니 온 세계가 월드컵 축구판 같습니다. 이 기회에 스포츠와 정치, 언론과 일상생활에 대해 공부할 수 있으면 좋겠습니다. 축구공은 둥글고, 지구도 둥글고, 운동장은 평평하듯 우리 삶의 모습도, 희망도, 웃음까지도 그리 되면 얼마나 좋을까 기원하면서 말이지요. 다 같이 정신 차립시다!

▶▶▶ 방학을 앞두고 — '더위 극심하고 때로 큰비도 오는 때'

7월   5일(월)~7일(수) 2차고사

7일(수) 풀무제 주제 정하기, 금연·금주 교육

8일(목) 3학년 모의고사, 1학년 간담회, 생활관 남녀모임

9일(금) 밴드 동아리 'x-풀무' 정기공연

13일(화) 고 주옥로 선생 9주기 추모예배

16일(금) 전교회의(1학기 평가 등)

17일(토) 종업예배

18일(일) 2학년 현장실습지로~

19일(월)~20일(화) 교사 수업평가 및 교육과정 평가회의

북미 원주민 중 어느 부족은 7월을 '말없이 거미를 바라보게 되는 달'이라 했다는데, 오늘같이 더운 날은 그렇게라도 마음을 다스려야 할 듯합니다.

날이 축축하게 더워 빨래도 안 마르고, 머리까지 찌뿌둥하고, 작은 일에도 짜증 나기 쉬우니까요. 그래도 가끔 부는 바람에 흔들리는 짙은 초록빛 나무들이 여간 위로가 아닙니다.

학생들은 오늘부터 1학기를 마무리하는 정기시험(2차고사)을 보고 있습니다. 시험이 어렵다느니, 오늘 시험 때문에 공부할 기분이 영 아니라느니 하면서도 생활반, 설거지 등 할 일 하며 씩씩하게 지내는 모습입니다.

방학 전 일정을 위에 적었습니다.

다음 주 토요일 방학하기 전까지 대청소, 생활관 방 옮기기 등 위에 적지 않은 할일도 무척 많습니다. 걱정과 염려로 될 일은 없다는 것, 그저 한 걸음씩 할 수 있는 만큼 움직여야 한다는 것, 뭐든 마음으로 하는 것은 중요하다는 것을 다시 배울 기회라 생각합니다.

2학년들은 방학하며 현장실습을 떠나야 하므로 그런 생각이 가장 크겠지요. 장소를 정하는 등 그동안 준비해 온 대로 다녀오면 될 것이니, 실습지에서 열심히 일하리라 다짐하며 실습 후 성장한 자신을 기대하며 기쁘게 맞이하면 좋겠네요.

13일(화)에는 10시 30분부터 샛별 주옥로 선생님 제9주기 추모모임이 있습니다. 샛별 주옥로 추모사업회가 주관합니다. 수업생을 비롯하여 관심 있는 분들은 함께 참석하시면 좋겠습니다.

지난주부터 강당 바닥공사로 아침예배, 저녁모임, 집회 등 함께 모이는 모임은 모두 식당에서 하고 있습니다. 염려되는 것이 많지만 여럿의 협력으로 잘 지나가고 있습니다. 다음 주 방학하면서는 교실바닥까지, 이어서 그동안 좁아서 고민해 오던 도서실 리모델링 공사도 할 예정입니다.

둘레 환경이 바뀌는 것이 불편하기도 하고, 더구나 그 과정이 번거롭고 쉽지 않은 일이지만 언젠가 딛고 가야 할 것이라 생각하며 모두 힘을 내야겠습니다. 그렇게 서로 기운을 북돋우며 함께 살아가기에 좀더 나은 곳이 되도록 해야겠고요.

'큰비도 때로 오고 더위도 극심하며, 초목이 무성하니 파리 모기 모여드는 때(농가월령가 유월령 중)', 주어진 어떤 환경에서든 자신의 태도와 길을 선택하는 것은 자신이 지닌 고유한 자유라는 것을 확실하게 알고 살아가면 좋겠습니다.

너무 '내 탓이요' 해도 문제겠지만, 지구상의 인간 존재의 위치를 생각하며 살아야 할 이유는 무척 많다는 생각이 새삼 듭니다. 존엄한 존재로서 나는 어떻게 존중받으며 어떻게 살아야 할 것인가, 조용히 그런 생각을 하며 다시 힘을 내면 좋겠습니다.

▶▶▶ 방학, 더위를 이기며 나를 이기며~

7월 24일(토)~29일(수) 2학년 현장실습지 순회지도
      30일(금)~8월 1일(일) 여름성서집회(문당리 환경교육관)
8월 1일(일) 2학년, 현장실습지에서 집으로
      4일(수)~ 동아리 '한마당' 등 각 동아리 자체 연수
      19일(목) 2학기 개학

지난 17일(토)에 여름방학식을 했습니다.
2학년들은 18일(일) 현장실습지로 떠나 19일(월)부터 실습을 하고 있습니다. 더위 등 자연조건과 낯선 곳의 환경, 그리고 자기 자신과 싸우며 조화를 이루며 살아가느라 고생일 것입니다. 떠나기 전 다짐하는 말로 표현했던 '처음 마음'을 어려울 때마다 새기며 지내리라 생각합니다. 1학년, 3학년들도 나름대로 세운 계획대로 푹 쉬기도 하며 보람 있는 시간 보내고 있겠지요.

선생님들은 19일 수업평가회를, 20일엔 1학기 교육과정 운영의 전반 평가를 했으며, 21일에는 현장학습 차원으로 강화도 나들길 걷기와 산마을고등학교 방문을 하고 왔습니다.
방학은 학생뿐 아니라 선생님들에게도 매우 소중한 시간입니다. 그동안 해 오던

일에 지쳐 관성적으로 임할 수도 있을 즈음, 지나온 길과 다가올 일을 새롭게 새기는 기회로 잘 써야 하기 때문입니다. 학생, 선생님 모두 그때그때 할 일 미루지 말고 잘 참고 견디며 머무는 곳마다 머무는 시간마다 주인이 되면 좋겠습니다. 아무리 상황이 복잡하고 어려워도 변화와 성장은 지금 내가 처한 그 자리부터 시작하며, 주인의 마음으로 하는 것밖엔 없다는 생각을 다시 해 봅니다.

위에 적은 대로 현장실습지는 24일부터 실업부 선생님들이 지역별로 나누어 돌아보십니다. 2학년들이 실습을 마치며 각 동아리는 형편 되는 대로 연수를 합니다. 구체적인 일정은 학교 누리집 오른쪽에 글이 올라와 있고, 동아리마다 알릴 것들도 누리집을 통하는 듯하니 참고하면 좋겠습니다. 재학생, 창업생 집을 이용하는 경우가 많은데, 방학식 날 전달한 대로 폐가 되지 않도록 주의하며 감사하는 마음으로 예의 바르게 처신하는 건 기본이지요. 계획대로 실천하는 것을 포함하여 그에 따르는 여러 가지 일도 차질 없이 해야 할 테고요.

학교는 본관 마룻바닥을 17일부터 뜯어내기 시작하여 지금은 공사가 한창입니다. 뜯어낸 나무를 치우면 흙을 채우고 바닥을 까는 등, 새롭게 하는 일이 진행되겠지요. 계획대로 개학 전에 모든 일정이 순조롭길 바랍니다.

요즘은 은겨레 군이 실습장학생 당번이고, 행정실 선생님들은 공사 때문에 더욱 바쁘십니다. 학교엔 무궁화, 붓들레아, 나리꽃, 원추리 등 고운 꽃들이 환하게 피어나고 있습니다. 방학이면 고요히 풀과 나무가 꽃을 피우며 주인 노릇을 했는데, 이번 방학은 공사로 기계 소리를 자주 듣게 될 듯합니다.

파란 하늘과 구름, 길찬 나무들을 볼 수 있어 고맙습니다. 보이는 것 너머 작고 큰 것의 존재를 알고 느낄 수 있으면 좋겠습니다. 말하지 않는 것도 들으며, 할 수 있는 대로 서로에게 힘과 위로가 될 수 있기를 빕니다. 짜증 날 수 있는 더운 여름이어서 더욱…

8월   19일(목) 개학

      25일(수)~9월 9일(목) 수능 원서 작성

      26일(목) 2학년 현장실습 결과 발표

9월   2일(목) 3학년 수능 모의평가

      9일(목) 문화—최병성 님('강과 우리의 삶')

      11일(토) 2011학년도 입학희망자를 위한 학교설명회

예정대로 한 달 동안의 짧은(?) 여름방학을 마치고 지난 19일부터 2학기를 시작했습니다. 무더운 날은 계속되고, 비도 잦고, 유난히 덥고 힘든 여름이었습니다. 학교는 방학 내내 공사를 했지만 도서실 재구성 등 아직 마무리가 덜 된 상태입니다. 날씨도 순조롭지 않은 데다 교실 바닥공사 일정이 좀 늦어지며 그리 되었다고 합니다.

2학기를 맞아 학생들을 좀 덜 힘들게 하려고 짐을 옮기고 청소도 하며 마음을 썼지만 학생들 손을 당할 만한 게 없는 것 같습니다. 어제까지 교실과 강당을 들어앉을 만하게 정리하고, 방학 내 자란 학교 둘레와 실습지의 풀들과도 씨름하고 있습니다. 힘들지만 살아가는 이치가 담긴, 어찌 보면 엄숙하기까지 한 일입니다. 당연한 듯 다른 생명의 힘으로 살며 다른 이의 고통에 아랑곳하지 않고 이기적이기만 한 게 우리 사는 모습이니 말이지요.

8월 말에서 9월로 이어지는 이 시기는 날씨도 일도 어정쩡하고 의욕을 내기 쉽지 않은 것 같습니다. 슬기롭게 9월로 건너가도록 힘을 내야겠고, 이럴 때일수록 시간 활용을 잘하는 지혜를 구해야겠습니다.

위 일정에서 보듯 3학년들은 곧 수능 원서를 써야 하고, 대입을 희망하는 사람들은 수시모집 날짜도 놓치지 않아야겠습니다. 일상에서의 언니 노릇을 넘어 자기를 책임지는 소중한 기회로 맞이할 수 있으면 좋겠습니다.

2학년들은 방학 동안의 현장실습 과정을 통해 부쩍 자랐으리라 생각합니다. 오는

26일 그 과정과 결과를 발표할 예정입니다. 무엇을 배우고 느꼈는지, 자신의 삶에 어떤 힘으로 작용하며 영향을 미치게 될지 기대됩니다.

1학년은 2학기부터는 어린 티를 벗어야 하는 실질적인 일들과 맞닥뜨리게 됩니다. 9월 11일 학교설명회부터 언니가 된다는 게 실감이 난다고 하니까요. 학교에 발을 푹 담그고 온전히 자신의 것으로 만들어 갈 수 있어야겠지요.

선생님들도 여름내 이래저래 고생들 많으셨습니다. 함께할 학생들이 돌아왔으니 더불어 배우며 힘을 내면 좋겠습니다.

요즘 학교 이곳저곳에 모르는 새 올라온 여린 분홍빛 상사화가 곱습니다. 우리보다 먼저 살아온 나무부터 여러 생명이 묵묵히 제 몫 감당하며 서 있어 큰 위로가 됩니다. 학자들은 나무에도 영혼이 있어 특정한 기억 능력이 동반된 감성이 존재한다고 하니, 사람뿐 아니라 함께 사는 여러 존재들과 함께 서로 위안과 힘을 얻을 수 있으면 좋겠습니다.

물론 사람끼리 먼저 좋은 표정과 좋은 말로 좋은 파장을 나눌 수 있으면 좋겠군요. 힘들지만 뜻이 있는 좋은 삶터, 2학기가 되기를 바라면서요.

▶▶▶ 2011학년도 지원자를 위한 학교설명회, 그리고…

9월　　8일(수) 나눔반 현장학습
　　　　9일(목) 문화―최병성 님('강, 생명, 사람'), 2학년 간담회
　　　　11일(토) 2011학년도 지원자를 위한 학교설명회
　　　　16일(목) 1, 2학년 전국연합학력평가
　　　　18일(토) 전교생 귀가
　　　　20일(월), 24일(금) 재량휴업
　　　　30일(목) 문화―강양구 님('과학, 에너지')

무더위와 공사 속에 2학기 개학을 하여 경황없는 가운데 호된 태풍도 지나갔고, 이래저래 정신을 가다듬기가 쉽지 않았습니다. 그러다 보니 성큼 9월 안으로 들어와 있네요.

학교설명회가 이번 주로 다가왔습니다. 학교 누리집에 올린 입시요강대로 전형은 11월에 하게 되었지만, 설명회는 예정대로 하기로 했습니다. 지난해의 경우 10월로 설명회를 늦추니 학교를 정하기에는 조금 늦지 않나 싶은 생각이 들어서입니다.

9일(토) 오후 2시부터 4시까지 강당에서 교육과정 내용과 입시요강 안내, 질의응답, 학교 둘레 돌아보기로 마칠 예정입니다. 방학 동안이나 다른 때 학교에 다녀가신 분은 오시지 않아도 됩니다. 마음은 있지만 다녀가지 않았거나, 학교의 교육내용이 궁금하신 분들은 참석하셔서 궁금증을 푸시면 좋겠습니다. 교육 이념을 비롯하여 집을 떠나 살아야 하는 등 여러 가지 다른 점을 이해하기 위해 학생과 부모님이 함께하시면 더욱 좋겠습니다.

이번 문화시간에는 4대강 사업과 관련하여 강과 생명, 사람의 삶을 두루 생각해 보겠습니다. 목사·환경운동가, 시민기자 등 여러 이름으로 활동하시는 최병성 님을 모십니다. 4대강 사업의 진실과 거짓을 밝히려 온몸으로 뛰신 기록이 『강은 살아있다』라는 책으로도 나왔습니다. 바쁘신 가운데 오셔서 해주시는 말씀을 듣고 강은 왜 제 길로 흘러야 하는지, 자연은 우리에게 어떤 존재인지 스스로 정리하며 할 수 있는 일을 궁리해 보았으면 합니다.

위에 적은 대로 추석 연휴가 길어졌습니다. 먼 곳에 사는 우리 학생들 형편으로 적절하리란 판단에서 한 결정입니다. 수업일수 때문에 풀무제 때 재량휴업을 옮겨 그리한다고 했더니 조삼모사라며 좋기도 싫기도 하다던 학생들 표정이 떠오릅니다. 가을방학처럼 된 그동안의 생활이 충실하도록 모두 마음을 써야겠습니다.

그리고…, 지난주 도서실에 입주(?)하여 수업을 시작했습니다. 아직 완공(!)은 아니지만, 나무와 책 냄새 속에서 모두 기뻐하며 방인성 선생님의 솜씨에 감탄이 그치질 않습니다. 책 정리부터 지금까지 도서관 새로 꾸며온 과정을 사진 몇 장 덧붙여 구경시켜 드리고 싶었는데 이곳 누리집 풀무골 소식란에는 사진 첨부가 안 되는 모양입니다. 방법을 찾아보겠고요, 부디 스스로 공부하며 연단하여 참된 자아를 찾아가는 도서실이 되면 좋겠습니다.

거두어서 기쁜 달 시월, 풀무골 소식

10월 3일(일) 학생·교사·학부모 간담회

4일(월)~6(수) 2학기 1차 고사

5일(화) 학교운영위원회

7일(목) 문화─부안시민발전소 이현민 님 풀무제 주제 특강. 전교회의(주
제; 풀무제 준비)

8일(금) 전교생 백제대전 현장학습

14일(목) 3학년 전국연합학력평가

21일(목) 문화─김진환 님('북한 어떻게 볼 것인가')

28일(목)~30일(토) 제26회 풀무제(주제; 대체에너지, 재생에너지)

여름에서 겨울로 펄쩍 건너뛰는 느낌입니다.

겨울 패딩을 비롯하여 목도리에 바지는 몇 겹을 입었다는 등, 학생들은 '추워~'를 입에 달고 지냅니다. 감기 걸린 사람도 많아 지난해에 이어 다시 많이 염려되는 요즘입니다. 천천히 온 추위가 아니어서 더욱 그럴 테고, 준비되지 않은 몸이어서 실제로 견디기 쉽지 않을 터. 역설하시는 김희옥 선생님 말씀마따나 이런 세상에 면역력 기르는 것밖에 방법은 없는 것 같습니다. 잠 잘 자기, 규칙적으로 밥 먹기, 건강한 음식 먹기… 말할 필요도 없던 당연한 것들이 답인 이상한 세상입니다. 누구든 제자리에서 근본을 돌아볼 일입니다.

학교 둘레 자연, 홍동 들판은 시나브로 누런빛입니다. 벌써 10월이고, 벼 바심도 해야 하고, 풀무제도 다가오고… 이래저래 마음이 바빠지는 때입니다. 학생들은 당장 월요일부터 지필평가를 치르면서 학업에 대한 1차 결실을 거두어야 하고, 여기저기서 맺고 시작할 일들이 많기만 합니다.

2학년들은 진작부터 풀무제 큰주제에 따라 모둠별로 정한 작은 주제를 공부해 오고 있습니다. 지난 문화시간에는 《프레시안》 강양구 기자를 모시고 대안에너지처럼 이야기되는 원자력에너지 문제를 중심으로 과학의 이면과 우리의 자세 등에 대해 말씀을 들었습니다. 다음 문화시간에는 원자력에너지의 실제적인 대안 및 재생에너지

에 대한 말씀을 들으려 합니다. 행사를 주관하는 2학년뿐 아니라 전교생 모두가 이런 과정을 자신의 실제 삶과 이어지는 공부로, 앞날을 준비하는 일로 만들어가면 좋겠습니다. 생각할수록 참 귀한 공부를 하고 있다 싶습니다.

3학년들은 구조적인 문제에 따른 어려움을 겪기도 하면서 진로와 관련하여 부지런히 움직이고 있습니다. 아무리 생각해도 중요한 것은 사람됨 같습니다. 세상에 문제는 많고 나만 더딘 것 같아도 제 자리 책임지는 확실한 사람이면 된다는 생각, 그 생각으로 불안을 떨치고 실력을 키워가면 좋겠습니다.

1학년들은 다음 달이면 동생들을 맞이합니다. 언니가 된다는 현실을 빨리 깨닫고 지혜 있는 사람이 되기를 바라는 마음입니다.

'지혜 있는 사람은 늘 감탄하는 사람'이란 말이 있습니다. 나아가 참신앙의 자세도 때마다 감동, 감탄하는 일이랍니다. 같은 것, 늘 그런 것, 당연한 것은 없다는 것을 받아들여 나답게 살아야 합니다. 학생들, 선생님들, 학부모님들, 수업생들…, 다음 주부터 천안 한마음고등학교로 일터를 옮기는 이재무 선생님까지 모두 모두 '하늘을 우러러', '나한테 주어진 길을', '겸허하게' 걸어가는 가을을 빕니다.

▶▶▶ 26회 풀무제, 2011학년도 입학전형

10월   21일(목) 문화─김진환 선생님('북한, 어떻게 생각할 것인가'), 전교회의, 생활관
        총회
        27일(수) 26회 풀무제 전야제
        28일(목)~30일(토) 26회 풀무제
        28일(목) 여는 예배, 주제공부 발표, 지역 어르신 대접
        29일(금) 대동놀이마당, 학부모총회(문당리 환경교육관)
        30일(토) 학생종합발표, 수업생마당, 바자회
11월   1일(월)~5일(금) 17:00 2011학년도 입학원서 접수
        4일(목) 문화─김송이 선생님('우리 학교' 이야기)
        11일(목)~13일(토) 입학전형(13:00부터)

거두는 달 10월을 숨 가쁘게 달려 하순에 접어들었습니다.

요 1주일여 기간 홍동 들판은 거의 비었습니다. 철에 따라 심고 거두는 때를 잘 맞추어야 하는 것을 배웁니다. 철을 안다는 것이 철드는 것이란 말도 '철없는' 시대를 살며 참 맞다 싶습니다.

풀무제가 코앞으로 다가왔습니다.

우리 학생들은 일찍이 주제를 정해 전교생이 협력하여 공부를 마쳤고, 2학년은 공부한 내용을 자료집으로 묶고, 요즘은 주제관을 꾸미고 있습니다.

대체·재생에너지라는 범주의 주제를 정리하며 주제어를 '풀잎으로 가는 세상'으로 정했습니다. 함께하는 모습이 아름답습니다. 각자 자리에서 맡은 것을 해내려니 바쁘지만 제대로 살아가는 모습 같아 그 또한 아름답습니다.

학부모님들은 자녀들에게 학교에 모시는 내용의 엽서를 받으셨겠지요?

올해는 금요일 대동놀이마당에 학부모님들도 참여하신다지요?

학생종합발표로 마무리하는 토요일에는 수업생(졸업생)회도 한다고 합니다.

감사와 은혜를 알고 기쁨을 나누는 학교 축제에 학교를 굴리는 바퀴들이 함께하는 것만으로도 뜻있는 일이리라 생각합니다.

두루 바쁘시겠지만 많이들 오셔서 학생들의 꿈과 희망에 함께해주시면 좋겠습니다.

풀무제에 이어 2011학년도 새내기들을 정해야 하는 입학전형을 합니다.

여러 통로로 알려진 대로 11월 1일부터 5일까지 원서를 접수하고, 11일부터 3일 동안 전형입니다. 접수가 끝나는 대로 희망하신 날짜를 바탕으로 전형일을 알려드리겠으니 연락 가능한 전화번호를 정확하게 적어주시고, 나머지 사항들은 입시요강대로 하시면 됩니다.

지난 문화시간엔 풀무제 주제와 관련한 말씀을 들었습니다. 이번엔 급변하게 변하는 북한 체제와 우리의 대응 태도 등 지난해 풀무제 주제이기도 했던 한반도 문제를 다시 생각해 볼 강의를 예정하고 있습니다. 11월 5일엔 일본의 조선족학교 이야기를 들으려 합니다. 관심 있으신 지역 분들은 함께하셔도 좋습니다.

가을이 깊어가는 때, 겉으로 많이 바쁘고 어수선하지만 그럴수록 '점점 더 새롭게, 점점 더 큰 감탄과 경외감으로 마음을 충족시키는' 방향으로 자세를 가다듬도록, 내 안의 문제에 좀 더 깊어질 수 있기를 간구합니다.

▶▶▶ 모든 것이 달라지는 달 ― 김장, 선거…

11월　18일(목) 3학년 수능시험 응시, 1학년 속말나눔(간담회)
　　　19일(금) 전공부 나눔의 잔치
　　　23일(화) 1, 2학년 전국연합학력평가, 교사공부모임
　　　24일(수)~26일(금) 생활관 김장
　　　25일(목) 문화―심상봉 목사님('학교정신 돌아보기'), 학우회장 선거, 학생장
　　　　　　후보 추천
　　　29일(월)~12월 1일(수) 3학년 2차고사
12월　9일(목) 학생장 선거

한참 만에 소식 올립니다.
국가적 행사가 된 수능시험을 보는 날, 햇볕이 따사롭습니다. 모든 교육 문제의 핵심인 듯한 수능시험을 바라보는 학교, 학생, 학부모, 사회의 사고방식이 '입시한파'에서 풀린 오늘 날씨처럼 따뜻하게 풀리기를 기원합니다.

지난주 많은 사람의 마음과 힘을 모아 2011학년도 새식구를 정하는 전형을 했습니다. 많은 사람이 지원하는 현상을 보며 우리 교육이 지닌 문제를 다시금 생각해 볼 수 있었습니다. 풀무에서 배우고 생활하는 것이 세상에서 가장 훌륭한 최선의 교육은 아닐 것입니다. 또한, 풀무학교가 최선의 교육 장소도 아니기에, 누구든 허락된 배움터에서 자신의 가치를 발휘하며 살아갈 수 있길 간절히 바랍니다. 아울러 풀무는 겸허하게 근원을 생각하며 가야 합니다. 모두 고맙습니다!

다음 주엔 김장과 학우회장 선거를 하기로 했습니다. 겨울과 학기말이 다가옴을 실감하게 되겠지요. 김장은 학년별로, 전체가 함께 계획대로 진행하여 26일(금)에 마무리한다고 합니다.

학우회장 선거는 이미 진행 중이며, 회장·부회장 동반 출마로 세 개 당(잠깬당: 이시원-한솔하, 친구당: 정성지-김송암, 여럿이함께당: 이영호-권혜선)이 당 모임을 하고 공약을 짜는 활동을 하고 있습니다. 곧 공약을 게시하고, 24일(수) 저녁에는 당 홍보공연을 하며, 25일에 후보자 연설, 질의응답 후 투표로 마무리합니다. 이어 그 자리에서 생활관 학생장 후보를 추천받고, 학우회장과 같은 순서로 선거를 치릅니다.

학우회장과 학생장 선거는 2011학년도 학생 자치의 활성화가 걸린 매우 중요한 행사입니다.

3학년들은 이렇게 학우회와 학생장을 물려주고, 학기말 시험을 치러야 하고, 이어서 창업논문 쓰기에 전념해야 합니다. 수능 뒤 더더욱 바빠질 3학년들의 그간의 노력이 좋은 열매를 맺으면 좋겠습니다.

2학년들은 선거가 끝나면 3학년의 마음으로 살아가야 합니다. 이미 그런 결심이 보이기도 하고, 대인관계나 공부를 비롯하여 부딪치는 여러 일을 주체적으로 해결하려는 모습을 볼 수 있습니다.

그런가 하면 누구보다 설레고 언니가 되는 것을 실감한 1학년이 오늘 간담회를 기회로 한 단계 자라기를 바랍니다. 그동안 성장통을 많이 겪었으니 그만큼 단단해졌겠지요. 순풍에 돛단 듯 나아가기를 바라지만, 어려움 속에서 단단해지는 경험이 얼마나 중요한지를 꼭 알아야겠습니다.

요즘 교육청 지원으로 천정에 냉난방시설 공사를 하고 있습니다. 편리와 깨어 있음의 관계를 생각하게 됩니다.

날마다 거듭나야 하나님 나라를 볼 수 있다는 말을 새기며 두려움을 물리치는 용기, 안이함을 뿌리치려는 마음을 주시길 간구합니다.

12월   7일(화) 학생장 후보, 지지자 연설

9일(목) 문화—학생 독서발표, 학생장 선거

15일(수)~17일(금) 1, 2학년 2차고사

15일(수) 3학년 봉사활동

16일(목) 3학년 간담회(속말나눔)

19일(일) 성탄축하예배

21일(화), 22일(수), 24일(금) 창업논문 발표

23일(목) 문화—김하동 님('농업으로 자급자족하는 삶을'), 학생생협 총회

27일(월) 학우회 신구임원 간담회

29일(수) 전교회의, 총회

30일(목) 종업식

오늘이 대설이랍니다. 어딘가에는 눈이 엄청 오기도 하겠지만 여기 풀무골 하늘은 파랗기만 합니다. 이상기후 현상이 하도 많아 어떨지 모르겠지만, 방학하기 전 눈 쌓인 풀무골을 살고 갈 날 있었으면 싶은 생각이 듭니다.

몇 년 전 학생들이 정한 12월 이름 '내려놓는 달'을 살고 있습니다.

방학 전의 일들을 위에 대강 적었습니다만 역시 할 일이 많습니다.

오늘 7교시에 학생장 후보들과 그 당 지지자들이 연설을 하고, 저녁 시간에 당 홍보 공연을 하고, 9일에는 드디어 학생들의 직접투표로 선거를 합니다. 학생장이 당선되면 지금의 학생장들은 '휴우~' 하는 마음으로 내려놓을 생각을 하겠지요.

요즘은 그렇게 여러 곳에서 자리를 내려놓고 이어받으며 새 학기 준비를 하는 때입니다.

이번 주부터 퍽 안온한(?) 분위기에서 지냅니다.

공사를 하는 동안 일하시는 분들은 말할 것도 없고 행정실 선생님들과 학생들 모두 몸과 마음고생이 많았습니다. 천장 공사로 희뿌옇게 된 교실 바닥을 청소하던 모

두의 모습은 참 아름다웠습니다. 대책 없을 듯하던 상태가 여럿의 수고로 변화해 가는 일을 올해는 여러 번 겪었습니다. 전등을 바꿔 환해졌고, 난방기를 설치해서 편리함을 누리게 되었어요. '뒤를 책임지지 않고' 편리와 안락을 누리게 하는 구조와 대응할 정신을 키울 문제를 새롭게 안게 되었다는 생각이 듭니다.

내년 새 식구로 남학생이 많아져 '맑은집'을 누가 어떻게 써야 하는가로 지난주 생활관총회를 했고, 학생들 의견을 수렴하여 어제 교사회의에서는 '맑은집'은 남학생으로, 여학생은 모두 '고요한집'으로 모이게 하고 새해에 증축하기로 이야기를 모았습니다. 이제는 남녀 학생 수에 영향을 받지 않는 근본적인 해결책을 마련해야 하니까요.

논문 쓰기에 힘을 다하는 3학년들, 과제 제출과 2차고사 준비를 해야 하는 1·2학년들, 누구 할 것 없이 할 일 많고 바쁘게 살아가는 나날입니다.

학급과 학우회의 평가, 전교회의에서 할 한해 평가까지 모두 순조롭게 마칠 수 있도록 각자 제 몫을 다해야겠습니다.

부분과 전체, 개인과 공동체의 관계를 몸과 맘으로 배운 올 한해, 그런 과정에 함께한 자연과 사람들 모두에게 고마운 인사를 할 수 있길 바랍니다.

▶▶▶ 눈 쌓인 풀무골, 겨울방학입니다 ― 신입생 과제

12월 31일(금)~1월 2일(일) 전국성서집회
1월 4일(화)~5일(수) 교사 학년말평가회
  5일(수)~10일(월) 학부모 하나되기
  22일(토) 교사 새해계획연수회

"단 한 번에 변화가 일어나지는 않더라도,
결국에는 천천히 변화가 일어날 것이다.
그리고 우리는 아주 진지하게, 아주 무겁게 새해로 들어선다.
간절히 바라는 것은 오직 평화뿐."

〈나눔문화〉 홈페이지 중 박노해 시인이 맡아 하는 '오늘의 독서' 코너에서 옮겨왔습니다. 글쓴이는 독일 판화가 케테 콜비츠라고 되어 있습니다. 새해를 얼마 남겨 놓지 않은 시간, 어디서나 누구나 간절히 평화를 비는 마음이 하늘에 가 닿기를, 거짓되고 굳은 사람들 마음이 풀려 평화로 다가가기를 기원합니다.

풀무골은 긴~ 겨울방학을 맞았습니다.

학생들은 눈이 많이 내려 좀 불편해도 아름다운 풀무골을 살다 집으로 돌아갔습니다.

어제(30일) 눈 내리는 가운데 짐을 옮기고 방 청소를 하고 종업예배를 드렸습니다.

몇 학생들은 도고에서 오늘부터 시작하는 전국무교회성서집회에 참석했습니다.

2월 중 창업식이 있어 학교에 한 번 와야 하지만 실질적으로 방학은 2월 말까지 이어져 학교공부는 3월부터 시작됩니다. 동아리 연수도 많다고 하고 여행 계획들도 많이 짜는 것 같던데, 모쪼록 보람 있는 시간을 보낼 수 있도록 첫 단추부터 잘 꿰기 바랍니다.

무엇보다 학교에서 살던 대로 일상을 건강하게 지켜나가는 게 중요합니다. 학교에서 배운 대로 옳고 그름에 비추어 바른 판단을 내리려 애쓰며 시간과 물질의 절제에 더더욱 마음을 쓰면 좋겠습니다.

위에 쓴 대로 방학 동안 선생님들은 지난 교육과정 운영평가와 그것을 바탕으로 한 새해 계획을 세우는 연수가 예정되어 있습니다. 학생들이 학우회, 전교회의, 생활관 총회에서 나눈 이야기들도 좋은 참고가 되리라 생각합니다.

부모님들 또한 하나되기 행사를 통해 풀무교육의 동참자 역할을 다짐하실 것입니다.

아울러 2011학년도 새 식구가 된 신입생들에게 방학 동안의 과제가 나갔습니다. 의무가 아닌 마음으로 공부할 필요를 이번 과제를 하며 배울 수 있으면 좋겠습니다. 우편물을 제때 받지 못했거나 잃어버린 사람들을 위해 과제 파일을 첨부합니다.

한 학기 동안 자신의 힘으로 산 것 같지만 결국 서로의 힘으로 살아온 것을 고마워하고, 어떻게든 아프게 한 대상에게 미안한 마음을 전할 수 있길, 그리고, 풀무골을 향한 많은 분의 관심과 사랑, 나아가 사람을 넘어 섭리하시는 큰 힘과 은혜를 마음 깊이 새겨보는 우리였으면 좋겠습니다.

2021학년도

▶▶▶ 2021 새 식구 예비교육, 개학과 입학(59회)

2월   19일(금)~20일(토) 새 식구 예비교육
3월   1일(월) 재학생 귀교
       2일(화) 개학, 입학식

밝았습니다!

입춘에 이어 진짜 새해(?) 실감이 나는 설 명절을 지내고 나니 봄이 성큼 가까이 온 느낌입니다. 이번 주엔 우수(雨水)가 있으니 추위와 어둠 속에서 오래 준비해 온 새 기운이 조금씩 밀어 올려지겠지요. 봄이 그렇게 오고 있습니다.

신입생 가정에 알려드린 대로 이번 주말에 새 식구 예비교육이 있습니다.

통신문에 썼듯 부득이 특강은 온라인으로·하게 되니, 앞으로 문자로 알려드리는 대로 연결해 함께해주시기 바랍니다. 짐작하셨겠지만(?) 강의시간은 부모님들 일 마치고 학생과 함께 들으시도록 저녁으로 잡았습니다.

강의 후 20일(토) 학교로 오셔서 일정에 참여해 주시면 됩니다. 학생은 물론 부모님 중 한 분은 반드시 참석하셔야 합니다. 자세한 내용은 안내문을 참고하시고, 궁금한 점은 학교로 문의하시기 바랍니다.

혹 궁금하신 분들을 위해 예비교육 일정을 첨부합니다.

재학생들은 긴~ 겨울방학이 이제 막바지로 접어듭니다.

예비교육에 많이 참여해 궁금한 동생들과 친해지고 싶겠지만 모든 것이 예전과 다른 만큼 학생생활을 안내할 학우회와 학생장단, 가까이 사는 몇몇만 와서 돕기로 했습니다.

과제 마무리하고 맘먹은 일들 정리하며 방학 끝까지 알찬 시간 보내고 3월 1일 학교로 돌아오길 바랍니다.

알다시피 이번에 생활관 들어오는 일은 특별합니다. 그동안 살던 생활관을 바꿔 살게 되는 첫 출발, 자신이 살 방을 생각하며 짐을 챙기고, 마음도 단단히 다부지게 먹고 올 수 있어야겠지요.

3월 2일(화)은 개학하여 한 학년씩 올라가는 언니가 됩니다.

이어 오후에는(2시) 동생들을 맞이하는 입학식을 합니다. 상황과 모양은 다르지만 누구나 거치게 되는 처음이라는 시간, 각자가 '처음마음'을 돌아보는 뜻깊은 행사가 될 수 있도록 마음으로 준비하고 다짐하며 맞이해야겠습니다.

학교에서는 방학 동안 새 학년 계획이며 시설 보완 등 여러 준비를 했고, 하고 있습니다. 모두가 각자의 자리에서 책임을 다하며 함께 만들어 갈 '우리' 학교를 기대합니다. 하나하나는 곧 전체라는 것을 배운 대로, 또는 배워 갈 2021학년도를 기원하면서요!

▶▶▶ 3월, 설레며 시작한 2021학년도 새 학기

3월   2일(화) 59회 입학식

        3일(수) 성공적인 직업생활, 동아리 선정

        4일(목) 학생생협 총회

        6일(토) 동아리 수업

        10일(수) 안전교육(자전거, 농기계 등)

        11일(목) 학우회

        12일(금) 풀무하나되기

        17일(수) 1·2학년 심리검사

18일(목) 전교회의

19일(금) 문화—한윤정 님('코로나19와 생태문명')

20일(토) 동아리 수업

25일(목) 생활관 총회

26일(금) 문화—소란 님('전환마을과 퍼머컬쳐'). 학우회 일꾼연수

맑았습니다!

예정대로 학생들이 학교로 돌아와 새 학년도를 시작했습니다.

3월이면 당연한 듯하던 이 일이 감격(?)스러울 정도로 고마운 일이 되었습니다.

마스크를 쓰고 지내 새내기 26명의 이름과 얼굴을 연결해 기억하려면 꽤 시간이 걸릴 듯합니다.^^

부모님이 참석하시지 못한 채 2일 입학식을 했고, 이어 수업이며 생활관 생활에 순조롭게 참여하고 있습니다. 아직 처음이어서 얼떨떨하고 긴장되기도 하겠지만 나름대로 의미를 찾으며 '괜찮은 나'로 보람있게 살아갈 마음을 품는 모습입니다.

멀리, 가까이 자녀들을 떼어 놓으신 새내기 부모님들은 걱정이 많으시겠지만 서로 정신적 홀로서기(?)를 하는 시작으로 생각하시며 신뢰와 격려, 용기를 북돋아 주시면 고맙겠습니다.

한 학년씩 올라가 언니, 맏언니가 된 2·3학년 학생들도 부쩍 어른스럽습니다. 자리가 사람을 만든다는 말을 다시 실감합니다. 앞으로 각자 자리에 익숙해지면서 마음처럼 쉽지 않은 마음과 생각 밖의 어려운 경험도 하겠지만, 하루하루 '지금 여기'에 집중하여 언니 이전에 자신의 삶을 충실히 살아가는 모습으로 본을 보이리라 생각합니다. 그렇게 느껴지는 말과 행동도 보입니다.

아무려나, 모두가 한 번뿐인 고등학교 1학년, 2학년, 3학년이라는 각각의 자리에서 설렘과 기대와 두려움도 안고 희망에 찰 때여서 신선합니다.

3월의 주요 일정을 위에 적었습니다.

지난해엔 코로나19로 문화시간 운영이 순조롭지 못했는데, 올해는 어떻게든 계획

대로 실행하려고 합니다. 코로나19로 외출 외박을 비롯해 교육활동도 이래저래 영향을 받지만, 안전을 우선으로 주어진 상황에서 최선을 다해야 합니다. 부모님들의 협력도 부탁드립니다.

또다시 온 봄, 기약 지켜 영춘화, 산수유, 복수초들이 피어납니다. 자연이 주는 선물인 봄의 힘을 돌아보며 우리 삶의 앞뒤를 살피며 살 일입니다. 참으로 나답게, 나 자신으로 살아갈 힘을 기르며 곁의 사람을 배우고, 나아가 하늘까지 알고 싶은 마음도 솟아나면 좋겠습니다.

첨부한 사진은 게시부에서 현관 칠판에 그리고 붙인 59회 새내기들 이름입니다. 둥지에 품은 26개 알이 튼실하게 부화(?)하도록 기원해 주시어요!

▶▶▶ 풀무학교 시작한 달 4월

4월　　1일(목) 3학년 속말나눔
　　　　3일(토) 동아리 수업
　　　　4일(일) 부활절 예배
　　　　7일(수) 학우회 주관 개교기념 공동학습 시작
　　　　8일(목) 학우회, 1학년 생협이사 선출
　　　　9일(금) 문화—강영훈 님('난민 문제'), 꽃길 걷기(예정)
　　　　14일(수) 식생활 안전교육, 학생들 동아리 신청
　　　　17일(토) 풀무가꿈날
　　　　22일(목) 생활관 총회
　　　　23일(금) 제63주년 개교기념일—특강, 공동학습발표

4월이 되었습니다.
지난 3월 한 달은 퍽 길~게 산 느낌입니다.
먼 길 떠날 때 처음 발길이 새로워 설레고 두렵기도 하여 그런 듯합니다.
왠지 4월부턴 휙휙 지날 듯합니다.

그동안 4월 5일 식목일 앞뒤로 꽃샘추위가 지나가고 목련이 피는 순서에 익숙했는데, 올해는 두어 주는 빨라진 것 같습니다. 산수유에 이어 개나리, 진달래, 수선화, 목련, 벚꽃이 한꺼번에 얼굴을 드러냅니다. 피어나는 꽃과 새싹을 보며 '잔인한 4월'을 생각했는데, 올핸 퍽 다른 느낌입니다. 자연으론 4월이 다른 느낌이지만 여전히 기억할 것은 풀무학교가 시작되었다는 것입니다. 4월 23일은 풀무학교, 김교신, 세르반테스, 셰익스피어, 책과 함께 기억하고 지낼 일입니다.

4월 일정의 대강을 위에 적었습니다.

학생들은 지난주엔 일본 자매학교를 알아보았고, 다음 주부터는 개교기념을 앞두고 학교정신과 추구하는 가치를 함께 공부한다고 합니다. 학우회에서 주관하여 전교생이 모둠별로 공부하고 개교기념일에 함께 나누게 될 것입니다. 보편적·상식적인 가치와 사상을 알아가며, 가볍고 헷갈리는 현실에서 이정표 삼을 수 있다면 큰 공부가 될 듯합니다.

4월부턴 1학년도 설거지며 식사당번에 참여하고, 그동안 체험한 동아리 활동도 시작하게 됩니다. 서로들 어느 정도는 익숙해졌고 이곳에선 어떻게 살아야 하는지 어렴풋이나마 알게 된 듯합니다. 한 달쯤 지낸 소감은 곧 나올 《풀무》지를 통해 보면 좋겠습니다.

동생을 맞은 2학년도 일상생활 참여와 발표 등 여러 모습에서 부쩍 자란 느낌입니다. 익숙해진 만큼 중간에서 힘들다고들 하겠지만 그 힘듦이 바로 성장으로 이어진다는 것도 잘 알리라 생각합니다.

맏언니 노릇 하느라 애쓰는 3학년들, 열 가지 약속 관련해 어려움을 겪었지만 서로 대화하며 이해하고, 시야와 포용력이 더 생긴 모습입니다. 학년마다 다르게 보이는 학교를 3학년 자리에서 느끼는 것 같습니다. 관계는 일방적일 수 없다는 것을 이해하고, 인정하고, 남과 주위를 탓하지 않으며 건강한 마음을 키워가면 좋겠습니다.

요즘 아침예배에선 누가복음을 읽고 있습니다. 걱정으로 되는 일은 아무것도 없고, 눈앞의 작은 일에 최선을 다하면 그것이 곧 큰일로 이어진다는 진실을 만납니다. 모두가 현재에 집중해 신실하게 살아가는 일이 가장 중요하다는 것을 경험으로 깨달으며, 넓게 배우고 깊이 물으며 처한 상황을 분명하게 판단할 수 있는 힘을 키워가면 좋겠습니다.

▶▶▶ 여름 들머리에서 5월을 내다보며

4월   30일(금) 연극동아리 '참' 공연, 학부모총회
5월   1일(토) '어버이날' 행사, 전교생 집으로
       3일(월)~4일(화) 재량휴업
       5일(수) 전교생 학교로
       6일(목)~28일(금) 여혜빈 수업생(53회) 원예과 교육실습
       7일(금) 체육대회(예정)
       12일(수) 안전교육(소방관련)
       13일(목) 전교회의
       15일(토) 토요동아리 활동, 배드민턴 희망학생 활동
       17일(월)~28일(금) 2학년 현장실습(전공부, 협업농장)
       18일(화) 한국영농학생전진(FFK) 충남대회 3학년 4명 참가
       20일(목) 학급회
       26일(수)~28일(금) 1학년 자연체험, 3학년 배움나들이 활동
       31일(월) 재량휴업

기억할 것 많은 4월도 끝자락입니다.

새로 맞을 5월 1일에 어버이를 생각하는 행사를 마치고 집에 갈 생각 때문인지 학생들은 목소리도 높고 걸음도 성큼성큼 뭔지 모를 기운에 떠 있는 느낌입니다. 외출 외박이 자유롭지 못한 채 두 달을 살기가 쉽지 않았다고 말하는 듯싶습니다.^^

이즈음은 '어버이날' 행사를 앞두고 동아리 활동에 바쁜 시간을 보냅니다.

개교기념일인 지난 23일엔 기념예배 뒤 1회 수업생 이번영 선생 특강, 그동안 공부한 내용 발표 등으로 학교의 의미를 제대로 새겨보았습니다. 학생들은 설립자 두 분(이찬갑, 주옥로), 학교 신앙의 바탕이 되는 무교회정신, 평민사상의 뿌리를 볼 그룬

트비, 풀무학교의 농업까지 다섯 분야로 전교생이 나뉘어 공부했습니다. 이날 나눈 얘기들은 풀무재단에서 펴내는 『풀꽃』에 실린다고 하니 참고하시기 바랍니다.

학생들은 풀무학교가 어려움 속에서도 한결같이 교육이 가야 할 원래의 길을 고민해 왔기에 소중하다는 것을 어렴풋이나마 느끼는 듯했습니다.

5월 일정을 위에 대강 적었습니다.

코로나 상황으로 원래 모습과 달라지긴 했지만 중요한 행사가 많은 달입니다.

부모님을 학교에 모시지 못하고(비대면, 일부 대면) 진행할 어버이날 행사, 지역에서만 실시해야 하는 2학년 현장실습, 당일치기로 오가며(합숙 불가 지침) 꾸려가야 할 1·3학년의 학교 밖 배움 등입니다. 자세한 내용은 각 학년 단위로 부모님께 알려질 것입니다.

그래도 지난해에 비하면 여의치 않은 채로나마 때맞춰 할 수 있으니 고마운 일입니다. 형편에 맞게 최선의 배움과 성장이 일어나길 기원합니다.

5월이라는 말만으로도 싱그럽고 아름다운 계절입니다.

따뜻해지는 날씨, 앞다퉈 피는 흰 꽃들, 쑥쑥 자라는 녹색 잎사귀들을 보며 여전히 성실한 자연에 새삼 감탄합니다. 우리 사람도 그렇게 의연하게 꾸준히 성실할 수 있으면 좋겠습니다만….

세상은 구호나 법·제도 같은 외적인 것보다 근원적인 것, 마음이 바뀌는 쪽에서 조금씩 바뀌어 가리라 생각합니다. 그래서 그 길은 쉽지 않고, 생명과 평화로 이어질 것입니다.

'거꾸로 문화'일지, '의식의 혁명'일지, 그런 쪽에 지향을 두고 높고 넓게, 깊이 볼 눈을 떠갈 수 있도록 '지금 여기의 나'에 깨어 있길 기도해야겠습니다. 부디 그런 일상이 자연스러워지도록요. 자신 안에서 사소한 일들로 어려움을 겪기도 하는 사람들일수록 마음을 크게 열어 볼 일입니다.

5월   31일(월) 재량휴업일, 학교(생활관)로

6월   1일(화) 미화부 주관 대청소

3일(목) 3학년 수능 모의평가

4일(금) 전교생 모내기(예정)

5일(토) 학생–교사 동아리, 배드민턴 활동, 급식소위원회

9일(수) 생활관 야간 화재대피훈련

10일(목) 학우회

11일(금) 문화—현장실습 등 학교 밖 배움 관련 발표

12일(토), 19일(토), 26일(토) 체육부 주관 체육활동

14일(월) 2022 신입생 입학 전형 요강 마련

15일(월), 17일(목), 18일(금) 학부모회 진로지도 특강

15일(월) 희망 학생 헌혈 참여

17일(목) 2학년 속말나눔(간담회)

19일(토) 학생–교사 동아리, 체육부 주관 체육활동

21일(월) 급식 만족도 조사

23일(수) 1학년 건강검진, 금연, 금주, 약물 남용 등 안전교육

24일(목) 전교회의(풀무제 주제 정하기)

25일(금) 문화—도서부 주관 1학기 책잔치

30일(수) 지필평가 시작

신록이 아름다운 5월의 마지막 날입니다.

천둥 번개와 함께 비가 자주 내리는 특이한 날씨가 이어지기도 했는데, 홍동 들판은 시나브로 무논입니다. 이번 주 지나면 거의 모든 논은 갓 심은 어린 모로 아주 새로운 풍경을 보여줄 듯합니다.

고르지 않은 날씨 속에서도 지난 두 주 동안 모든 학년이 학교 밖 배움활동에 참여했습니다. 각 가정에 알려졌듯이 코로나 관련 지침에 따라 학교에서 자며 1학년은

자연체험활동, 3학년은 문화유적답사 형태의 배움나들이, 2학년은 지역에서 현장실습을 했습니다. 쉽지 않은 상황이지만 할 수 있는 최선이었다고 생각하며, 활동을 계획하고 진행하며 운영에 참여해 주신 여러분의 협력에 고마운 마음입니다. 학생들이 어떤 마음으로 어떻게 지냈는지, 무엇을 깨닫고 배웠는지 발표할 시간이 있어 그때를 기대하며, 그 내용은 《풀무》지 다음 호에 간략히 싣겠습니다.

일상으로 돌아오며 생활 관련해서는 각자 또는 함께 정리하고 다짐해야 할 일들도 있습니다.

그동안 여혜빈 수업생(53회)이 차분하고 성실하게 교육실습을 마쳤습니다.

화훼포로 쓰던 곳에 체육관과 식당을 겸하는 건물을 지으려 터를 준비하고 있습니다. 6월엔 본격적인 변화를 볼 수 있을 것 같습니다.

새달에도 위에 적었듯 다양한 일들이 예정되어 있습니다. 그중에서 가장 특별한 것은 학부모회에서 진행하는 진로지도입니다. 학부모회에서 지난 4월부터 학생들 희망을 수렴하여 분야와 강사를 정하며 준비해 사흘 동안 묵학시간에 강의 형태로 진행합니다. 자세한 내용은 학부모회에서 공유해주실 것입니다.

아무튼 코로나 때문에 여러모로 제약된 상황이지만 교육활동을 성격에 맞게 진행할 수 있어 고마울 뿐입니다. 이런 과정에서 모든 것은 연결되어 있고, 잘 느끼지 못하지만 연결된 것들의 긴밀한 협력으로 살아간다는 것을 더욱 실감합니다.

그런 모습의 결정판인 위대한 자연의 흐름과 변화 아래 '나'를 다스릴 힘을 키워가야겠습니다. 어수선할수록 진리와 근원을 추구하는 마음을 붙잡고 나답게 바로 설 때 다른 사람, 다른 생명과 더불어 살 수 있다는 것을 다시 돌아봅니다. 상황과 맥락을 읽으며 홀로 선 나무를 스승 삼고 벗 삼을 일입니다.

7월 1일(목) 생활관 총회—다른 사람 물건을 대하는 태도

3일(토) 동아리 수업—마무리

8일(목) 1학년 속말 나눔(간담회)

9일(금) 1학기 지필평가 마무리

11일(일)~14일(수) '와락', '무광', 철학 소모임 등 동아리의 밤

12일(월)~14일(수) 성교육 중심 통합교육활동

12일(월)~ 과제 안 낸 사람 지도

13일(화) 문화—건강한 먹거리

15일(목) 나눔날, 학우회, 학생생협 총회, 학교 대청소

16일(금) 전교회의 생활관 총회, 생활관 대청소

17일(토) 1학기 종업

17일(토)~ '참', '한마당', '소동' 동아리, 학교에서 여름 연수

19일(월) 교직원 1학기 교육과정운영 평가회

28일(수)~30일(금) 교육청 종합감사

7월 첫날인데, 어떻게 뭐라고 말을 풀어가야 할지 많이 어려운 마음입니다.

학교는 바야흐로 학기말 분위기, 할 일도 많고 막연히 설레기도 하고, 그런 만큼 지루하게 느껴지기도 하는 시간을 보내는데… 이런 때 마른하늘에 날벼락 같은 소식을 듣게 되어 모두 놀란 가슴을 달래며 각자에 맞게 일상을 마주하고 지냅니다.

부모님들도 들으셨겠습니다만, 이서영 선생님(보건 담당)이 뇌출혈로 입원하여 뇌사 판정을 받았습니다. 장기기증에 따른 절차를 거친 뒤 장례를 모신다고 합니다. 어떻게 받아들이며 애도해야 할지 모르겠습니다만, '지금, 여기' 자신의 삶을 충실히 살며, 시간이 좀 흐른 뒤 나름대로 의미를 해석할 수 있지 않을까 합니다.

1학년 학생들은 자유 말하기 시간에 죽음과 삶의 문제를 다양한 관점에서 각자 이해하는 대로 생각을 나누었습니다. 날마다, 때마다 살아 있되 죽은 상태에 머물지 않도록 깨어 '삶'에 머물면 좋겠다고 마무리했습니다. 슬픈 우리가 지금 할 길은 그뿐

같습니다. 선생님의 명복을 빌며, 식구들에게 하늘의 위로가 닿길 기도합니다.

6월부터 실내체육관 겸 식당 신축공사가 시작되어 거의 날마다 바쁜 모습입니다. 9월 말이면 번듯한 건물을 만날 수 있을 듯합니다.

학생들은 오늘부터 9일까지 시간표에 따라 하루 한 과목 정도씩 시험을 보고, 과제 제출, 동아리 발표 등을 준비하며 지냅니다.

방학을 앞두고 올해 처음으로 남생활관, 여생활관 건물을 서로 바꿔서 살아본 생활관 평가, 열 가지 약속과 일상생활 돌아보기 등, 평가회의도 여럿 예정되어 있습니다. 누구나 개인으로, 전체로 조화 이루며 사는 것이 말처럼 쉽지 않았을 것입니다. 있는 그대로 냉철하게 평가하며 한 발 나은 2학기를 기대해야겠습니다. 그런 점에선 방학이 참 고마운 길목 같습니다. 아무리 좋은 것이라도 오래가면 몸이 쉬운 대로 굳어져 타성에 젖기 쉬우니까요.

7월은 더위와 물과 떼려야 뗄 수 없는 때입니다. 늦장마까지 예보되어 있고요. 생명의 근원이기도 하고, 무섭고 고맙기도 한 물을 '명상'하며 더위를 이겨봅시다. '가장 좋은 것은 물과도 같은 덕성을 지니는 것'이니 물처럼 사는 덕성을 궁리해 볼 일입니다. 나 하나 어쩌지 못해 바깥은 나 몰라라 하기 쉬운 삶에서 다른 생명을 이롭게 하는 그 덕성부터 눈여겨보면서요.

▶▶▶ 2학기 시작~일상부터 충실하게!

8월   25일(수) 학교운영위원회

26일(목) 나눔날, 학우회의(풀무제 사전공부 시작)

9월   1일(수) 수능 모의평가

2일(목) 전교회의

4일(토) 동아리 수업

8일(수) 2022 수능 원서 제출

9일(목) 전교회의(풀무제 준비)

15일(수) 안전교육(심폐소생술)

16일(목) 풀무제 공동학습, 생활관 총회, 생활관 문화행사

17일(금) 문화─이사도요한 님(기후위기 관련), 전교생 귀가

18일(토)~22일(수) 추석 연휴

23일(목) 학급회의

25일(토) 2022학년도 신입생을 위한 학교설명회(온라인)

30일(목) 학우회의

2학기 시작한 지 한 주가 지났습니다.

학교에 오며 아침저녁 기온이 눈에 띄게 달라져 '세월'을 실감하며 잘~ 지내고 있습니다.

처서(處暑)가 지나며 한결 높아질 하늘을 기대했는데, 태풍에 가을장마 소식까지 이어져 농작물 피해며 이런저런 어려운 일이 생기지 않을까 염려됩니다. 바람과 구름 순조롭게 지나가고 우리나라 특유의 아름다운 가을날을 맞길 기대합니다.

코로나19 상황으로 염려되는 가운데 학생들 모두 건강하게 2학기를 시작했습니다.

다가올 한 달 동안의 주요 일정을 정리했습니다. 큰일이라면 원래 예정했던 2학년 배움나들이(수학여행)를 코로나 방역 단계에 따라 부득이 11월로 미룬 일입니다. 9월 25일로 계획한 2022학년도 지원자를 위한 학교설명회도 지난해처럼 온라인으로 진행하기로 했습니다. 올해는 얼굴 마주하고 이야기 나눌 수 있길 기대했는데… 그러나 한번 해본 일이니 이 여건에서 더 낫게 풀어갈 수도 있으리라 생각합니다. 설명회 일정과 방법 등은 다시 알려드리겠습니다.

학생들은 10월에 있을 풀무제 주제(자본주의)공부를 어떻게 할지 협의하느라 바쁩니다. 동아리며 학급도 새 학기가 되어 새로 정한 반장 부반장 등 일꾼들과 함께 모둠도 새로 짜는 등, 이래저래 새로운 시작으로 활기찹니다.

아침예배, 생활반 등 작고 큰 책임을 감당하며 서툴고 지치는 때도 있겠지만 스스로, 서로 격려하며 힘 내고, 자신은 물론 모든 게 서로 이어져 살아가는 귀한 존재라는 깨달음 얻으면 좋겠습니다. '거만한 수치심, 비겁한 자존심' 내려놓고 있는 그대로

인정하며 당당하게 더 나아지려 노력하고, 어울려 함께 살아가야 한다는 것을 배우는 학교생활이 되어야겠습니다. 물론 다가올 추석 연휴도 기다리며~^^

기후 문제도 그렇고 세상 돌아가는 일들 속에서 큰마음 품기가 쉽지 않습니다. 어려울수록 기본과 처음을 생각할 일입니다. 코로나 상황이 가르쳐 준 일이기도 합니다. 뭐든 제자리에 있을 때 편안하고 아름답습니다. 큰 담론, 큰 변화보다 어려운 게 자신을 조절하는 일입니다. 아이러니하게도, 하찮게 뵈는 먹고 입고 자는 일상의 일들이 인격이 됩니다. 그런 인격으로 열어가는 날들이 모여 진로가 되고, 나아가 일생이 됩니다. 넓고 크게 상상하며 신바람 나게 살아가는 풀무골이면 참 좋겠습니다!

▶▶▶ 과정마다 '나'로, '우리'로 살아가기

9월   28일(화) 희망 학생 헌혈
      29일(수) 안전교육(심폐소생술)
      30일(목) 학우회, 교사 책읽기 모임, 풀무제 운영위원회, 생활관 화재 대피
      훈련
10월 1일(금) 2·3학년 농업진로 체험학습
      4일(월) 개천절 대체휴일
      7일(목) 생활관 총회
      8일(금) 문화─풀무제 주제 특강(김누리 교수), 전교생 귀가
      11일(월) 한글날 대체휴일, 전교생 귀교
      12일(화) 2·3학년 소변검사
      13일(수) 소방훈련
      14일(목) 전교회의(풀무제 점검)
      15일(금) 1학년 농업진로 체험학습
      16일(토) 두 번째 작은 음악회
      18일(월)~21일(목) 2022학년도 신입생 원서접수
      23일(토), 25일(월), 26일(화) 2022학년도 신입생 전형
      28일(목)~30일(토) 제37회 풀무제

30일(토) 전교생 귀가

11월 1(월)~2일(화) 재량휴업, 2일(화) 귀교

3일(수) 2022학년도 입학허가학생 발표

가을비가 추적추적 내리고 있습니다.

어제는 헌혈차가 와서 희망하는 학생들 40여 명이 헌혈했고, 오늘은 학생들이 좋아하는 음악이며 여러 분야로 나누어 활동하는 수업이 있어 즐거워 보입니다.

고르지 않은 날씨 속에서도 과일이 익고 벼가 익어가는 가을 풍경을 보며 추석 명절을 보냈고, 예정대로 다음 해 새 식구를 맞이하는 첫 행사로 학교설명회도 했습니다. 온라인 형식이어서 아쉬울 수밖에 없지만 2시간 동안 질의응답까지 나누었습니다. 더 궁금한 것들은 전화로 문의해 주시고, 입학을 희망하시면 학교알림에 관련 서류를 올렸으니 원서접수 날짜, 제시된 형식에 맞게 진행해주시기 바랍니다.

10월을 중심으로 할 일들의 대강을 위에 적었습니다.

추수 때는 고양이 손도 필요하다고 하듯, 거두는 달 10월에 풀무제를 앞둔 풀무골에서도 학생들 손길은 어느 때보다 바삐 움직일 것입니다. 갑자기 실시된 대체휴일제로 약간의 혼란도 있습니다. 한글날 대체휴일로 며칠 쉬게 되어 학생들 의무외박에 관해 여러 논의를 했고, 염려도 큽니다. 생활관학교 특성상 안전에 더욱 유의하도록 부모님들도 마음을 모아주셔야겠습니다. 누구보다도 확실하게 '우리는 모두 연결되어 있다'는 것을 알게 한 코로나 상황, 신중하게 대처하며 삶에 대해서도 다시금 성찰해 봐야겠습니다.

10월 마지막 주에 하는 풀무제 주제는 '자본주의−자본을 주의하라'입니다. 전교생이 책을 기준으로 12모둠으로 나뉘어 읽고 공부하고 있고, 주제특강도 예정되어 있습니다. 운영의 구체적인 내용은 풀무제운영위원회를 중심으로 정할 예정이고, 풀무제 관련 모든 내용이 결정되면 학교알림에 올리겠습니다. 올해도 부모님의 대면 참여는 어려울 듯해 아쉽습니다.

전교생 의견을 수렴하여 주제는 1학기에, 주제어는 9월에 정했습니다. 어찌 보면 말놀이 같은 주제어는 생각할수록 뜻이 깊습니다. '주의(注意)'라는 말엔 집중, 경고,

조심이라는 뜻이 담겨 있습니다. 오늘날 우리 삶의 주인이 된 자본을 주의하지 않으면 주종(主從)이 바뀌는 본말전도(本末顚倒)의 상황에 서게 됩니다. 잘 모르고 좀 어렵더라도 그런 생각의 씨앗이 뿌려지는 시간이 되리라 믿습니다.

2022학년도 입학전형까지 앞둔 일들 모두 순조롭게 풀어갈 수 있길, 정성들여 해낼 수 있길 기원합니다.

▶▶▶ 11월 — 새 식구 결정, 배움나들이, 학우회장 선거 등

11월   3일(수) 2022학년도 입학허가학생 발표, 학우회장 후보 추천

4일(목) 전교회의(풀무제 운영 평가)

5일(금) 문화특강(가드닝), 학우회장 후보 확정

8일(월)~11일(금) 2학년 배움나들이(부여, 천리포 수목원 등)

10일(수) 1학년 속말나눔(간담회)

11일(목)~18일(목) 교육부 지침에 따라 1·2학년 원격수업 전환, 귀가

18일(목) 3학년 대학수학능력시험, 1·2학년 귀교

19일(금) 문화(에코 디자인)

22일(월)~24일(수) 3학년 지필평가

24일(수) 1·2학년 모의고사(전국연합학력평가)

25일(목) 나눔날

26일(금) 2022학년도 학우회장 선거, 학생장 후보 추천, 김장 준비

28일(일) 학생장 후보 확정

29일(월)~30일(화) 생활관 김장

29일(월) 2·3학년 결핵 검사

11월 3일 수요일을 보내고 있습니다.

풀무제를 마치고 집에 갔다 와서 새달을 3일부터 시작하니 11월 한 달도 성큼 갈 듯하고, 해야 할 일들이 더 많아 보입니다.

지난 10월은 중요한 일들을 여럿의 협력으로 아름답게 해내며 보냈습니다.

    2022학년도 새 식구를 정한 것과, 학생들 주도로 가을축제 풀무제를 잘 마친 것이 가장 큰 일인 듯합니다. 새 식구들은 통지서를 받고 절차에 따르면 되고, 아직 많이 남은 기간 충실히 마무리할 수 있길 바랍니다.

    풀무제—주제와 공부방식을 정한 뒤부터 사전공부, 책 정하기, 모둠별 공부 진행, 발표 준비 등으로 시간을 쪼개어 사느라 고단했겠지만, 주제인 '자본주의'의 공(功)과 과(過)를 살피며 오늘날 직면한 문제와 그 해결에 대해 조금이라도 새겨볼 수 있었으리라 생각합니다. 대동놀이부터 일정대로 진행, 30일(토) 학급 노래와 영상, 동아리 등의 종합발표로 풀무제를 잘 마쳤습니다. 대면으로 함께하지 못했지만 부모님, 수업생, 지역민들의 지지와 격려로 함께 성장하고 있다는 것을 실감하며, 맘 깊이 고맙습니다. 기념품과 주제공부 문집은 늦어도 다음 주까진 받아볼 수 있을 것입니다.

    11월 주요 일정을 위에 적었습니다.

    이달엔 코로나 상황에서 미루어진 2학년 '배움나들이(수학여행)'를 가능한 정도에서 계획해 진행합니다. 게다가 뜻밖의 교육부 지침으로 수능을 앞둔 한 주 동안 원격수업해야 해서 나들이 일정도 조금 조정했습니다. 11일(목)~18일(목)까지 3학년은 학교에서 지내고, 1·2학년은 집에서 수업을 하게 되었습니다. 부모님들의 이해와 지도를 부탁드립니다. 아울러 교육이 수능으로 수렴되지 않도록 교육 내용 및 구조와 환경의 변화가 이루어지길 바라야겠습니다.

    다음 학년도를 이끌 학우회장단을 정하는 선거, 3학년 지필평가, 생활관 김장 등 우리 일상과 직결된 중요한 일들을 순조롭게 해낼 수 있어야겠습니다.

    함께 살아가는 일이 여전히 쉽지 않고, 작은 일들에 걸려 힘들기도 합니다. 비틀거릴지라도 넘어지지 않도록 애쓰며 혼자, 그리고 더불어 살아가는 힘을 키워가야겠습니다. 잎 떨구는 나무를 보며 안정과 안일에 머물지 않고 귀찮음, 김수영의 시구처럼 게으름을 뒤엎으며 날마다 '스스로 도는 삶을 위하여' 깨어 있어야겠습니다.

12월   1일(수) 생활관 화재대피 훈련

2일(목) 전교회의—생활관 사용 관련 결정

3일(금) 문화—고혜경 님(심리학 관련), 학부모 임원연수

3일(금)~5일(일) 산책로 공사

8일(수)~17일(금) 1·2학년 지필 평가

10일(금) 학생장 선거

16일(목) 2학년 속말나눔(간담회)

17일(금) 전교생 쌀과자 만들기 체험학습

18일(토) 동아리 수업—2학기 마무리

19일(일) 성탄 축하 예배

20일(월)~22일(수) 3학년 창업논문 발표

23일(목) 학생생협 총회—연말 결산

24일(금) 2학기 독서행사(책잔치), 생활관 문화행사

27일(월) 기후위기 주제 통합학습

28일(화) 학우회—2학기 운영 평가

29일(수) 전교회의, 생활관 총회—2학기 운영평가

30일(목) 2학기 종업식(예배), 전교생 귀가. 신입생 과제 통지

1월   4일(화) 2학기 교육과정운영 교직원 평가회

20일(목) 전교생 귀교

21일(금) 창업간담회

22일(토) 제57회 창업식(예배)

2021년 마지막 달을 맞이합니다.

주요 일정을 위에 적었지만 여기 포함되지 않은 여러 가지 일들이 크고 작게 이어지는 달이 될 것입니다. 각자 해야 할 과제 마무리, 동아리별 마무리와 발표, 학우회 각부서장 선출, 생활관 방 정리, 학년별로 정리할 것 등, 다음 시작을 위한 마무리가 될 일들로 말 그대로 '시원섭섭한' 한 달을 지낼 것 같습니다. 이건 2022년 신입생들

에게도 해당하는 일… 12월 말 방학을 시작하며 중학교를 마무리하고 고등학교 입학을 준비할 과제를 집으로 보낼 예정입니다.

지난주엔 새 학년도에 학우들을 이끌 학우회장단을 선출했고, 이젠 생활관을 대표할 학생장단 선거를 앞두고 있습니다. 각자 주인으로 자기 몫을 다해야 집단이 건강해진다는 것을 몸으로 배우는 학교에서 선거는 절차와 참여의식, 봉사와 헌신하는 마음을 생각해보는 소중한 기회입니다. 더 나은 공동체로 한 걸음씩 나아가도록 적극 참여해야겠습니다.

올 한해는 남녀 생활관을 바꿔 산 원년입니다. 여러 토의과정을 거쳐 바뀐 생활관에서 살아온 것을 돌아보며 앞으로 어떻게 할 것인지에 대한 논의가 예정되어 있습니다. 남녀생활관을 고정하기보다 다양한 환경에서 두루 살아보는 게 교육적으로 좋겠다는 중간평가를 바탕으로 이야기 나눈 뒤 방향을 정하고, 시행에 따른 구체적인 내용은 다시 협의하게 될 것입니다.

새로 짓고 있는 체육관(식당 포함) 건물도 거의 완성단계입니다. 1월에 있을 창업식은 새 건물에서 할지도~?(아직 확정된 내용은 듣지 못해서~) 생활관 산책길부터 새 건물로 이어지는 예쁜 길도 만든다고 하고, 지금 제구실을 하지 못하는 연못을 메우고 새 건물로 이어지는 길을 낸다고 합니다. 내년에는 건물과 주변 환경부터 변화가 많을 듯 합니다.

코로나며 바깥으로 눈을 돌려보면 착잡한 일이 많습니다. 그래서 더더욱 뿌리를 돌아볼 일입니다. 사람과 자연, 교육과 삶, 개인과 공동체… 끊임없는 변화 속에서 생명 경외하는 마음을 바탕에 두고 겸손히 배우며, 감탄하고, 집중해야겠습니다.

▶▶▶ 2021학년도 2학기 종업 ― 긴~겨울방학!

12월　30일(목) 2학기 종업, 전교생 귀가
　　　31일(금) 겨울방학 시작
1월　3일(월)~4일(화) 교직원 교육과정운영 평가회

7일(금)~15일(토) 학부모 지역별 하나되기(온라인)

21일(금) 창업 간담회(20일 저녁 6시 전 학교로)

22일(토) 제57회 창업식

2월　8일(화) 교직원 2022학년도 교육과정운영 계획 연수

18일(금)~19일(토) 2022학년도 새 식구 예비교육(예정)

3월　2일(수) 2022학년도 개학(1일 저녁 6시 전 학교로)

2021년을 하루 남겨 놓고 30일인 오늘 2학기를 마무리했습니다.

쉽지 않은 날들이었지만 건강한 몸과 마음으로 마칠 수 있는 것만으로도 고마운 일입니다.

그런 풀무골 삶을 축복하듯 함박눈이 고요히 내렸습니다.

어려움도 주지만 겨울에 꼭 필요한 것이라는, 눈의 고마운 쪽을 볼 일입니다.

코로나19 상황에서 꼬박 2년을 지냅니다.

교육과정 운영에 여러 제약이 있었지만 모두 조심하고 협력하여 대체로 계획대로 진행할 수 있어 다행입니다. 부모님과 함께하지 못한 것과 방학 동안 동아리 연수를 하지 못하는 것은 아쉽습니다. 학교의 특성을 충분히 살리지 못한 점에서 특히 그렇습니다. 아쉬운 대로 최대한 공유하고, 내실을 기할 수 있는 방안을 찾아가고 있습니다.

학생들은 긴 방학을 시작합니다.

혼자만의 시간에 자유로우다 어물쩍 시간을 보내버리지 않도록 자율의 힘을 발휘해야겠습니다. 학기 중 공부가 부족했던 과목을 보충하고, 시간이 모자라 제대로 하지 못한 독서에 집중하고, 자신을 충분히 돌보며 지내도록 노력할 일입니다. 어느 학년이든 아주 중요한 시간임을 명심하면서요.

아직 중학교 생활을 마무리하지 않았을 22학년도 새내기들에겐 다음 주에 입학 전 과제를 보낼 예정입니다. 부담보다는 의미 있는 일이 되도록 활용하면 좋겠습니다. 2월 예정인 예비교육은 방역지침에 따라 그때 상황에 맞게 알릴 것입니다.

1월 22일(토) 예정인 창업식도 마찬가지, 그즈음의 담임 선생님 연락을 참고하기 바랍니다.

학생들은 집에 가는 오늘까지도 청소며 짐 싸기 등으로 치열하게 살아냈습니다. 함께 살며 '사람으로 힘들고 사람으로 힘을 얻는다'는 것을 크게 배웠을 듯합니다. 사람을 거울삼아 '나'를 알아가는 공부가 어렵다는 것도 알았을 것입니다.

'세상과 인류를 위해 우리 자신이 할 수 있는 가장 큰 기여는 스스로의 마음을 돌이키는 것'이라는 어느 사상가의 말을 실감합니다.

예민한 양심으로 겸손하게 공부하며, 몸을 쓰며, 좀 더 아끼며 나부터 바꿔가자는 마음을 먹어봅니다.

방학식 끝에 기후위기대응 비상행동선언을 한 우리는 이런 마음을 새기며 전체를 포괄해 이해하는 마음, 공부와 실천, 궁극적 목표가 무엇인지 더 성찰할 수 있어야겠습니다.

언제나 그립고 애달팠던 풀무, 배움과 가르침 40년의 삶

언제나 그립고 애달팠던 풀무를 정말로 떠나왔다!

자연스럽게 원래 그랬던 것처럼 그 속에서 있는 듯 없는 듯 살아온, 공기나 날씨와도 같던 시절은 이제부턴 감상과 낭만으로 기억하게 될까? 누가 등 떠민 것도 아니고, 애써 부여잡은 것도 아닌데, 뭔가에 사로잡힌 듯 살아온 참으로 길고도 아련한 세월이었다.

누군가 떠날 때 할 말은 '고맙다', '미안하다' 두 마디뿐이라던데, 정말 그런가 보다 생각한다.

바로 어제까지도 돌아보면 고마운 것뿐이고, 미안한 것 천지다.

지난날을 돌아보면 말할 것도 없이 못나고 부족했기에 살 수 있었다. 이런 때 위안 삼는 게 '잘생기지 못하고 굽고 틀어진 나무여서 베어지지 않고 고향을 지켰다'는 말이다. 자신의 모습은 그런 말에도 합당하지 않기에 민망하지만 못났기에 떠나지 못한 건 맞는 것 같다. 그런 나를 품어준 풀무 안팎의 모든 것이 고맙고, 내게 부여된 많은 몫을 제대로 감당하지 못해 불편하게 한 많은 분께 어떻게 보답

해야 할지 모를 만큼 미안하다.

그러나 그런 말만 할 수 있을 뿐, 그것들을 되돌릴 길은 없다. 조용히 그 두 마음을 품고 길을 나섰다. '시원섭섭'이라는 형용모순의 이 말은 이런 때 참으로 적절하다.

학교 마치면 뭘 할 거냐고 묻는 사람들이 많았다. 당연한 관심일 수 있으려니 하면서도 그런 물음이 그리 달갑진 않았다. 예비하지 못한 앞날을 지금 이곳에 집중하는 게 옳다는 말로 항변하고 싶었는지도 모른다. 정말 아무 생각도 계획도 없다. 풀무가 끝나면 내 삶도 끝나는 줄 알고 그렇게 살아왔다. 어쩌다 인연 맺은 풀무는 내 몸을 둘러싼 살갗 같은 것이었는지도 모른다. 몸은 여기 있으면서 앞날을 설계하는 것은 여기 함께하는 모든 것들의 마음을 다치게 하는 것이라는 생각도 은연중 했던 것 같다. 이것도 예비하지 못한 핑계일 수 있다.

아무려나, 이젠 학교와 관계없이 살게 되었다. 낯설다. '학생들 만나는 일이 가슴 뛰지 않으면 떠나야 한다'며 명퇴를 결정하는 사람들 말이 마음에 반사될 때마다 괴롭기도 했다. 가슴 뛰기보단 버거운 날이 많았고, 가르치는 자로서의 무력함에 해마다 가슴앓이도 했지만 그 또한 맞는 말인지 되물으며, 주춤주춤 견디며 살아온 것 같기도 하다.

내가 살아온 시대는 마라톤에 비유하면 잘 뛰든 못 뛰든 끝까지 달리는 것을 소중히 여기고, 한 우물을 깊이 파야 한다며 한 길에 매진하는 것을 중요하게 생각했다. 우물을 깊게 파지도, 잘 뛰지도 못했으나 그 길은 때로, 또는 자주 지루하고 주저앉고 싶기도 했다. 그래도 되련만, 완주라느니 하는 그 틀을 외면하면 되련만, 어리석고 무능하게도 나는 정해진 틀을 무척이나 거부하면서도 그 틀에 견고히 갇힌 자였다. 제도가 인정한 틀을 지키는 학교에 평생 몸담았으니 말이다. 그리고 이제는 그 제도가 정해주는 대로 따르고 있으니, 삶이 모순이듯 이 또한 그런 모순인 셈이다. 이왕이면 때를 잘 알아야 한다는 그럴듯한 말로 내가 맞이하는 나의 지금 이때의 뜻을 짚어보고 싶다.

나는 풀무학교에 두 번 왔고, 그 길로 그게 인생이려니 살았다. 내게 풀무는 정신과 몸의 해방구며 고향이었다. 세상의 수많은 일 가운데 학생들을 만나 가르치고 나누는 일을 한다는 것은 때마다 보람이었고, 좌절이기도 했다. 보람과 기쁨, 외로움과 슬픔 사이를 오락가락하며 묵묵히 바람을 일으키는 '풀무'가 하는 기능을 생각하며 지나왔다. 쇠를 달구려 바람을 일으키는 풀무는 텅 비어 있는 껍데기일 뿐이지만 그 자체로 소임을 다하는 것이고, 쓰는 이가 바라는 도구를 얻으면 잊힐 뿐인 것. 긴 삶 전체로 봐도, 해마다 학생들을 내보내면서도, 크고 작은 행사를 치르면서도 언제나 드는 생각이었다.

처음은 풀무의 학생으로 왔다. 1976년이다. 까마득하다. 예전에 나는 서른이니 마흔이니 하는 나이, 2022년… 이런 것이 내 현실이 되리라고 생각지 못했다. 내 뜻과 무관하게 세상의 나이는 정확하게 계산되어 정년까지 맞이하게 되었다. 앞으로 살아갈 날을 포함해 이런 숫자들은 조금 끔찍하기도 하다.

어쨌든 풀무 학생으로 오던 그때는 새로운 세상이 열린 느낌이었다. 땅을 기며 먹고 사는 게 인생의 모든 것인 줄 알았지만, 삶이란 그게 다가 아닌, 뭔가 다른 세계가 있을 수 있다는 걸 처음으로 어렴풋이 안 듯하다. 물론 그 시작은 더 이르게 있었고, 자각하지 못한 채 인생에 깃든 다른 가치를 추구하고 있었는지도 모른다. 나를 풀무에 추천한 가루실농민학원에서 역사와 국어를 가르치던 분이 민족이니 역사니 하며 김교신과 함석헌을 말씀하실 때, 어린 마음은 두려워하면서도 가늘게 흔들렸던 것 같다. 그런 게 뭐야? 그런 게 있다고? 거긴 적어도 그런 거창한 생각과 연결된 곳이고, 학생들이 공부도 무척 잘해서 검정고시 합격률이 99%라지 않나, 이런 이야기들로 막연한 선망에 사로잡혔다. 그런 설렘과 환상과 두려움으로 새로운 세계를 만들어 가리라는 기대로, 나도 그렇게 살고 싶다는 무의식적 열망으로 경제적인 문제며 내 깜냥에 될 일인가 걱정까지 가득 안고 왔다, 풀무에.

와 보니 공부보단 일을 더 많이 하고, 막연한 상(像)으로 그리던 공부 잘하는 멋진 사람들(?)은 잘 보이지 않았고, 무엇보다 가난하고 배고프고 추웠다. 그러면서도 뭔가 무시할 수 없는 다른 것이 있는 듯했고, 보이는 게 다가 아닌 것 같았다. 뭔지 잘 모르지만 그런 추구의 대열에 끼어 정신 차리고 살지 않으면 안 될 것 같은 느낌만은 풀무라는 시공간에서 강하게 받은 것 같다. 그렇게 다른 사람이 된 양 열심히 학생 생활을 하려고 애썼다.

두 번째는 선생으로 발 디딘 것. 지금도 그렇지만, 학교 다니는 동안 감명 깊은 일을 겪을 때마다 '나도 나중에 풀무에 와서 이 중요한 일에 참여하고 싶다'는 생각이 들었다. 물론 그런 생각을 하는 사람은 많았다. 다만 그 방법에서 차이가 났다고 할까, 꼭 해야 하는 일이면 바로 해야지 '나중에 돈을 많이 벌어서'라든지, '급한 것 먼저 하고서 다음에 한다'든지 하는 생각엔 회의적이었다. 그런 마음을 속에 꼭 담고 쉽지 않은 여러 환경 속에서도 나 나름의 준비를 해 왔다고 볼 수 있다.

결국 안팎의 여러 반대에도 불구하고 진짜 교육은 풀무에서라야 가능하리라는 신념으로 밀고 들어오듯 풀무에 당도해 교사로서의 길을 걸었다. 당시 나는 사립대 국어국문학과에서 교직을 이수한 터였고, 교사가 되기 위해 사범대를 꼭 가야 한다거나 교사 임용시험을 본다든가 하는 걸 제대로 알지 못하면서도 인간 존중을 우선으로 하는 막연한 느낌으로 주류사회에서 당연시하던 가치판단과 시대적 흐름을 거부하고 있었다. 당시 풀무학교는 운영상 어려움 속에서 고등학교 학력 인정 정규학교 인가를 둘러싼 갈등과 의견이 분분했다. 그 인가를 위한 정식(자격증 있는) 영어 선생은 이미 와 있었고, 국어는 홍순명 선생이 계시니 국어 교사 자격이 있는 내가 딱히 필요친 않은 상황이었던 것 같다. 어떻게 내가 받아들여졌는지 속사정은 잘 모르지만 어쨌든 오라는 연락을 받았고, 외지 학생들 거주 공간인 기숙사에 머물며 학생들과 한집 식구처럼 지내는 학교생활을 시작했다. 학교에선 당시 교육청으로부터 쓰라고 요구받은 국정교과서로 국어수업 시간을 감당하며 교무실에 자리를 잡았고, 나이 차도 얼마 안 나는 학생이 있는 반의 담임도 하며 모내기, 벼베기 같은 농사일을 하러 숱하게 다녔다. 상치 과목(*특정 과목의 교사가 모자랄 경우, 해당 과목을 전공하지 않은 교사가 담당하는 교과목)으로 국사와 농업발전을 가르치기도 했는데, 그 두 과목은 평소 생각과 가치관의 반영이기도 해 보람을 느끼며 한 기억도 난다.

그런 시작이 1984년 3월, 지금까지 한 길을 걸어왔다. 참으로 긴 시간이어서 무겁고 두렵다. 그 긴 사이를 지나오며 '깨달음이 한 세기 뒤에 올 수도 있다'는 말에 위로라도 받듯 뒤늦게 깨달으며 공부를 제대로 하지 못한 것을 수없이 반성했다. 그래서 어떻게든 배우려 노력하며 지금도 배우는 마음으로 살려고 한다. 가르치는 과정에서 교육이 정치·사회적 여건과 얼마나 깊게 연관되어 있는가도 새롭게, 아프게 깨달았다. 그런 과정에서 교육으로 희망을 이야기하며 혼인도 했고, 아들 둘이 풀무의 후배이자 제자가 되었다. 국어 교과 수업 시간과 담임으로서 수많은 시간 학생들을 만나 배우고 성장했으며, 제자들이 동료로 부임해 오고 새롭게 우정을 나누는 가운데 풀무교육이라는 한 가지 목표에 함께 매진해오다가 오늘을 맞이했다. 그래서 내가 살았지만 나 혼자가 아닌 삶이었다. 함께한 이들 모두가 연결되어 살아왔으니, 말로 다 할 수 없이 고맙고, 한편으론 부족하여 기대에 미치지 못한 것들에 미안하고, 용서도 구하고 싶다.

학교에서 지낸 일들은 낱낱이 기억하지도 못하고, 자세하지 않은 것들을 느낌에 따라 들추어내는 것도 그다지 좋아하지 않는다. 그때 그 시절로 돌아가 살고 싶지도 않고 크게 회한을 품지도 않는다. 그러면서도 '그때 다르게 생각해도 좋았을걸' 하는 아쉬운 점들이 떠오른다. 그 원인을 따져보면, 현재에 충실한 게 중요하다는 끊임없는 자기 암시로 앞날을 보기 두려워 피한 게 아닌가 하는 생각도 든다. 나카지마 아쓰시의 소설 『산월기(山月記)』에 나오는 구절처럼 제대로 역할을 하지 못한 건 바로 '거만한 수치심, 소심한 자존심' 때문이라는 말에 공감하면서 말이다.

첫 번째로 떠오르는 아쉬운 것은, 수업한 것과 수업할 것을 국어 교재로 편집하지 않은 점이다. 무슨 자신감인지 치기였는지 모르지만 아무리 좋은 내용도 교과서가 되면 생명력을 잃는다고 생각했다. 아무리 문제가 많은 내용일지라도 그게 왜, 무엇이 문제가 되는지를 나와 함께하는 그 자리의 학생들과 얘기하며 헤쳐가는 게 진정한 수업이고 배움이다, 다시 말해 교사 자신이 교육과정이 되면 좋겠다고 생각하며 살아왔다. 그러다 보니 버젓한 기록이 없다. 그동안 무엇으로 무슨 이야기를 나누어왔나, 그런 것을 기록으로 남겨야겠다는 생각을 이제야 한다.

두 번째는 학생 글쓰기를 문집으로 엮지 못한 것이다. 2006년에 학생들이 쓴 글들을 모아 그물코출판사에서 『풀무학교 아이들』이라는 단행본을 낸 적이 있다. 그 후로도 학생들의 감동적인 글이 많았고, 의미 있는 기록도 꽤 있었다. 이런저런 핑계가 있지만, 가장 큰 이유는 이 또한 '과정에 집중할 일이지 결과물에 마음을 쓰지 말자'는 판단에서였다. 당시는 그런 학생 글을 엮은 문집도 많았고, 우리 학생들의 내면의 소리도 보편적인 것으로 수렴될 만한 것들이 많았다. 그런 걸 정리해서 남에게 보이려면 또 다른 과정이 필요한 건 말할 것도 없다. 그렇게 포장하거나 과장하고 싶지 않았다. 이것도 차분히 뒤적여볼 생각이다.

세 번째는 교직원 문화라고 할까, 교직원들과 돈독한 모임을 꾸리거나 교육내용을 정리하는 등의 이렇다 할 내실 있는 교류를 하지 못한 것이다. 역시 당시는 교사 간 연대와 조직 활성화가 무척 강조되던 시대였으나 살아오며 분위기로 보고 배운 것이 그래서였는지 나도 그런 걸 잘 꾸리지 못했다. 이른바 조직을 건강하게 하는 것은 '느슨한 연대'라는 말로 에두르며 '공적인 자리에서 만나 토론하고, 사적으로 끈끈하게 연결하지 않는다'는 생각이 늘 있었던 것 같다. 영향력 있는 누구에게 인사를 차리며 줄 서는 듯한 행태를 보거나 그렇게 한 적이 없다 보니 썰렁하거나 무덤덤한 관계가 되지 않았나 싶다. 그런 상태로라도 꾸준히 읽고 나누며 힘이 되는 관계 조성에 힘썼어야 하는데 그런 일에 매우 미숙했다. 이생에 내 역량은 아닌 줄로 생각하며 새로운 모양의 교직원 문화를 기대한다.

마지막으로는 나를 잘 가꾸지 못했다는 것. 말로는 수없이 했지만 내게 적용하는 건 아주 어려웠다는 생각이다. 글쓰기—있는 그대로 현실을 직시하고 서술하는 게 부끄럽고 어려웠던 것 같다. 결국 그것은 앞날의 나와 연결되는 것인데, 그런 일에 집중하지 못했다. 생각은 하지만 막연히 미루며 하루하루 실수 없이 마무리하는 일에 더 마음을 두고 살아온 것 같다.

그래서 이제 꼭 해야 하는 일이라는 매인 끈에서 놓여나니 조금씩 자유롭게 정리하며 쓰고 싶다. 그게 지난 시간의 후회와 앞날을 향한 다짐이다.

언제나 '나'로 사는 일은 마음먹기에 따라 쉽기도 어렵기도 한 팽팽한 줄타기 행위다. 중심을 놓치지 않도록 경계하려 한다.

학교에서 부족한 나와 연이 닿았던 사람들 모두 세상이라는 교실에서 때마다 일마다 하늘 우러러 음성을 들으면서 끝내는 큰길로 이어질 바른길로 차분히, 꾸준히 걸어가길 기원한다.

참된 삶과 교육에 관한
생각 줍기

참된 삶과 교육에 관한
생각 줍기